重装待发，士兵突击。

士兵突击丛书

503重装甲营战史

(下卷)

[德]弗兰茨-威廉·洛赫曼博士
理查德·冯·罗森男爵　编著
阿尔弗雷德·鲁贝尔
陈星波　林立群 译

目录

第5章 诺曼底

他们登陆了! → 3
（作者：阿尔弗雷德·鲁贝尔）

前线作战：1944.7—8 → 27
（作者：理查德·冯·罗森男爵，2008版）

一名503重装甲营老兵的回忆·Ⅲ → 68
（作者：弗兰茨-威廉·洛赫曼博士）

第6章 匈牙利、奥地利和捷克斯洛伐克

匈牙利作战 → 93
（作者：理查德·冯·罗森男爵）

弗洛姆上尉的作战总结：1944.11.25 → 130

欧姆勒战斗组协同第13装甲师作战情况报告：1944.11.11—11.13 → 142

一名503重装甲营老兵的回忆·Ⅳ → 146
（作者：弗兰茨-威廉·洛赫曼博士）

独立营的结束——转而隶属统帅堂装甲军 → 156
（作者：阿尔弗雷德·鲁贝尔）

503重装甲营营长的日志，匈牙利作战：1944.12.14—1945.5 → 171
（作者：诺德温·冯·迪斯特-科贝尔博士）

503重装甲营在南方集团军群的最后战斗 → 196
（作者：阿尔弗雷德·鲁贝尔）

在米特霍夫的装甲战：1945.4.21 → 203
（作者：阿尔弗雷德·鲁贝尔，2008）

第7章　尾声

503重装甲营的最后一刻 → 217
（作者：诺德温·冯·迪斯特–科贝尔博士和他人合作）

一名503重装甲营老兵的回忆·V → 232
（作者：弗兰茨–威廉·洛赫曼博士）

503重装甲营人员损失情况 → 237
（作者：阿尔弗雷德·鲁贝尔，2008更新版）

我的战俘生涯：1945.5—1955.10 → 256
（作者：乌利希·库珀）

在苏联战俘营里 → 275
（作者：汉斯·齐默曼，前营属防空排成员）

第8章　私人日志

战争期间我在503重装甲营1连的日子：1942.5.27—1945.5.10 → 279
（作者：汉斯·维尔什）

我和503重装甲营3连走过的路：1943.6.3—1945.5.10 → 296
（作者：格哈德·尼曼）

503重装甲营1连军官学员下士的战争日志摘选：1940—1945 → 306
（作者：阿尔弗雷德·海尔）

结语：追忆503虎式营 → 311
（作者：阿尔弗雷德·鲁贝尔）

编著者简历 → 314

附　录

第1章　我们的虎式营 → 317
第2章　虎式坦克——坦克发展的巅峰 → 321
第3章　草创及在卡尔梅克草原上初露锋芒 → 322
第6章　匈牙利、奥地利和捷克斯洛伐克 → 333

第 5 章

诺曼底

第5章　诺曼底

他们登陆了！

（作者：阿尔弗雷德·鲁贝尔）

1944年夏，部队待在图林根（Thuringia）的奥尔德鲁夫训练场（Ohrdruf）准备接收新型装备。缺编的人员也得到了补充。虽然是刚刚经历过1年半艰苦的战斗，休假申请也控制得比较紧，因为明眼人都能看出来这段休整期很快会结束。

1944年6月6日早晨盟军在瑟堡（Cherbourg）到勒阿弗尔（Le Havre）之间的赛纳海岸反攻欧陆。为了这次进攻，盟军在大不列颠群岛集结了一支庞大的军队：

—4个集团军（下辖75个师/师级单位）
—5 134艘舰艇（其中包括4 222艘登陆艇）
—6 518架战机
—2 700架滑翔机

而德军方面则是：
—61个装甲师，部分已经丧失战斗力
—1 678辆坦克，还是颇有实力的

德军的西线指挥体系由于权责划分不明确，导致在应对危机时一片混乱。西线总司令冯·伦德施泰德（von Rundstedt）下辖4个集团军，其中大部分装备不足且缺乏战斗经验。而所有德军装甲部队单独组成西线装甲集群，由陆军总部直接指挥。此外，伦德施泰德指挥的西线最高统帅部和隆美尔指挥的B集团军群之间还存在防御策略的分歧。伦德施泰德认为预备队应该纵深布置，而隆美尔根据北非之战的经验认为面对盟军的绝对制空权，预备队应该尽可能地靠近海岸布置。隆美尔的担心后来真的成为了可悲的现实："当对方在最薄弱的时候没有被击退，那就输掉了整个战役。"因为我当时正躺在奥尔德鲁夫的野战医院里受着疟疾和黄疸病的双重折磨，没有亲历诺曼底战役，所以这一章节主要由冯·罗森男爵和洛赫曼博士的讲述为主。

通过综合比较各种文献，最后确认503营在1944年7月7日正式投入诺曼底之战。

战前双方的准备

西方盟军成功地通过大规模的欺骗行动和严格的保密工作让德国军方一直摸不透盟军登陆的地点和时间，准确的消息直到战斗开始前的×日才有所走漏。在6月5日第15集团军探听到登陆将在24小时内于他们的防区（塞纳河和马斯河之间）展开，但无论是西线最高指挥部还是B集团军群指挥部都对这个消息不置可否。因为这个时间段的天气非常不适合登陆作战，不论是这个防区，还是海峡最窄处，又或是更北边都被坏天气笼罩着，所以并没有发出战斗警报。不仅如此，第7集团军在6月6日还组织了一场沙盘推演，所有的11个师长另加2个团长都离开一线部队去参加这个活动。

登陆战在6月6日凌晨打响，而德军的高层指挥官们此刻也不在指挥岗位上。隆美尔正在前往上萨尔茨堡（Obersalzberg）晋见希特勒的路上。在近代战争史上很少有这样因为对方的欺骗行动而酿成严重敌情误判的例子。

登陆开始了

在《二战大地图》（Grossen Atlas zum Ⅱ. Weltkrieg）一书里如下描述了诺曼底之战。

D日

1944年6月的头几日都是大风天。每个月里只有几天的窗口期是适合登陆作战的。负责指挥"霸王"行动（Overlord）的是艾森豪威尔（Eisenhower），而具体负责登陆部队作战指挥的是蒙哥马利（Montgomery），负责海军的是拉姆齐（Ramsay）海军上将，空军则是雷·马洛里（Leigh Mallory）空军元帅。

6月的一周后天气短暂好转，行动随即在6日展开。一支数量达到17万6 000人的庞大部队及其装备由4 000艘舰船载着跨过海峡，由多达600艘战舰护航，同时还投入了2 500架轰炸机和7 000架战斗机彻底控制了天空和海岸线。当天临晨2点，英美空降部队被空投至目标。3点14分开始轰炸德军阵

第5章 诺曼底

503营全体官兵在1944年5月底前往奥尔德鲁夫,并于6月获得新装备。只有1连领到了带保时捷炮塔的虎王坦克。本图展示的是乘员组正在奥尔德鲁夫清洗炮管。

装甲兵总监古德里安上将在1944年6月22日视察部队。此时的虎王坦克涂装的是出厂时的深黄色底漆。

1944年6月1连士官们的合影

第1排（最顶上一排）右起：格罗门斯上士，施瓦茨曼下士，米夏利斯下士，不知名，不知名，埃勒布鲁克下士，不知名，不知名，斯洛卡下士，赛普克下士，约翰森下士，福格特上士，霍普纳下士。

第2排右起：特斯默上士，瓦慕斯下士，不知名，马塔赫上士，不知名，莫斯卡蒂尼上士，不知名，梅维斯上士，沃尔夫上士，多纳特下士，特伦卡上士，库茨下士，埃伦特罗特总军士长，施密特总军士长，查克下士。

第3排右起：福格尔下士，霍恩克军士长，芬得萨克军士长，不知名，不知名，林赛少尉，连长奥姆勒中尉，施罗德少尉，温特连军士长。

第4排（最下一排）右起：沙尔克下士，艾斯格下士，怀尔德下士，格拉斯下士，威登卡夫下士，科尼斯佩尔下士，沙夫下士，库克下士，芒泰下士。

1944年6月乘着大众车在艾森纳赫逛街。左起为彼勒菲尔德少尉，鲁贝尔上士，科伦克上士，恩德雷斯信号兵军士长。

第5章 诺曼底

3连的海因茨·盖特纳下士（左）于1944年6月10日在奥尔德鲁夫荣获金质德意志十字勋章。站他边上的是舍夫上尉。

冯·罗森少尉带领3连接受检阅。

海因茨·盖特纳兴高采烈地拿着好几瓶汽水，旁边的小男孩看着同样很开心。

503重装甲营战史

3连的士官于1944年6月在奥尔德鲁夫的合影。在右边打×者为海林下士。

2名1连的勇士：汉斯·芬得萨克军士长（左）和库特·科尼斯佩尔下士（右）。

科尼斯佩尔戴着新荣获的金质德意志十字勋章一脸笑容，背景是1944年6月中刚送抵部队的虎王坦克。

第5章 诺曼底

保时捷炮塔的虎王正在注油。有几辆已经涂上了迷彩。

虎王驾驶训练。80厘米宽的履带板在没有侧裙板的情况下更为实用。

2连和3连这时接受的还是虎Ⅰ型坦克。海因茨·盖特纳站在他的314号虎式上。

503重装甲营战史

奥尔德鲁夫位于艾森纳赫附近。乘员们在这里熟悉虎王这种新兵器。

1944年6月底，部队分批用火车运往法国前线。本图展示的是补给连的卡车。在1944年6月5日后，德军就真切地体会到赶不上盟军增强的速度了。

虎王装上了60厘米宽的火车运输用履带。这时没有太多的空袭危险，大家还可以轻松地露天坐着。

第5章　诺曼底

盟军有组织地将法国的铁路枢纽全部炸毁，使得德军调动困难。罗德、福林格和魏冈在完全被摧毁的凡尔赛火车站。

德军经过铁路运输，通过巴黎、凡尔赛到达德勒（Dreux）。为了躲避盟军的空中侦察，部队在树林里宿营。洛赫曼和鲍克正准备开伙。

在树林里抓到一只林枭也算是个惊喜。图中的人物是汉纳斯·施耐德和亚辛·耶克尔，摄于1944年7月初。

11

汉纳斯·施耐德将枭摆放在高射机枪上。

舍夫上尉坐在半履带摩托上也在把玩那只林枭。

伍德里希也来逗枭玩，脚上穿的是自制凉鞋。

施耐德从虎Ⅰ炮塔中朝上张望。

第5章 诺曼底

伪装严密的323号虎式在1944年7月6日穿越卡昂。

悲剧发生了，跨越铁路的桥梁无法承受虎式的重压，323号虎式坠落在铁轨上。

受到盟军空袭的威胁，德军不得不习惯夜间行军。本图摄于1944年7月7日在圣皮埃尔通往卡昂的路上。

驻守本地区的是第16空军野战师，他们饶有兴趣地看着虎式巨兽通过。因为夜晚的时间毕竟短暂，所以伪装的树枝没必要取下来。

第5章 诺曼底

莫斯卡蒂尼斯上士的虎王，1944年6月摄于奥尔德鲁夫。

另一张夜晚行军图，可以清楚地看到前面的301号虎式，卡昂就在眼前。

去往卡特罗堡（Canteloup Château）路上，摄于1944年7月10日。炮塔上坐着费舍尔、洛赫曼、贝尔格和格拉斯，他们混搭着法国软帽和围脖。

503重装甲营战史

这一组照片反映的都是1连于1944年7月中驻扎在卡特罗堡森林中的场景。114号虎王很好地展示了加长型88毫米火炮。

另一个角度看114号虎式。2名被俘的英军士兵在看守下运送午餐。看起来他们并没有因为被俘而沮丧。

114号虎式炮塔指向12点方向。在炮塔上有一个弹药箱。在树林中，人们可以不用太担心满天的盟军轰炸机。

第5章 诺曼底

营指挥部就选择了这座华丽的别墅。舍夫上尉（打×者）正站在玫瑰花园里敬礼。谁也没想到几天后的7月18日，这座漂亮的房子就被空袭严重损坏了。

在别墅的大厅里享受一杯红葡萄酒真是太美妙了。左起：营副巴克豪森中尉，3连连长舍夫上尉，营部直属连连长魏冈上尉，2连连长冯·埃希-施特赖贝上尉。

冯·埃希-施特赖贝上尉和舍夫上尉在交流经验。

503重装甲营战史

大家轻松地坐在别墅的入口处。左起：冯·埃希-施特赖贝、魏冈、施拉姆博士、舍夫。

503营法国之旅的伤心地：马尼维尔森林。盟军的地毯式轰炸摧毁了大部分虎式。本图为美国空军摄于1944年7月18日的照片。

死于空袭中的劳尔夫·马蒂萨下士（3连）的坟墓。摄于1944年7月18日。

18

第5章 诺曼底

哪怕是60吨重的虎式在航空炸弹的威力下也来了个底朝天。这辆是萨克斯上士的313号虎式，他和另外两名乘员被埋在里面，有2人阵亡。

323号虎式被尘土半埋起来，主炮也耷拉着。

213号虎式被爆炸波压得半沉入地面，发动机舱盖也被掀开。

503重装甲营战史

冯·罗森少尉的排击毁了数辆谢尔曼，并且俘获了2辆完整的。本图是弗希廷格（Feuchtinger）将军在察看1辆缴获的谢尔曼，后来对该车作了大量的测试工作。

马尼维尔附近被击毁的谢尔曼，炮塔被爆炸波甩了出去。

第5章 诺曼底

20毫米4管防空炮对盟军的俯冲轰炸机很有威胁。

诺曼底之战给双方都带来了巨大的损失。本图是黑豹碰到一群步兵，他们手里拿着铁拳反坦克火箭筒和MG42轻机枪。

503重装甲营战史

盟军在诺曼底第一次遭遇虎王坦克，所以要不惜一切代价击毁虎王，并俘获它。

1944年7月18日在卡赫纳（Cagny）503营1连与爱尔兰近卫师的谢尔曼遭遇，损失了这辆122号虎王。但这场战斗有两种不同的说法，详见本书"前线作战：1944.7—8"一节。

另一个角度对场景的阐释。122号虎式在前端。

第5章 诺曼底

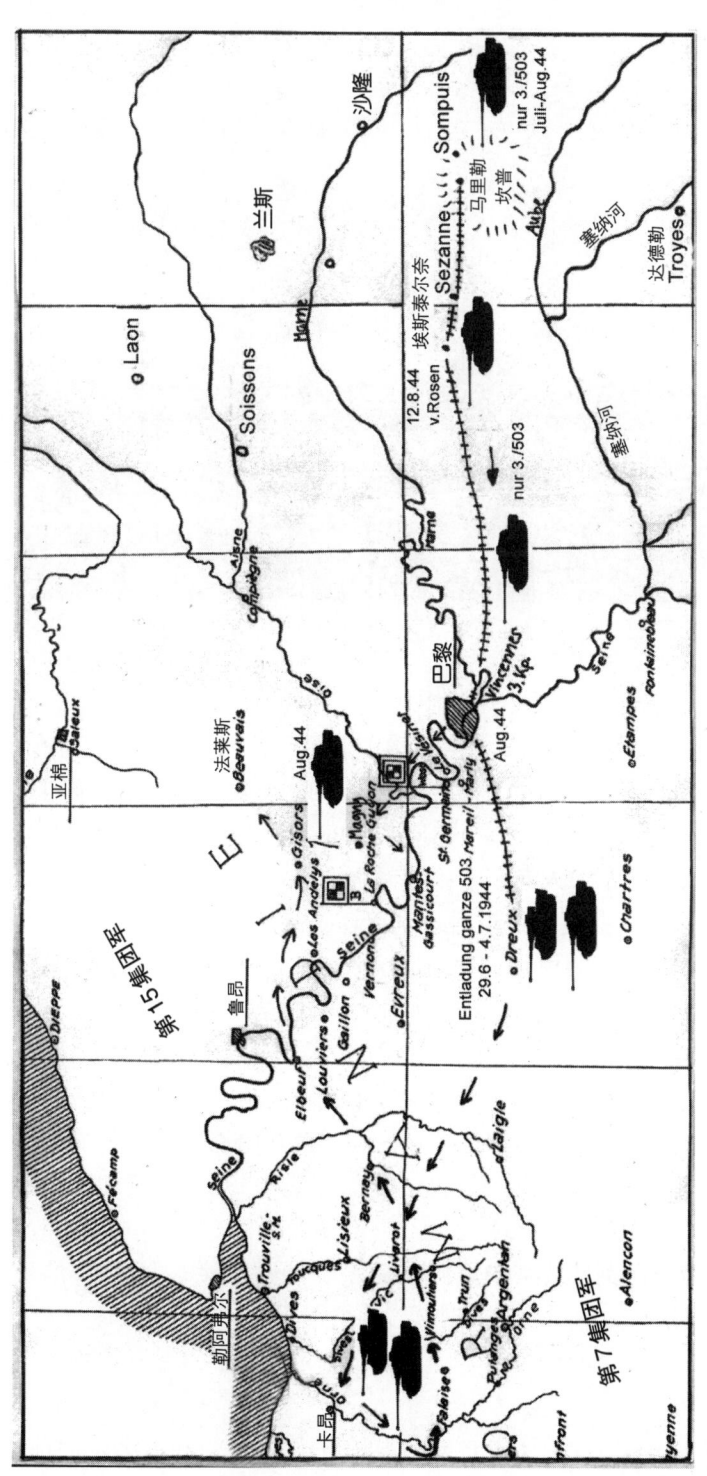

503营在法国的作战历程图。

德军视角里观察诺曼底之战的盟军恐怖舰队

地，5点50分，600艘战舰也加入到火力齐射中来。

6点30分，第一波登陆部队上岸。美军第1集团军在西面负责攻占犹他（Utah）（美第7军）和奥马哈（Omaha）（美第5军）两个滩头。英军第2集团军在东面负责攻占黄金（Gold）（英第30军）、朱诺（Juno）和剑（Sword）（英第1军）三个滩头。英国人和加拿大人遇到了一些顽强的抵抗，但还是很快推进到了卡昂（Caen）一带。他们占领了经过科瑞利（Creuilly）通往巴约（Bayeux）的公路并成功击退了德军第21装甲师发动的反攻。西面，在犹他海滩的美军登陆部队成功地和空降部队会合，并朝内陆推进了大约10公里。奥马哈海滩的状况可不太妙。由于天气恶劣，美第5军得不到强力的装甲部队配合，被当面的德第352步兵师死死缠在海滩上。直到当天晚上他们才前进到海岸公路一线。在D日结束的时候，预定目标并没有都达成。但除了奥马哈以外的其他滩头都已经被盟军牢牢控制在手中，更关键的是建立沿海人工码头后，物资和增援部队可以源源不断地送过海峡。

德军这边则受到盟军压倒性的空中优势限制，几乎无法组织一场像样的反击，所以也就无法在对手兵力尚属薄弱的时候，将之赶下海。

登陆部队的突破

要想将盟军赶回去，有3个绕不开的难题摆在伦德施泰德和隆美尔面前。

第一个就是盟军的绝对空中优势。其次，盟军在1944年初就开始了对德国交通线，尤其是铁道的系统性轰炸破坏，重点更是放在了法国北部。当然法国游击队也进行了大量破坏活动，使得德军部队的调动非常困难。最后一点就是希特勒被盟军欺骗行动所蒙蔽，相信登陆点是在多佛海峡（Dover），因此禁止隆美尔从这一地区抽调任何部队作预备队。

即使如此，盟军还是克服了很大的困难才突破滩头阵地。西边的美第1集团军在布莱德利的率领下突入科唐坦半岛（Cotentin），目标是夺取瑟堡（Cherbourg）这座天然良港。美第9师在6月17日到达卡特雷特（Carteret）和波尔巴伊（Portbail）。21日，瑟堡被美第7军的第9、第79和第4师包围住。短短几日后的27日，瑟堡就被攻陷了，但德军将港口严重破坏，直到8月才恢复运营。

第7军随后挥师南下，和美第8军合击德第7集团军（多尔曼Dollmann）。7月24日，盟军攻占了圣洛（St Lo），彻底控制了整个半岛。美第19军和第5军也于7月10日从西南方向突破奥马哈海滩，并于17日到达卡昂—圣洛公路上的科蒙（Caumont）。7月19日至22日间的风暴将人工码头摧毁，并对黄金海滩造成了重大损害。因此，盟军的后勤补给遭遇了大麻烦，并导致作战部队没有后劲去完成行动计划。

整个6月间，英第2集团军缓慢地朝卡昂方向推进。根据之前的计划，攻克卡昂的同时，要扫清当地德军，给登陆部队扫清朝东和朝南进发的后顾之忧。

德军抵抗如同预期那般的顽强。盟军随即发动的古德伍德（Goodwood）行动，其中猛烈的地毯式轰炸在7月18日重伤了503重装甲营。

诺曼底之战

503营在这段期间被投入到卡昂地区和英国人作战。7月11日发生了第一次交战。冯·罗森男爵将7月18日称作"503营历史上最黑暗的一天"。在马尼维尔（Manneville）的地毯式轰炸将503营炸得七横八竖，基本上丧失了战斗力，整个8月几乎没有参加过什么防御行动。诺曼底特殊的灌木地形使得防守方拥有很强的优势，德军很好地利用了地形，极大地杀伤了盟军，使他们直到7月13日才到达卡昂城下。隆美尔在这期间从法国南部调来了援军，重新组建了一支颇具威胁的装甲部队。为了应对这一危机，盟军先后发动了埃普索姆（Epsom）行动和古德伍德行动压制隆美尔的部队，前者损伤惨重，以失败告终，而古德伍德行动获得了成功。英军成功地将德军逼退到卡昂城里。加拿大第2军通过逐街苦战于7月18日控制了该城大部分地区。英第1军在外围被党卫军第12装甲师缠住。盟军直到20日方控制全部卡昂。

1944年2月26日盟军制订行动计划时希望在登陆后50天攻占布雷斯特（Brest），90天攻克巴黎，实际进展大大落后于计划。登陆50天后的7月27日，盟军才完全控制科唐坦半岛和整个诺曼底海岸。

到7月底，盟军将差不多100万人，15万辆车和100万吨补给送上了岸。盟军损失了12万2 000人，德军方面则损失了11万4 000人，被俘4万1 000人。英加部队对卡昂的攻击吸引了盟军右翼的大量德军，间接帮助了布莱德利的美国第1集团军在7月底得以在圣洛以西突破德军的防线。25日起盟军空军发动了新创的地毯式轰炸，在大幅削弱德军后，美第7、第8以及第19军势如破竹，于7月30日到达阿夫朗什（Avranches）。希特勒亲自下令进行的反击也没有奏效。

英美军队可以不用担心德军空袭，而从容在登陆点集结。

503营刚投入到作战中去时是装备一新，人员都是经历过东线地狱般考验的老兵。结果在仅仅30天后就基本丧失了战斗力，盟军的俯冲轰炸机或是水平轰炸机造成了惨重的人员和装备损失，而装甲部队只能望空兴叹。这支之前在东线生龙活虎的部队现在都无力去完成消灭英加装甲部队的任务。事实上已经不能称得上是个完整的作战单位了。诺曼底之战打开了一个新的作战维度，盟军通过空军和火炮构筑的压倒性火力优势彻底摧毁了德军之前的作战经验。原来依靠精良的坦克和人员优势来战胜对手的模式已经被洪水般的物质优势所取代。

前线作战：1944.7—8

（作者：理查德·冯·罗森男爵，2008版）

临时缺少3连的503重装甲营在1944年5月初移防至图林根地区的奥尔德鲁夫。和大部队不在一起的3连此刻扮演的角色是在北乌克兰集团军群装甲教导队第1虎式教导连，负责用米特迈尔战斗群的虎式坦克培训匈牙利人。他们于5月下半月完成这一任务后也回到了奥尔德鲁夫。

1944年6月1日的军官名单如下（非完整）：
- 营长：弗洛姆（Fromme）上尉
- 副官：巴克豪森（Barkhausen）中尉
- 联络官：海尔莱因（Heerlein）少尉
- 1连：奥姆勒（Oemler）中尉、皮普格拉斯（Piepgras）少尉、施罗德（Schroeder）少尉
- 2连：冯·埃希-施特赖贝（von Eichel-Streiber）上尉、贝尔（Beyer）少尉
- 3连：舍夫（Scherf）上尉、冯·罗森（von Rosen）少尉、库珀（Koppe）少尉、拉姆波（Rambow）少尉
- 营部直属连：魏冈（Wiegand）上尉、舒尔茨（Schulz）少尉、营医施拉姆（Schramm）博士
- 防空排：福林格（Fuerlinger）少尉
- 侦察排：布劳德哈根（Brodhagen）少尉

第2修理排排长诺伊伯特军士长于1944年5月19日在奥尔德鲁夫获得了带剑骑士十字勋章（战争服役十字勋章），3连的盖特纳下士于6月获得了金质德意志十字勋章。

1944年6月6日，盟军在诺曼底登陆。所有人员结束休假，当时营长正在拜访位于卡塞尔的亨舍尔工厂。在6月中旬，2连和3连领到了新的虎Ⅰ坦克，

而1连成为陆军里首先获得虎Ⅱ（虎王）坦克的部队。6月15日至16日，装甲兵总监古德里安上将视察了503营。在军官餐厅，他详细阐述了在当前严峻形势下我们要承担的任务。"如果不能在14天内清除掉对方的登陆点，那我们就无法赢得这场战争了。"

6月26—27日，部队分乘8趟火车前往前线。因为盟军系统性地摧毁了铁路网络，尤其是法国境内段，我们被迫不时地绕路，直到7月2日和3日才到达巴黎以西70公里的乌当（Houdan）和德勒。随后部队通过夜行军，一路经过韦尔努（Verneuil）、莱格勒（L'Aigle）、阿让唐（Argentan）和法莱斯（Falaise）到达卡昂东面的作战地域。由于盟军空军的威胁，白天行军几乎不可能。所以一般都选择晚上23点到第二天凌晨3点间行动，白天则选择在树林中隐蔽，等待又一个晚上的到来。在最后一晚，也就是7月6日的时候，3连碰到了第1起事故。1辆虎式在通过梅济东卡农（Mézidon-Canon）一处铁路上方桥梁时，压垮了桥，坠落到铁轨上。倒霉的323号虎式（车长赛德尔上士）损坏严重，只能报废。这也是503营在诺曼底之战的第1例车辆全损记录和第1个伤亡。

503营从7月7日起归第86军指挥，具体来说是协同第16空军野战师作战，他们刚刚接防了之前由第21装甲师驻守的地段。但第2天第16空军野战师就因为损失巨大而不得不在8日将防线交还给第21装甲师，剩余部队也加强给该师。503营因此也划归第22装甲团指挥，而该装甲团这时的实力也只剩区区一个Ⅳ号坦克营。团长是冯·欧佩恩-布罗尼科斯基（von Oppeln-Bronikowski）上校，而营长是冯·哥特贝格（von Gottberg）。503营的角色是作为第21装甲师的后备队，负责在特罗阿恩（Troarn）以东活动，我们的营长被要求每晚去特罗阿恩向团长汇报战况。

这段时间前线的变化如下：国防军的21个师顶着不断增加的伤亡把守着从奥恩（Orne）河口到科唐坦半岛西海岸之间140公里长的防线。英军在奥恩河以东建立了一个25平方公里大小的桥头堡。双方不断发起零星的攻防拉锯战，犬牙交错的战线每天都在变动。盟军暂时还没能够积蓄起足够的力量发起致命一击。但很明显，他们在战线后面正蠢蠢欲动。

盟军对卡昂的总攻于7月8日打响。德军于10日晚奉命撤出卡昂，在奥恩河朝东的河岸构筑新的防线，加上东南方向的河岸还在德军手里，可以据此阻挡盟军前出到法莱斯平原。

盟军第2天发动了更为猛烈的炮击，同时也在尝试拓展奥恩河桥头堡的行动，这一切都表明了另外一场大规模进攻近在眼前。到底会选择在哪里爆发

第5章 诺曼底

呢？直接来自卡昂方向似乎不可能。那么从奥恩河桥头堡朝南或者东南方向的进攻显得更有可能。

西线装甲集群于7月9日命令第22装甲团配属503营准备前往突入对方防线，当时部队的位置离奥恩河前线仅有几公里。营部放在艾米维尔（miéville）；503营1连和第22装甲团1连布置在村子的东南方向。

2连在村子的东北方向，而3连在马尼维尔附近的一片森林中，距营部2.5公里。

7月的第2周，营长弗洛姆上校由于眼伤发炎，回巴黎进行了10天的治疗。他不在的时候由舍夫上尉代理营长职务，3连交给冯·罗森少尉指挥。连里给所有车长明确了现在的局势，让大家做好打苦仗的心理准备。随时保持1个连担任全天候的警戒任务，随时做好战斗准备。总的来说，前线比较平静。

7月11日临晨5点30分，3连奉命出动。英加军队在进行了短暂炮火准备后，从库尔维尔（Cuverville）和科隆贝勒（Colombelles）之间突破，占领了后者工业区以北的高地。负责防守那里的第32高炮团朝库尔维尔撤退，使得卡昂的东大门洞开。3连立刻发动一轮反攻，在没有损伤的情况下恢复了防线。行动过程中击毁了11辆谢尔曼和4门反坦克炮，并顺利将2辆缴获的谢尔曼开了回来。下午第32高炮团重新占领阵地，3连随之撤回马尼维尔。

冯·罗森少尉关于3连在1944年7月11日行动的报告

1944年7月11日早晨5点钟，营部派来的一名传令兵叫醒了我：立刻做好战斗准备，我先去营部等待命令。我随即通知库珀少尉让部队做好准备，然后坐上摩托车到了营部。舍夫上尉简短地介绍了战况：盟军步坦协同作战突破了科隆贝勒由第16空军野战师的一个营把守的阵地，这威胁到整个战线的稳定。最新的消息是在纪拜尔维尔（Giberville）西北方向3公里处发现对方的踪影，有大规模装甲部队集结的迹象。情况比较紧急。我得到的命令是带领3连立刻发动反击消灭侵入的对方，恢复战线后原地待命。

连里的坦克在这期间完成了发动机的预热，车长们都在指挥车旁等我回去。30分钟后，3连就到达了纪拜尔维尔，在村子的北边收容了被打散的部队。我爬上一堵墙观察对方，可以看到在2公里外有数辆对方坦克靠拢在一座农庄附近。我回到连里布置了作战方案，然后下令："坦克开动，准备应战。"第1辆虎式（库珀少尉）刚到村子的北出口就遭到了猛烈的炮火。这短暂阻挡了部队的行动，很快1排在萨克斯上士的指挥下从左边出击，2排（库珀少尉）

从右边出击，3排（拉姆波少尉）跟着我行动。混战中，很多坦克都被炮弹击中，但这种距离的交战对虎式构不成威胁。我在无线电里命令全面出击，2个排之间轮流射击掩护和前进。但没有人回复，因此我重复了一遍命令，依然没有动静，这时我的坦克也和对手开始交火。和虎式稳如泰山不同，对方的坦克已经一辆接一辆地冒起了黑烟。

我通过指挥塔的观察镜察看四周，这才发现本车的天线被打掉了，难怪我刚才的命令没有回应。长车猛地往前开了300米，我张望了一下，看到1排紧紧跟着我们，这才松了口气。2排和3排依然在猛烈开火。由于现在没有无线电指挥，只能用本车的动向来指挥部队了。排与排之间互相掩护前进。对方坦克越来越少。对方之前围靠的农庄也被火焰所笼罩。

随着我们的每一次射击，都有1辆谢尔曼被点燃。对方乘员仓皇地逃离坦克。慢慢地不再有对方的反击炮火了，最后的200米非常轻松。我们重新恢复了防线。战斗总共进行了差不多30分钟。我布置部队做好警戒工作。大家刚刚散开，就看到一架盟军的炮兵观测飞机飞过，随即一顿猛烈的炮火落了下来，大概持续了2—3分钟，然后又归于平静。为了躲避对方的炮击，我们不时地往前开500米或者往后倒500米地到处转悠，差不多每20分钟都有一顿炮击。在坚守了差不多8小时后，步兵摸了上来，重新进入早晨丢失的阵地。在这期间，我的坦克被一枚炮弹击中，但老天保佑，英国佬的引信设置得太灵敏，并没有炸开新型虎式多装了一层装甲板的炮塔顶层。当然了，那一击还是使得乘员们遭受了猛烈的撞击，车内灯光也灭了。

这辆坦克的好几个焊接点松开了，我不得不换一辆座车。趁着一次较长的炮击间隙，我清查了一下战果：12辆谢尔曼躺在那里燃烧着，大部分是装备75毫米火炮的型号，少数装备的是17磅炮（谢尔曼Ⅱ型 萤火虫，英国改进版），另有4门57毫米反坦克炮被击毁。我这时发现在农庄里的屋子间有2辆谢尔曼停在那里，看起来是在转弯时互相撞在一起受了损坏，乘员弃车逃走了。其中1辆还是指挥型，里面塞满来往的命令和地图。我带着这些情报走最快的路回到营部，现在营部已经搬到了德莫维尔（Démouville），营长弗洛姆上尉也在早晨从巴黎赶回了部队。在我汇报完战况后，他命令我想办法将这2辆谢尔曼开回来。我立刻赶回前线，这时库珀少尉已经带着3连回到马尼维尔。我命令修理排派2名驾驶员过来帮忙。在捣鼓了一会儿后，2辆坦克都可以开动了。

因为英国人离得并不太远，我们很小心地由1辆虎式伴随着将2辆谢尔曼开回去。这绝对是一个轰动性新闻。但我们还没来得及庆祝，就遭到了本方的误射。在7月11日的成功作战后，我们都认为已经适应了西线作战，但实际上完

第5章 诺曼底

3连在1944年7月18日的大空袭后将剩余的坦克交给了2连，人员前往马里勒坎普（Mailly-le-Camp）接收虎王坦克。本图是1辆正在涂装迷彩的虎王。背景处是一辆安放着木质宿舍的卡车。

这里没有空袭的危险，所以坦克不需要做太多的伪装。本图中的虎王连侧裙板也拆除掉了。车号"300"并没有用白色描边。在接收的14辆虎王里只有2辆（300号和301号）是亨舍尔型炮塔，其他均为保时捷型炮塔。

31

332号虎式正准备开出去进行射击训练。背后那辆虎式正在用比尔斯坦起重机进行调试作业。

在对300号虎式的轮盘涂迷彩。虎王使用的是全钢轮，履带宽度则达到80厘米。

1944年8月海因里希·斯柯达上士站在1辆虎王前面拍照留念。

第5章 诺曼底

300号虎式的集体照。无线电员位置上站的是汉纳斯·施耐德，驾驶员是克罗内森。

在马里勒坎普的射击训练。334号虎式的车长是盖特纳下士。

503重装甲营战史

训练间隙，库珀少尉和冯·罗森少尉在交流照片。最右边的是拉姆波少尉。

舍夫上尉在300号虎式上进行驾驶训练。这时车号"300"已经加上了白边。

第5章 诺曼底

正在用附近森林里搜集来的树枝伪装虎式。3连在整编的时候度过了平静的几周。

仰视300号虎式，这也是步兵从散兵坑里看到虎式压过来的景象。

503重装甲营战史

汉纳斯·施耐德站在舍夫的左后方。右侧站着的是波茨阿姆。拍摄于马里勒坎普。

耶克尔下士正在和兴致勃勃的舍夫上尉谈话。中间站着的是库珀少尉。舍夫戴着从英国人手里缴获的太阳镜。

伍德里希下士正在镜子里查看自己眼睛周围的尘土，他刚刚摘下了耶克尔给他的太阳镜。

第5章　诺曼底

舍夫上尉穿着整洁的黑色制服在谈话，背后站的是库珀少尉。格罗曼上士正在一张表上勾画着。

虽然这是夏日，舍夫上尉还是戴着手套。右边是格罗曼上士，左边是沙特上士。照片摄于1944年8月。

舍夫上尉在下达命令。背后能看到格罗曼上士，手里拿着人员名单。库珀少尉的帽子上可以很明显地看到虎式徽章。沙特上士穿着武装党卫队的迷彩夹克。

在索姆皮乌斯（Sompius）的营地里进行的一场棋局。斯柯达上士穿着制服，伍德里希近乎全裸。

3连坐着火车重回前线，照片中的几位正在吃橙子。左起：约辛·耶克尔、不知名、托恩、汉纳斯·施耐德、齐格勒。

伍德里希正在高射机枪旁值班。这里还不是轰炸机的活动范围。1944年8月11日，3连前往巴黎等待新的命令。

耶克尔，施耐德和伍德里希在300号虎王上。他们正在朝巴黎运输的路上。本图很好地展示了炮塔舱盖的闭锁结构。

第5章 诺曼底

1944年8月12日，在埃斯泰尔奈（Esternay）遭到空袭，弹药车被引爆。

冯·罗森少尉的311号虎式换上了运输履带，在躲避空袭时尝试从车架上开下来时倾倒。

冯·罗森在逃离倾倒的坦克时被敌机击伤，他的虎式后来被回收。

威尔海姆下士在空袭时受伤，随后死去。本图是战友们站在他的墓前。

绑着绷带的冯·罗森少尉给威尔海姆的坟墓添土。

威尔海姆的墓碑十字架，阵亡于1944年8月12日。

全没真的明白前面等待我们的是什么。

报告结束。

"古德伍德"行动，503营历史上最黑暗的一天：1944.7.18

1944年7月中的前线局势其实还算不错：盟军发动了3次徒劳无功的进攻。越过奥东河（Odon）的尝试都被德军装甲部队击退。7月8日英加部队依然状况不佳，只能在卡昂东南方向徘徊，美军则在圣洛一带没有进展。这对德军来说暂时可以松口气。

英国人不惜任何代价想要打破僵局，在突破德军围堵后便可以往纵深自由发展。他们的装甲部队必须尽快离开树篱地形，到更可以发挥威力的法莱斯平原去。实现这一切的关键在于布尔盖比（Bourguebus）高地，该地位于英军占据的奥恩河桥头堡以东8公里处。英国人希望在这里能够围住并歼灭德军的所有装甲部队以及预备队，这样巴黎的大门也就洞开了。这次行动的代号以英国一处著名的赛马场命名——古德伍德。

7月18日，英第8军下辖的第11和第7装甲师加上桥头堡里的近卫装甲师协同出击，共计877辆坦克。

进攻方向的左翼和右翼分别由英第1军和加第2军掩护。率先揭开战斗序幕的是多达2 234架的轰炸机，他们共扔下了7 800吨炸弹，随后720门中型和重型火炮也一股脑地倾泻了25万枚炮弹。

5点45分到6点半，轰炸机群中首先登场的是英国皇家空军的1 056架重型轰炸机（目标是A、H、M，参见轰炸地图），7点到7点半，美军的539架轰炸机也来了（目标是C、D、E、F、G）。8点到8点半，美军第二批次的482架轰炸机开始进攻（目标P）。

3连在这场惊天动地的空袭中中了"头彩"。他们驻扎的马尼维尔是英美双方轰炸机的双重覆盖目标区，所以从5点45分到7点45分轰炸几乎没停歇过。

这天对503营来说是黑暗的一天。这几乎是有史以来最为密集的一次轰炸行动。唯一可以和之比较的只有1945年2月14日！英美联军"仅仅"1 084架轰炸机发动的对德雷斯顿的轰炸，那次投下了3 425吨炸弹。

英第11装甲师在8点出动了它的第29装甲旅和第159步兵旅越过了之前的战线，发现几乎没有任何像样的抵抗。他们当面的第16空军野战师已经土崩瓦解。到了8点半的时候，英军先头部队已经越过卡昂—特罗阿恩（Troarn）铁道

503重装甲营战史

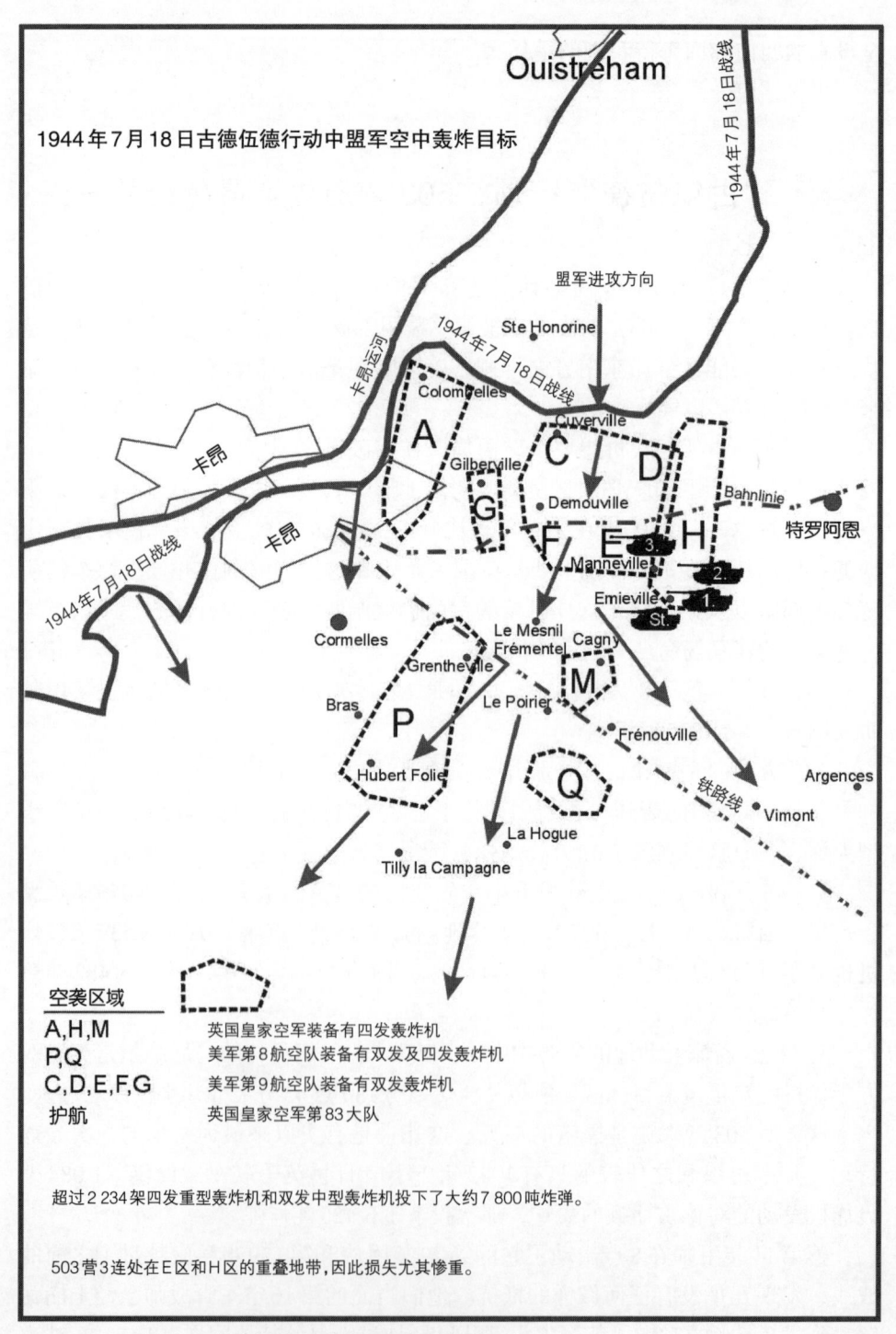

1944年7月18日古德伍德行动中盟军空中轰炸目标

Ouistreham

1944年7月18日战线

盟军进攻方向

Ste Honorine

1944年7月18日战线

卡昂运河

Colombelles

A

卡昂

Gilberville

G

C

Cuverville

D

Bahnlinie

特罗阿恩

Demouville

1944年7月18日战线

卡昂

F

E 3.

H

Manneville 2.

Emieville 1.

St.

Cormelles

Le Mesnil
Frémentel   Cagny

Grentheville

M

Bras

Le Poirier

P

Frénouville

Hubert Folie

Q

铁路线

Argences

La Hogue

Vimont

Tilly la Campagne

空袭区域

A,H,M　　　　英国皇家空军装备有四发轰炸机
P,Q　　　　　美军第8航空队装备有双发及四发轰炸机
C,D,E,F,G　　美军第9航空队装备有双发轰炸机
护航　　　　　英国皇家空军第83大队

超过2 234架四发重型轰炸机和双发中型轰炸机投下了大约7 800吨炸弹。

503营3连处在E区和H区的重叠地带,因此损失尤其惨重。

1944年7月18日古德伍德行动中盟军空中轰炸目标。

第5章 诺曼底

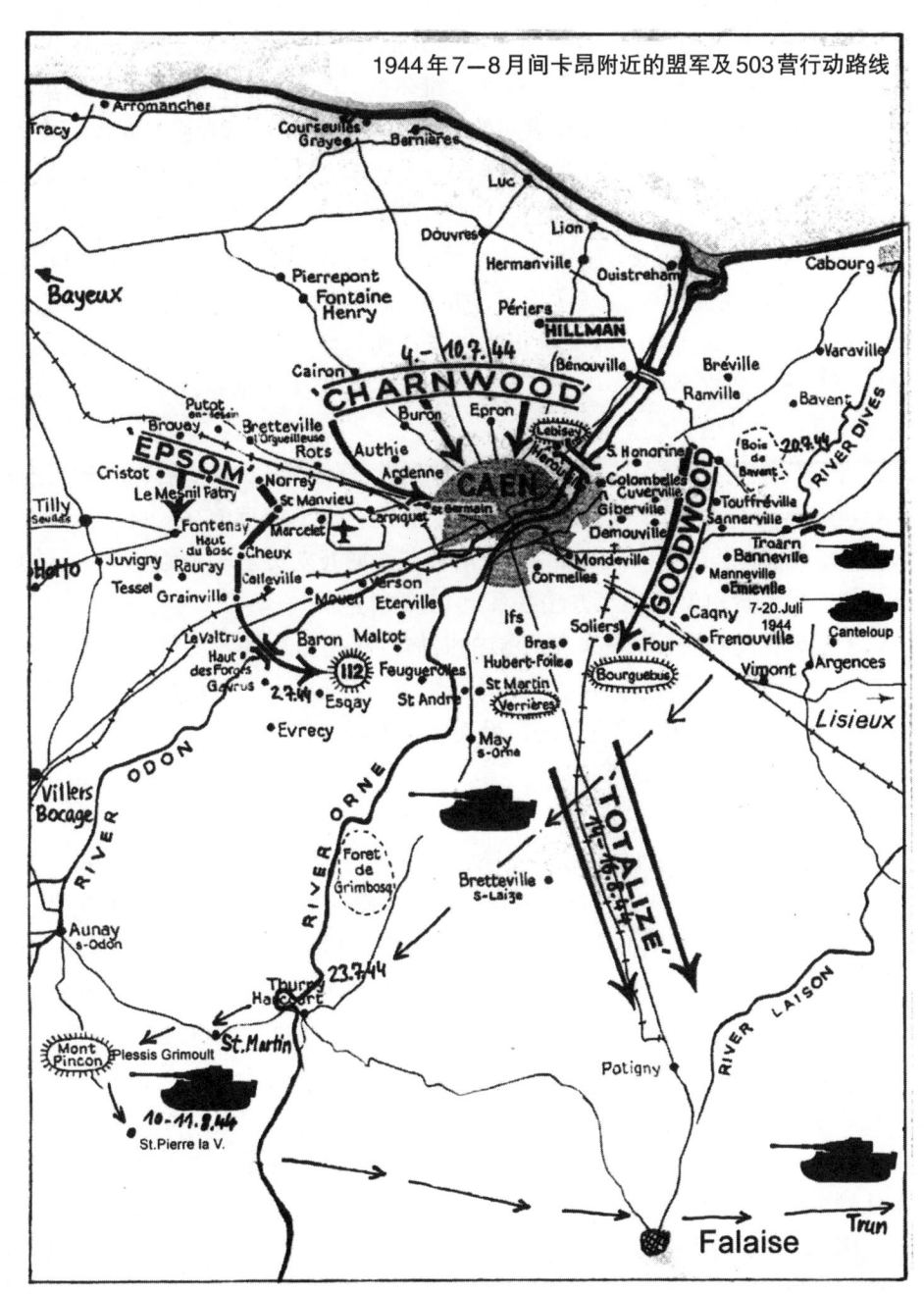

1944年7—8月间卡昂附近的盟军及503营行动路线。艾普索姆（Epsom，1944年6月26日至30日），沙恩伍德（Charnwood，1944年7月4日至10日），古德伍德（Goodwood，1944年7月18日至20日）和道达来兹（Totalize，1944年8月14日至16日）为卡昂之战中的盟军四次作战计划。

线，到达了503营的防区，同样也没有什么抵抗。503营现状是怎样的呢？借宿在一栋别墅里的营部幸免于难。在艾米维尔的1连有坦克被炸毁，但所幸无人员死亡。他们和紧邻的第22装甲团的阵地都被炸成了月球表面。我没有得到2连的相关报告，但似乎他们是受影响最小的。3连的状况最为糟糕。韦斯特豪森下士的坦克被砸了个正着，四分五裂。萨克斯军士长的313号虎式被气浪掀了个底朝天，这可是58吨的大家伙！乘员里的3人幸免于难。在我的311号虎式前方掉了一颗大炸弹，气浪把发动机舱盖震开了。修理排也挨了好几枚炸弹，卡车被炸成了碎片。好几辆坦克受了重伤，尤其是行走装置最易受损，因此完全动弹不得。另外，很多坦克都被强大的气浪生生地推动了1米多。爆炸中泥土翻飞，将很多坦克都半埋了起来。

弗洛姆上尉在9点的时候见到了步行到营部的冯·罗森少尉，获知了连里的情况。他随即命令冯·罗森少尉带领所有能行动的坦克前往马尼维尔以南占领阵地，并朝勒佩尔（Le Prieure）方向警戒，防止对方从马尼维尔和卡赫纳之间突破。营长此刻甚至还没办法联系上1连和2连。

3连带着仅剩的6辆虎式在10点的时候到达指定地区。实际上这些坦克都急需大修，但还是勉勉强强地开到马尼维尔。2辆坦克的发动机在路上都起了火，扑灭后只能以很慢的速度拖在后面。这期间还碰到了营长和舍夫上尉，他的300号虎式一直留在营部使用。

11点的时候英第5装甲近卫旅派出1个连发动了试探性进攻。一交火，虎式就暴露了在空袭中受的内伤，全身需要完全重新调校了。平常只需要一发炮弹就能解决的问题，现在往往要发射三枚。勒佩尔那个方向传来了坦克隆隆的行进声，冯·罗森少尉命令前移阵地，占据有利射击阵位。3连要绕过一小片树林，准备让西面朝向勒佩尔。在行动中，忽然传来两声爆炸声。施恩洛克上士的虎式被一枚炮弹击中，燃烧了起来，穆勒上士的那辆也碰到了同样的命运。我们从燃烧的车上救出了伤者，将他们后撤回马尼维尔。马蒂萨下士烧伤严重，没能活下来。另外300号虎式碰到了一次跳弹，没有受到损害。冯·罗森少尉让部队后撤200米，重新布置防御阵形。蹊跷的是一直没明白炮弹到底是从哪里钻出来的。

因为2辆坦克都是正面被击中，敌人必定是来自卡赫纳方向，离我们大概1 200米。但卡赫纳还在德军手中。直到战后的1966年才明白当时驻守在卡赫纳的空军88毫米高炮营误以为我们是英军，于是很干脆地打掉了刚探头的2辆坦克。卡赫纳在当天的晚些时候被英军占领。英军后来的报导里也提到了在他们战线的左翼居然碰到了503营的6辆虎式，奇迹一般地从毁灭性的轰炸中存活下来并继续战斗。到了16点的时候，3连只剩下了1辆坦克尚能正常作战。其他的都只能行驶，丧失了战斗力。弗洛姆上尉命令解散3连，另外组织人员回收受损的虎式。最后成功地在马尼维尔又弄出来2辆虎式，萨克斯上士和他的2名乘员被从倾覆的坦克中救了出来。

冯·罗森少尉关于1944年7月18日地毯式轰炸的报告

我和威尔克迈斯特下士睡在我的311号虎式的车底下。这里虽然有点凉，但比睡在坦克里要舒服。我的另外3名乘员坚持睡在车里。7月18日早晨6点，我被天上巨大的飞机轰鸣声所惊醒，在半睡半醒间发现四周已经被炸得天翻地覆。有一枚炸弹落在我们200米外，但异常强烈的冲击波将虎式震得直摇摆。我立刻醒悟过来，这场空袭是冲着我们来的。但那会儿根本来不及考虑这么多。空气中充满了爆炸的巨响，气浪将我们死死地摁在地上。紧跟着又来了一声震耳欲聋的爆炸声，地面也随之剧烈晃动，幸运的是这枚炸弹没有直接命中我们。我们还活着！炸弹一枚一枚继续落下，爆炸。面对这样的毁灭力完全无能为力。我记不清楚这到底持续了多久，几乎丧失了时间的概念。突然间一阵气浪把威尔克迈斯特和我狠狠地扫到一边，激起来的泥土差不多将我们埋了起来。一刹那间失去了意识，过了好一会儿才回过神来，发现还活着。但紧接着，下一枚炸弹又落了下来，让你发现这绝对不是一场噩梦，而是活生生的人间炼狱。我后来回想起来这持续了足足2个半小时，中间只停了一小会儿。很难用言语来描述当时的心情，我只能躲在坦克下面，捂住耳朵，嘴里咬着领子，怕自己叫出来。

这一切总算慢慢结束了，当我从坦克下面爬出来的时候，摆在面前的真是一幅惨不忍睹的场景。之前漂亮的公园，现在树木倒得横七竖八，枝干被撕碎，草地找不到一处是完整的，到处是巨大的弹坑，而且很多都是互相重叠在一起，可以想象轰炸的密度是多么的恐怖。这幅月球表面的情景，加上还没散开的硝烟让人难以呼吸。

我看到边上韦斯特豪森的虎式挨了结结实实的一枚炸弹，爆炸后剩下的残骸还在燃烧着。乘员组所幸没事。我绕过一片小树林后看到了萨克斯军士长的坦克。一枚炸弹在坦克前爆炸，气压将坦克直接掀了个底朝天。2名乘员阵亡，剩下的3人没有大碍。修理排的2名优秀的战士不幸阵亡，他们本来也是想趴在坦克下面躲避空袭，结果还是不走运。我立马组织人员来抢修坦克。首先就要把这辆虎式给翻正，还要接上被树枝搅乱的履带。但修复工作也基本上没法继续下去，因为同盟国海军的420毫米主炮开始了炮击。我亲眼看到了坦克前面15米处被炸开了一个深达6—8米的大坑，足以埋入一辆虎式。坦克舱盖全部乱颤，发动机舱的冷却管也被气压扯裂。我的坦克已经没法作战了，得赶紧换1辆座车。

战场的状况也是不清不楚。我听到不远的地方传来了坦克和机枪的射击声，难道英国人已经摸上来了？我一直没办法联系上营部，所以决定走路过去找他们。在吃力地跨越一个个弹坑的同时，还要提防不知道会从哪里落下来的炮弹。最后终于走到了艾米维尔，那里并没有挨太多炸弹，路也因此好走了很多。在路的一个转弯处我碰到了营长，他告诉我这里也被空袭了，但没有3连防区那么猛烈。营长和舍夫上尉还有一堆营部的人紧紧挤在别墅里一座小塔楼的旋转楼梯下躲过了轰炸。幸运的是虽然整个别墅变成了一片废墟，但只有这座塔依然伫立在那里。

营长命令我立刻重整3连，在对方进攻方向的左翼靠近马尼维尔的位置布置一道防线。我回去搞到10点钟左右，拼凑了6辆虎式出发去执行任务。在满是弹坑的地方开坦克比普通越野还要困难，坦克不时地陷入深坑，履带打滑，很难爬出来。我们最后成功地在马尼维尔西南面1.5公里处，靠着公园围墙建立了一条坦克防线。

报告结束。

其他连是什么状况呢？1连在12点的时候将所有可以使用的虎王集结起来。奥姆勒中尉的100号虎式滑入一个弹坑，必须等待牵引车才能将其拉出来。和他们一起的第22装甲团也在忙着清点部队，争取搜罗尽可能多的坦克迎接对方的进攻。所以到了12点根本没法出击。稍后收到第22装甲团的命令，集结包括1连在内的所有坦克发动一场沿着特罗阿恩—卡昂公路朝德摩维尔（Demouville）的反击。现在搞不清楚当时到底搞到了几辆虎王，第22装甲团只剩下了可怜的8辆Ⅳ号坦克。最后只有4辆坦克到达了德摩维尔，但很快就在优势对方压制下撤了回来（出自第22装甲团1营营长冯·戈特贝格少校的作战报告，出版于1975年8月15日）。

1连损失惨重。111号虎式被击穿，施罗德少尉和舒尔策二等兵阵亡。101号虎式也被击穿，进攻被迫终止。2连的虎Ⅰ协同西弗斯（Sievers）少将的第16空军野战师一个营和第346师一个反坦克营发动了朝特罗阿恩西北方向的一场反击，将敌人阻挡在特罗阿恩一带。503营在下午将1连和2连集结在曼尼维尔附近。第21装甲师命令503营转移至南边卡昂—维蒙（Vimont）公路附近的

第5章 诺曼底

弗翰努维尔（Frénouville），防止对方军队进一步朝东南方向突破。卡赫纳在当天下午落入了英国人的手中。1连在卡赫纳以东作战时损失了122号虎式，关于这次奇异的作战有2种不同的版本：爱尔兰近卫军的谢尔曼坦克排的排长格曼少尉以及德军122号虎式的炮手汉斯–亚辛·泰森。

格曼的故事

我叫作格曼，在古德伍德行动中担任第21爱尔兰近卫坦克团的一名谢尔曼坦克排排长。7月18日下午部队在卡纳赫东北方位作战。我们第5近卫坦克旅当面之敌是2—3组各由4—5辆虎式组成的战斗群，他们很好地利用了周围的树木作掩护。经常是突然从隐蔽处冲出来，迅速地射击，取得战果后马上撤退。我们尝试从侧翼包围上去，但总是被他们逃出包围圈。这样重复了好几个回合。

这是我的第一次作战行动，所以非常紧张。我开车渡过了贯穿卡纳赫的小溪，排里剩下的车留在岸的那一边。我独自一车继续前进，干掉了数个有价值的目标，我开始觉得战争也不过如此，我干得不坏，但这好感觉没能持续多久。我随意往左一瞥的时候，真是差点把我吓得灵魂出窍，在我不到200米的地方有1辆虎王正朝我的谢尔曼开来！我立马给炮手下达指令："方向左，停车，射击。"我被射击引起的后坐力猛地冲了一下，75毫米炮弹直接命中了虎王的前装甲板，但被弹开歪向一边。我命令炮手再来一炮，但车里传来一个声音："火炮卡住了，长官。"我突然间发现自己陷入了一个课堂里所没有学过的情况，该怎么办呢？我怀着不祥的预感看着虎式长长的炮管正转向我们。这时候突然想起来有人和我说过，如果搞不清楚该做什么，那就只管进攻吧。

我命令驾驶员用最快的速度去撞击虎王。坦克速度越来越快，在虎王炮口完全朝向我们之前，两辆坦克伴随着一声巨响，狠狠地撞到了一起。双方乘员几乎同时打开舱盖逃出来，因为战场上炮弹横飞，大家忙着先找地方隐蔽。我的驾驶员看到一个坑可以容下他，立马跳过去，结果发现已经被虎式乘员先占住了，因此两个人各怀心事地挤在一起分享一个坑。我跑往后方，叫我排里1辆装备17磅炮的谢尔曼上来，了结了这辆虎王。然后将我的和虎式的乘员组聚拢起来，一起回到了盟军防线的后方，随后我换了另外1辆坦克继续作战。我叙述这个故事是想给大家留下一个陆战里使用古老海战战术的例子。

来源：

参谋学院，坎布雷：战场之旅（Camberly, Battelfield Tour）（1956），第44页。
亚历山大·麦基（Alexander McKee），卡昂：胜利的铁砧。（Caen, Anvil of

Victory）伦敦，1964年出版，第273页。

泰森的故事

（作者：汉斯–亚辛·泰森，1989）

据我记忆，英国人在差不多15点的时候发动了进攻。那是一个炎热的夏日，大家忙得挥汗如雨。对方炮火一刻不停，15点发起的那波进攻有很多坦克支援。很短的时间内就冲破了德军的主防线。只有1连还在支撑，很快，前后左右都出现了英军坦克。无论是我们还是英国人都搞不清楚谁是谁，哪里是哪里了。双方的炮火交织在一起，步兵也展开了缠斗。我担任炮手的112号虎式正在和1辆英军坦克交战，同时被别的地方射来的炮弹击中。我们的车长是个没有作战经验的新人，惊恐下命令坦克后撤到一个灌木丛后面。

很明显车长有点手足无措了，没有注意到那里有1辆别的坦克停在那里。反正一下子，双方就撞到了一起。我们肯定不是故意撞上去的，我当时正忙着朝12点方向的托米射击。刚撞车，就有一枚本来很可能是瞄向英国人射击的75毫米反坦克炮弹，击中了我们坦克右侧的履带和主动轮之间的位置，钻透装甲板后从我椅子底下划过。我发现我落到了炮塔吊篮的地板上。弹头引燃了车内的炮弹包装盒，火焰立马就窜了起来。必须立刻弃车。无线电员，装填手和车长立马就逃了出去。驾驶员霍斯特·贝舍尔（现在住在布伦瑞克，Braunschweig）离开前先抓了一把手枪，跳出去之后还拿枪朝同样刚逃出来的英军坦克乘员比画了几下。当时的场面有些滑稽，他脑袋上还挂着车内通话器的耳机线。我从炮塔跳下来的时候撞到了惊慌失措的英军乘员。看来他误以为我也是他们一边的。我们愣了一下，然后英雄主义立马在双方身上爆发，立马都伸手准备拔枪。结果发现因为匆忙弃车，都没带枪。这时火焰把坦克整个包住了，英雄主义就这么一闪而过了。双方一起在托米的坦克边上找了个坑躲了起来。一个人蜷缩在左边的角落，另一个人则在右边。双方还手脚并用地要让对方明白，自己俘虏了对方。但发现双方达不成一致后，耸了耸肩，都冲回了自己人那边。

这就是我在那天的经历。想起来能有这么个机会认识一个英国人也挺有趣的。

沃尔夫冈·施耐德（Wolfgang Schneider）上校在他的《战斗中的虎式—诺

曼底作战》一书的第119页里也提到了这段互相矛盾的有趣事件："格曼很明显希望人们能够无保留地相信他叙述的版本。幸运的是我们不一定要靠猜测来推测事情的原委。一张加拿大军事档案馆的从未公布过的照片很明确地可以驳回他的故事。在虎式的前方能明显地看到倒车并有朝左急转弯的痕迹，这也证明了是虎式主动撞上了谢尔曼。另外一个虎式正在倒车的证据是主动轮后面垂下的履带。如果是往前开的话，那里的履带会绷直。格曼故事的另外一个漏洞是德军乘员事实上并没有被俘。他实质上可能是想隐瞒谢尔曼当时为什么会出现在那里。另外通过照片我们并没有找到格曼声称的萤火虫补了一炮的痕迹，相反可以很清楚地看到装甲板上有德军反坦克炮炮弹的钻孔印记。所以格曼所谓的"英雄"称号是要打上大大的问号的。但历史总是由胜利者书写的……英军对特罗阿恩的突击被2连和其他部队协同打退了。

503营历史上人员和装备损失最为惨重的1944年7月18日就这么过去了。仅仅3连就有14人阵亡。根据陆军总部的命令，3连在7月20日将剩下的坦克都移交给2连，然后前往马里勒坎普（Mailly-Camp）接收从德国运来的新装备。穆勒上士在7月22日带着一支先遣队率先出发，在巴黎待了2天后，于7月25日到达马里勒。连里剩下的人几天后出发，在松皮（Sompuis）附近露天宿营度过了等待新装备的那段时间。

回头看看503营其他部队：他们在7月19日到达特罗阿恩，负责西面的防守，在那里打退了对方多次进攻。7月20日对方在装甲部队支援下对特罗阿恩又发起一场失败的进攻。第21装甲师被解散，下辖的第22装甲团剩下的部队留在特罗阿恩协助防御，503营继续协同该团作战。英国人在7月21日终止了古德伍德行动。英军1个包括3个装甲师的装甲军在空前强大的火力支援下只推进了12公里，并没有取得预设的突破封锁的战略目标。在这些天里英国人共损失了437辆坦克，很多要记在503营的账上。

奥恩河防御：法兰西之战的结束

当卡昂南面的局势逐渐稳定下来的时候，圣洛以南的局势却愈加恶化了。双方在圣洛前线的阵地可谓是犬牙交错，各自抽调卡昂附近的装甲师投入到圣洛方向，希望扭转胶着的局面。503营在7月23日和25日离开特罗阿恩地区，前往西南方向的奥恩河谷，在蒂里阿库尔（Thury-Harcourt）渡过奥恩河。具体多少虎式到达了奥恩河谷已经不可考证了，但明确的是第2补给小队和修理连并没有随行。战线越长，补给就越棘手。

英第8军在7月30日突破了奥恩河西面德军薄弱的防守。冯·欧佩恩-布罗尼科斯基上校指挥第22装甲团的残部和503营发动了一场反击，并没有奏效。

营里此刻剩下了13辆虎式可以行动，另外16辆在维修厂需要短期维修。到7月30日为止，诺曼底之战中共有2名军官，24名士官和士兵阵亡，1名军官和30名士官和士兵受伤，以及18名士兵失踪。

营长这样总结部队的士气："尽管对方占有绝对的空中和炮火优势，部队的士气还是比较高昂。相比部队所取得的战果来说，损失过于惨重，部分也是由于不利的地形。制服和装备不错。补给工作在诺曼底这样的情况下本该可以更好。"（摘自503营于1944年8月1日提交的月度报告）。该报告还说明当时本营隶属第21装甲师作战。

8月初，部队在潘松山（Mont Pincon）和勒普莱西—格里默（Le Plessis-Grimoult）一带作战。战斗进行得很艰苦，这片"诺曼底的小瑞士"地形对防守方非常有利。受限制的视野使得对方装甲部队的速度降到了步兵的行进水平。

英军于8月10日在蒂里阿库尔以南一点的地方越过了奥恩河。魏冈上尉带着最后2辆能动的虎式去掩护圣皮埃尔（St. Pierre）的东南方向。英军一支由30辆坦克和大量步兵构成的分队在11点30分左右经过村子的东面。魏冈上尉发动了偷袭，将带头的3辆坦克打爆，暂时阻止了英军的前进，但很快2辆虎式也在交火中丧失了动力。因此这天——8月11日是503营在诺曼底作战的最后一天。

8月14日，加拿大人发动了攻势，沿着卡昂—法莱斯公路向南一路推进。到了当晚，他们距离法莱斯以北只剩下了8公里。美军也突破了阿夫朗什之后到达了阿让唐的南面。盟军的两个拳头之间距离只有28公里，在法莱斯地区对德军形成了一个巨大的包围圈。503营成功地将所有轮式部队，包括营部、修理连和后勤连及时撤到了塞纳河边的埃尔伯夫（Elbeuf）。可以优先渡过塞纳河的部队是装甲部队、党卫军、防空部队和炮兵，所以503营的轮式车辆很早就抵达了塞纳河，幸运地挤上了渡河的最后一班车。因为没有特殊的任务，所有部队尽可能往北跑。

对于虎式来说，渡过塞纳河几乎是个不可能完成的任务，因为附近找不到可以承载60—70吨重坦克的桥梁或者是渡船。因此坦克一旦在战斗中因为机械故障或者缺油而不能动弹的话，只能主动炸毁，以免落到敌人手里。在蒂里阿库尔附近的德军坦克还可以想办法逃离没彻底关上的法莱斯包围圈，他们尝试在鲁昂（Rouen）附近渡河。在最后几天从修理厂里勉强可以开动的坦克也都朝着该地前进，但他们中的大多数都由于缺少油料，也没指望有及时的补给而不

第5章 诺曼底

得不放弃。每个人都有些绝望地朝塞纳河方向逃亡，哪怕是被迫步行。

1连汉斯·维尔什的日记

1944年8月13日：我们的112号虎式在牵引113号虎式前进时也抛锚了，124号虎式将我们拖到特兰（Trun）。弹如雨下。

8月14日：停在公路边上。被敌机三次攻击。芬得萨克军士长受了重伤，第二天去世。

8月16日：晚宿提西维尔（Ticheville）。当地老百姓将我们待的阁楼楼梯给堵上了。我们开枪打开了一条通道，奔回坦克。124号虎式坏了。

8月18日：在包围圈锁上之前，113号、111号、100号和122号虎式被我们爆破。特斯默上士、费德勒二等兵和我带着112号和124号虎式负责爆破作业。

8月19日：法莱斯包围圈形成。

8月20日：我在22点将112号虎式爆破。费德勒二等兵也对124号虎式做了同样的事。一路往回走，经过提西维尔、勒萨（Le Sap）和莫奈（Monnai）。

8月21日：雨天。谢天谢地。步行前进了10公里左右。维特少尉让我们搭顺风车经过布罗格利（Broglie）、贝尔奈（Bernay）到达埃尔伯夫（Elbeuf）。

8月22日：我们在鲁昂坐驳船渡过了塞纳河，搭顺风车10公里，然后步行。在索特维尔（Sotterville）休息，等着过路车。布罗德哈根少尉捎我们到了弗勒里（Fleury）。

1连在蓬图瓦兹（Pontoise）集结，随后于8月28日踏上回德国的路。坦克乘员们驾驶缴获的汽车，于8月31日到达帕德博恩。

2连的命运就不是那么的众所周知了。几辆从维修站里勉强开出来的虎式居然到达了塞纳河边的鲁昂，但却找不到过河的工具，只留下了几张213号虎式无奈地在河边行进，寻找渡口的照片。几辆虎Ⅰ被遗弃在维穆捷（Vimoutiers）。2连的好几辆虎式都由于缺油而被遗弃在维穆捷附近的179国道上，其他的一些则被遗弃在卡纳帕维尔（Canapville）附近的公路上。与他们一起葬身于此的还有1辆1连的虎Ⅱ。这些见证了诺曼底之战的坦克还有几辆幸存保留到了现在：1辆虎Ⅰ在逃亡路上被丢弃在179国道维穆捷段的路中央。乘员将炮塔转轴损坏后，点燃了坦克发动机，发动机盖被炸离了车体。美军路过的时候用推土机将这堆废物铲到路边。这辆虎式一躺就是30年，岁月慢慢地将它压入黄土，各种杂草欢快地在它上面生长。一名废品收购商买下了它的车体，将值钱的东西全部都拆走了。孩子们在坦克边玩耍，在炮管下荡秋千。这辆维穆捷的虎式慢慢成为一座远近闻名的景点。1975年10月来了3名对该坦克怀着浓厚兴趣的人，其中一名是以前勒克莱尔师（Leclerc）的战士，他明白虎式的重要意义。另外2人一名是年轻的历史学家，另一名是武器收藏家。他们成功地说服了当地政府出资保护这辆虎式的残骸。他们筹集资金维修坦克，将其外观复原。今天这辆整修一新的虎式站在当年被遗弃的地方，有如一座见证了它那个时代的纪念碑。

接下来的是3连的故事了：

部队在7月18日集结在卢比尔（Rupiere）搭乘火车。最后一辆还能行动的虎式被转交给2连。7月20日部队得到前往马里勒坎普（Mailly-le-Camp）接收新式坦克的命令，7月22日先遣部队从卢比尔出发，在巴黎待了2天后，于7月25日到达新营地。7月29日，全连到达。驻扎在索姆普斯（Sompuis）村。新坦克——虎王在8月初送抵部队，其中12辆是保时捷型炮塔，另外2辆是亨舍尔型量产炮塔。部队立马投入了火热的新装备适应性训练。其中还配合宣传部队拍摄了一部小电影《战斗中坦克连的一天》，悲剧的是赛德尔上士和耶克尔下士的坦克都在表演中趴窝了。

8月11日，3连乘火车离开了马里勒坎普。2辆损坏的坦克没有一起出发。冯·罗森少尉指挥的第1列火车于8月12日早晨在埃斯泰尔奈（Esternay）附近被5架P—47雷电袭击。弹药车被引爆，车头损毁，311号虎式也被击燃。当时它准备紧急从车上开下来逃命，结果不小心翻车。威尔海姆下士在这次袭击中不幸阵亡，连里把他在附近给埋葬了。伯恩希尔上士在送往医院的路上也没能熬过去。总共有5人受了重伤，另外有5人轻伤，其中包括指挥官冯·罗森少尉。

到巴黎的铁路线被炸断了。花了3天时间，部队才重新踏上前往巴黎的路。拉姆波少尉在冯·罗森少尉住院期间顶替了他的职责。311号虎式在2天后被铁路吊车清理出现场，拖到了法国4号国道边暂存。结果美国人比我们回收部队的速度快，俘获了这辆虎式以及陪伴它的3名乘员。

3连在巴黎卸下了虎王，驻扎在文森森林（Bois de Vincennes）。

舍夫上尉写道："由于法国地下抵抗组织日益活跃，巴黎城防指挥官要求部队随时做好战斗准备。当局势更为紧张时，我到巴黎市里去找城防指挥官，却哪里都找不到，所有人都消失得无影无踪。所以营里按照之前得到的命令，负责防守塞纳河到巴黎北部的地区。但又等了2天，还是得不到市城防指挥官的一点讯息，我因此认为本连已经不再隶属巴黎城防指挥了。3连将穿越巴黎到达塞纳河北岸与503营会合。"

3连从万塞讷（Vincennes）出发，沿着夏贝尔大道（Boulevard de la Chapelle）朝着圣拉扎尔车站前进，然后从马德莱娜街（Madeleine）走向协和广场（Place de la Concorde）。在穿过香榭丽舍大街（Champs Elysee）、查尔斯·戴高乐（Charles-de-Gaulle）广场和新桥（Pont de Neuilly）后来到了塞纳河右岸，顺着河就到了蓬图瓦兹（Pontoise）。

舍夫上尉继续写道："3连很轻松地就到了巴黎的北部10—15公里的地带，隶属于一个负责防守塞纳河的空军野战师作战。在被动的局面下，大部分虎式在1周内就被战斗轰炸机消灭了。"最后1辆虎式在波韦（Beauvais）被炸毁。

赫尔穆特·克莱纳，334号虎式炮手的回忆：

"在塞纳河的渡口边上，我们的发动机坏了。苦等了好一会儿后，修理连的1吨牵引车才过来修复了故障。大群的巴黎人沿着道路的两旁跟着我们后撤的队伍走，脸色凝重。附近的公路上传来了枪炮声。人群的哭喊声充斥着耳膜，周围的人越来越近地挤压在坦克周围，海因茨·盖特纳（334号虎式车长）因此命令全车做好战斗准备。

我操纵火炮朝下调整了一下，然后将炮塔旋转了360度。炮塔周围很快就没有乱七八糟的东西了，只剩下几顶帽子和帐篷还堆在上面。还好没出什么意外，我们赶上了大部队。但在巴黎的一个郊外，这辆虎式的转向装置彻底坏了，必须要更换一套全新的才能动弹。我们把车子挪到公路边的一片小树林旁，等待修理连带着吊车来救我们。但白白等了几天后也不见他们的踪影，倒是路过的难民潮越来越汹涌，朝东撤退的德军也是越来越多。一队党卫军士兵在离我们大约2公里处的山谷上布下了防线。这些日子里，德军早已撤离了巴黎，而盟军还没有进驻。因此我们就这么待在巴黎的边缘，没有走远。我们找到了一辆小轿车，在上面安装了一挺机枪，权且充作侦察车。有一次海因茨·盖特纳开着这车到了附近的一个车辆维修厂，在那里撞见了2个法国人正将德军遗弃的军车涂成蓝色。

我们立马制止了这种破坏国防军财产的行为，并顺带缴获了停在那里的一辆美制柏加（Paccard）轿车，后来成为我们的逃亡快车，并在3连服役了很长一段时间（1944年11月在布达佩斯才报废）。

党卫军过来告知他们在第二天将会炸毁把守的桥梁，因为眼看着后面几乎没有德军留下了。他们的指挥官命令炸毁不能动弹的虎式。我们将机枪和无线电设备拆下后，在发动机舱和车舱内倒上汽油。当第二天一早，我们看到远处公路扬起对方坦克的尘埃时，盖特纳命令焚毁虎式。驾驶员，无线电员和装填手坐在停在远处的柏加车上等着我们。盖特纳和我点燃了坦克后，迅速躲起来，等着坦克爆炸。60秒真是段漫长的时间，我们感觉似乎时间停滞不走了。我们正准备朝虎式走回去，因为感觉肯定是哪里搞错了。结果就在这时，车长指挥塔被炸飞了。浓烈的火线吞噬着发动机舱和炮塔。我们就这样和好伙伴334号虎式告别了。随后我们迅速穿越了法国，与503营其他部队会合，在亚琛越过莱茵河，回到德国。

3连在芒特（Mantes）反攻美军桥头堡的战斗

（作者：理查德·冯·罗森男爵，2008）

1944年8月22日至8月30日

舍夫上尉指挥3连在巴黎没有接到城防指挥官任何命令，这一现实可以充分表明当时局势的混乱。

在巴黎局势越来越险恶的情况下，舍夫充满纪律性地在那里毫不动摇地等待命令，而之后他尝试和营里重新会合又充分表现了他的主动性。

1944年8月21日，舍夫上尉率领3连从万塞讷出发，穿越整个市区，寻找在巴黎北郊的503营。舍夫只是模糊地知道营部率领的部队在移交了所剩的虎式后，正要渡过塞纳河，前往比利时边界。对于连里剩下的几辆还能动的虎式来说，要想被运过塞纳河比登天还难。

3连在战役开始前装备了11辆虎王，并配备有独立的补给排。因此连里到巴黎后还剩下一定的弹药和燃料，依靠这个，又独立支撑了几天。3连同时配备一个修理排，但因为配件严重匮乏，也没法进行大的维修工作。

334号虎式在麦勒特门（Porte Maillot）因为机械故障被迫遗弃。另外1辆虎式躺在特梅里库特（Themericourt），其他虎式的损失地点则记不清楚了。格罗斯曼军士长指挥的修理排夜以继日地工作，完成了很多看似不可能却做成的事。

整个战场的局势对舍夫上尉来说是一片模糊。各种消息真真假假混在一起。8月19日，第一支美军部队在芒特（Mantes）抵达塞纳河。到20日晚，美军就已经在托斯尼（Tosny）和芒特搭建了两座浮桥，并在韦特伊（Vetheuil）和波齐维尔（Porcheville）之间建立了稳固的桥头堡。大约有1万美军从河的西岸发动攻击，并有大量炮兵部队提供支援，火力侦察也不断地朝纵深进行。而德军在这一带没有什么值得一提的战斗部队可以来抵挡美军的进攻。

党卫军第1装甲军于8月23日组建了施维林战斗群，以最快的速度搜罗所有可以调动的部队，试图发动反击，将美军桥头堡消灭掉。这项紧急任务的成

第5章 诺曼底

3连于1944年8月12日到达巴黎东南部后就隶属巴黎城防指挥部，驻扎在文森公园内。本图是虎式在文森火车站外列队的情景。

舍夫上尉的座车300号虎式。

文森公园里郁郁葱葱的林荫大道给虎式提供了很好的隐蔽物。前面1辆虎式能看出来是312号车。

503重装甲营战史

待命中的部队，然而此时却没有得到任何命令。巴黎城内已经响起了零星的法国抵抗组织和德军交火的声音。德军这时已经准备好撤退。

这段时光比较悠闲，大家有空享用茶点。马蹄铁被认为是幸运符，被挂在炮塔外的钩上。

一个阳光明媚的午后，伍德里希站在他的300号虎式上。

第5章 诺曼底

312号虎式的车长威利·斯维林下士和乘员组在文森公园里。穿黑夹克者为霍斯特·斯比克曼。

在舍夫上尉无法和巴黎城防指挥官联系上后，他自行决定率部穿越巴黎，前往芒特（Mantes）附近的塞纳河桥头堡。

赫尔曼·赛德尔做好了出行准备，将照相机拿了出来。不过，不是每天都可以去市里闲逛的。

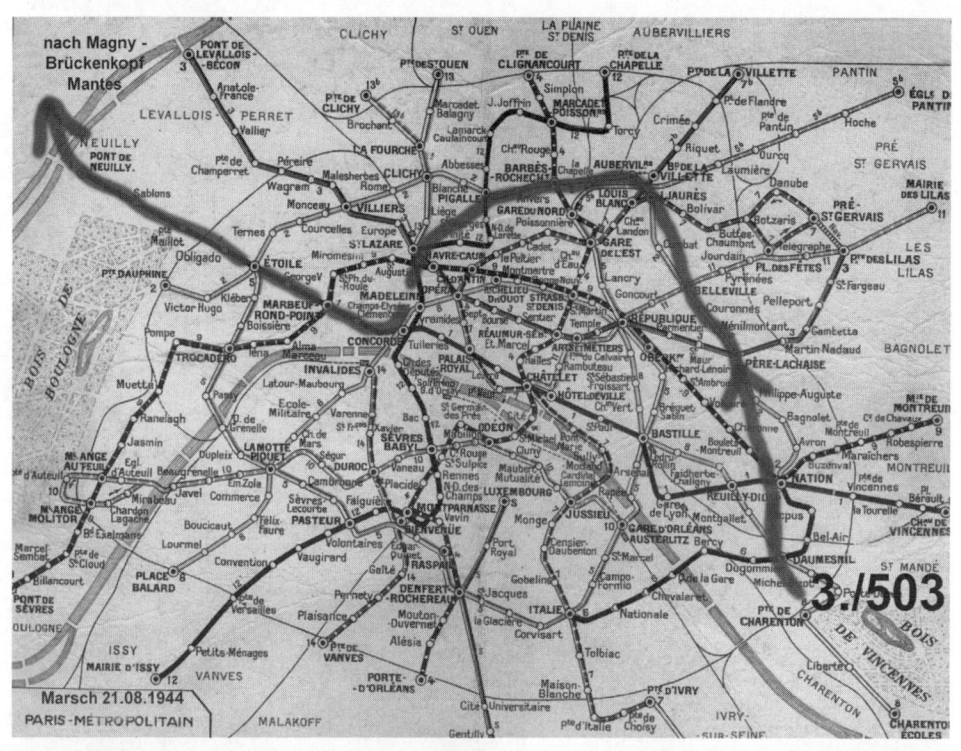

1944年8月21日，3连穿越巴黎的行进路线。

经过著名的民族广场。虎式不时因为机械故障而停下来检修。

经过维莱特门（Porte de la Villette）的情景。

第5章 诺曼底

在夏贝尔大街停下来休整，街边是德克（deco）风格的建筑。第1辆虎式是亨舍尔型炮塔，后面的是保时捷型炮塔。部分下车的乘员手里拿着枪械，以防止意外发生。

这张照片是法国抵抗组织在虎式通过夏贝尔大街时偷偷拍摄的。

舍夫上尉穿着短衬衣从虎式上下来。背景处可以看到一名坦克兵正拿着大铁锤将松动的履带栓敲正位置。

59

503重装甲营战史

大家躲在树荫下好不自在。法国的天空已经被盟军的战斗机所控制。图中的人物是威廉·德依茨、汉纳斯·施耐德和乔治·海德。

部队正在驶离凯旋门，朝城外进发。

经过协和广场后，坦克纵队沿着香榭丽舍大街朝凯旋门驶去。

第5章 诺曼底

败将直接关系到巴黎及其以北地区的德军是否会被美军切断包围，并且可以为后撤中的部队争取更多的时间和空间上的主动权。第18空军野战师和第17空军野战师的残部以及一个伞兵师的部队被集结到一起，但这些部队几乎都丧失了机械化，并没有足够的反装甲或者防空武器。尽管如此，第18空军野战师、第35及第36山地猎兵团在8月21日还是成功地收复了韦特伊和默朗（Meulan）地段。

舍夫上尉将3连带到施维林战斗群指挥部所在地——马尼昂韦克桑（Magny-en-Vexin），希望在那里可以搞清楚局势，并找到503营到底在哪里。结果3连到达后被立马指派给第18空军野战师使用。在当晚，3连抵达欧因维尔（Oinville）以东的加罗尼特（Gaillonnet），向该师师部报到。

在那里被分摊给第35和第36步兵团配合作战。连属补给排留在了玛丽安城堡建立一个维修站，在8月21日晚使7辆虎式做好了作战准备。但在当晚和第二天开往部队的途中，有1—2辆虎式又抛锚了。除了连部的300号和301号虎式外，其他的虎式被编为2个排，分别由库珀少尉和拉姆波少尉指挥。在和那两个空军野战师步兵团建立上联系后，指挥官们商讨了可能接敌的地点和行进路线。塞纳河边的丰特纳（Fontenay）、盖特库特（Guitrancourt）和盖根维尔（Gargenville）一线由于都是陡崖，并不适合坦克行动。岸边茂密的树林使得视野受局限，整个连根本无法施展开来。步兵指挥官希望3连拆散，来配合他们每一个连的作战，这样可以给他们提供必要的反坦克火力。虽然这违反了坦克集中使用的原则，但确实形势和地形都要求这么做。

美军也留下了关于当晚虎式作战的记录："20点40分，在丰特纳的美军314团遭到了对方营级部队的进攻，其中有5辆虎式投入了战斗。"美军的前哨部队被击退，有部分人员被俘。美国人担心遭到夜袭，因为晚上3连虎式行进的声音不时传入他们的耳中。当时3连正进入8月23日早晨准备发动的另一场对盖特库特进攻的出发阵地。

有2件任务在等着虎式：首先是协助第35团突破位于利迈（Limay）、覆盖着茂密树林的布兰科斯-索莱斯森林高地（Bois des Blancs Soleils），然后是配合第36团展开对丰特纳的进攻。

为了达成目标，2个排分别从左右包围了这座山丘。战斗于7点在两边同时打响。右路的虎式在梅丽尔村（Melier）遭遇到美军反坦克部队的顽强阻击。左路的4辆虎式顺利地攻上了布兰科斯-索莱斯森林，在击毁1辆坦克歼击车后，占领了森林南部边缘的阵地，利迈外围的美军防卫火力异常凶猛。美军在8点45分记录到"虎式坦克突破1连的防线，部队撤回利迈"。

空军野战师的第33团在1辆虎式的支援下从盖特库特朝南，顺着190国道朝西一路横扫过去，直到利迈的东部才停下，路上击毁了1辆谢尔曼。

在森林边的虎式由于受到直射火力的威胁，根本没法守住阵地。美军155毫米火炮尽情地朝我们倾泻弹雨，2—4辆虎式的轮子都受到了严重的伤害，被迫后撤离开这个危险的地方。

左路虎式的进攻就这么结束了。而利迈外围的那辆孤身虎式的行动装置也被击中，但他成功地靠自己的力量退回了盖特库特。

这天德军的攻势都遭到了优势炮火和漫天俯冲轰炸机的反击。协同虎式作战的空军野战师部队损失惨重。当虎式后撤时，他们更加没法单独守住阵地。辛苦打下来的阵地不得不放弃。

空军野战师第36团在没有虎式支援的情况下，于7点在丰特纳附近发动进攻。右路进攻梅丽尔村的虎式在协助部队夺下布兰科斯–索莱斯森林后，收到命令转向支援第36团在丰特纳的战斗。美军在11点30分记录到："虎式出现在丰特纳。"在虎式的协同下，德军于13点50分发起了对勒姆瑟尔（Le Moucel）附近水塔高地的进攻。在普利尔村（Prieur）附近也爆发了激战。虎式于16点10分撤离战场。

这天对3连来说异常艰难。尽管没有一辆虎式全毁，甚至也没有伤亡，但手中已经没有可以让受损的虎式恢复战斗力的工具和备件了。

8月24日一天，所有尚能行动的虎式忙于防守盖特库特和丰特纳。对方轰炸机一直在空中盘旋，攻击任何没有掩护的移动目标。舍夫上尉成功地和营部取得了联系。不清楚他到底是通过摩托车传令兵还是加密无线电联系上的。300号和301号虎式装备有中波无线电，具备远距离通信的能力。弗洛姆上尉和海尔莱因少尉在8月24日来到3连，大家一起商讨了营里可以给3连提供什么样的后勤支持。现在没法设立野战维修厂，因为部队不会在此久待，战线很快就会转移。多余的人员先调回营部，连里所剩的虎式不多了，因此不需要配备2名少尉，所以舍夫上尉同意库珀少尉暂时先去营属补给排任指挥官，他之前有过这方面的经验。

这段期间，燃料的匮乏给部队的后撤造成了很大的困难。8月25日，战线比较平静，美军继续加强桥头堡的防守。盟军的飞机照旧布满了天空，好在本方的援军也纷纷赶到：第49步兵师剩下的部队和第6伞兵师。和他们一起抵达的还有党卫军第101重装甲营1连的14辆虎王坦克，这支部队刚刚结束在德国的休整，被运到巴黎北面，从那里开始朝党卫军第1装甲集团军的防区行军，其中7辆虎式在路上抛锚了。该连的配置有点类似舍夫上尉的3连：都有一个补给排，但他们没有连属修理排。他们于8月25日在德罗库尔（Drocourt）首次作战。整个连装备的都是亨舍尔型炮塔的虎王，而503营3连则基本上都是保时捷式炮塔（除了300号和301号还是亨舍尔型炮塔）。因此凭借不同的炮塔类型，我们现在就可以很容易从历史图片中把在同一地点作战的两支部队区分开来。

8月26日下午，两个虎式连并肩朝丰特纳进攻。美军记录为15辆虎式，我们估计当时503营3连和101营1连各出动了7辆虎式。在强大的虎式和猛烈的火炮支援下，空军野战部队的一个营突入丰特纳。舍夫上尉负责进攻方向的左翼，杀向勒姆瑟尔的水塔。美军轰炸机在16点25分加入战斗，朝虎式和步兵俯冲攻击。进攻部队立即被来自空中和地面的弹雨所覆盖。魏兰上士的虎式在勒姆瑟尔挨了一炮，当他弃车时不幸被流弹击中，当场毙命。这辆虎式受损没有太严重，因此迅速回收了。施密特下士的332号虎式在丰特纳水塔处被击中瘫痪，党卫军101营的112号虎式过来帮忙，努力想将它拖离危险区域。美军的狙击手将德军乘员逼在车身下抬不起头，更不要说将牵引绳搭到受损的坦克上了。尼普上士的301号虎式正面结结实实地挨了5枚炮弹，所幸没有被击穿。

美军方面是这么报导这场战斗的：

14:30：丰特纳的314团阵地前腾起了大量坦克行驶激起的尘土。

16:25：对方坦克出现在丰特纳1营阵地前。

16:46：美军空军的雷电攻击机投入进攻。他们用机炮和炸弹狠狠地教训德军的坦克和步兵。

16:50：又有2辆虎式接近，1辆坦克歼击车被击毁，击中了2辆虎式。

16:55：德军步兵开始进攻。

17:00：德军的火炮和榴弹炮开始射击。

17:55：虎式接近在丰特纳水塔的C连。

18:40：1辆虎式在水塔处被击中。

19:05：3辆虎式突破了L连的阵地。

19:15：3辆虎式在丰特纳外围顺着默朗方向的公路撤退。在本方猛烈炮击下成功地逃入树林中。

19:20：B连阵地前出现虎式。155毫米火炮朝他们直瞄射击。

战斗持续到夜幕降临，虎式终于撤退。舍夫上尉将3连剩下的部队带回该连位于加洛尼特的营地，修理排现在可以全力开展修复工作了。所有能开动、但丧失作战能力的虎式牵引着连动力都没有的同伴蹒跚着朝马里内斯撤退。在那里，还有一丝修复的希望。

美军第15军被围困于桥头堡一周后，终于抵挡住德军猛烈的反攻，等到了增援部队，并于8月27日一举突破德军防线。2个装甲师和2个步兵师可以被投入到与当面德军的4万人和500辆坦克的作战中去。更为重要的是美军拥有数量庞大的重炮和处于绝对优势的空军。这天的凌晨1点45分，美军开始了对德军前沿阵地的炮击。他们的空军则在破晓之后开始了例行公事：消灭一切活动的目标。3连的虎式隐蔽在赛利（Sailly），等待出击的命令。在16点，整个战线全面打响。美军在潮雾的掩护下开始冲击德军阵地，空军的火力支援在17点达到高潮。美军在丰特纳损失惨重，进展寥寥。盖特库特经过几轮换手，最后于晚上被美军占领。战斗中的虎式得到了美军火力的重点关照。里德克上等兵在他的日记里描述到2辆虎式被炸成了"废铁渣"。在天黑后，虎式坦克撤回了赛利进行补给，以迎接8月28日早上的恶战。尼普上士的301号虎式和101营1连的123号虎式（掉队）在离开掩体后很快就被美军的轰炸机和反坦克火力盯上，葬身火海。301号虎式的驾驶员瓦尔特·荣描写道："那真是地狱一般的情况，我们被火炮和反坦克火力不停敲打，直到一枚炮弹贯穿车体，引起熊熊大火。我们立刻弃车，但无线电员克劳斯·里逃离时受了重伤。他被送到赛利修道院的野战医院进行包扎和治疗，但还是死在了那里。"

　　舍夫上尉指挥着他的300号和另外3辆虎式继续在森林附近作战。这片林地的位置现在已经无法记清楚，但在丰特纳和赛利之间肯定是有一片森林的。300号虎式的驾驶员伍德里希回忆道："我们在敌人的重压下，最后一个撤离阵地。没有别的办法，坦克直接在林中碾出一条小道撤退。过了很久才开到公路上，我现在也不太清楚记得当时到底是个什么状况。无论怎样，我们都想首先回到加罗尼特的营地休整。我不知道另外3辆虎式跑哪里去了，甚至也不知道他们是我们连的，还是党卫军的。"唯一可以由照片证实的是300号虎式由于行走装置损坏趴在了欧因维尔村的入口处。左侧的裙板被撕裂，履带也被炸飞了。这辆虎式滑到了路边的坑里，无法动弹。必须要找个牵引车来帮忙。舍夫上尉步行过来，亲自指挥施救行动。炮手海德下士和装填手德依茨被命令先回到营地。周围显得阴森可怕，因为既看不到士兵，也看不到任何平民在附近出现，这个村子很显然是被遗弃了，但不远的地方不时传来机枪扫射的声音。等了很久，看到路上飞驰来一辆党卫军的装甲运兵车，车上的人朝我们喊道："我们是最后的人了，要走快走。"伍德里希下士和长车的无线电员施耐德下士立刻找出每辆虎式都配备的爆破筒，安装好之后，两个人并没舍得炸，直到对方坦克出现在视野里，才引爆了虎式。他们后来回到德国才重新归队，3连作为一个作战单位的故事也到此结束。

　　之后，个别的虎式也被附近的单位拉过去抵挡盟军凶猛的进攻，比如拉姆

第5章 诺曼底

波少尉在8月29日带领3辆虎式支援第21伞兵教导团固守维格尼（Vigny）附近公路的战斗。其中1辆虎式遭受重创，被遗弃在阿维讷斯（Avernes）和嘎丹库特（Gadancourt）之间的某个地方。

补给排也于8月28日夜离开了位于马利纳（Marine）的宿营地，开始朝位于索姆河以北的博韦（Beauvais）方向的503营营部集结，这时营部已经1辆虎式也没有了。

补给排在撤离前炸毁了穆勒上士那辆无法修复的虎式。同样悲惨的命运很快落到了一辆在桑迪奥尔村（Santieul）附近抛锚的虎式身上，这个村子位于马利纳南面只有5公里的地方。还有2辆虎式落在了奥纳尔（Auneuil）附近，由于美国人迫近，补给排只能放弃修复的努力，于第二天一早炸毁了它们。美军79步兵师的314团于8月30日早8点半占领了该地。3连的卫生兵下士里茨（Reitz）从马利纳开着大众车经过这里时，尽管他车上有明显的红十字标记，还是遭遇到了美军的伏击。他在受伤后被俘。

拉姆波少尉率领剩下的2辆虎式在8月30号这天也经过博韦撤退。在途经安拓纳·卡隆大街（Rue Antoine Caron）附近监狱的时候，有1辆虎式的履带脱落了。乘员组赶忙下来紧急维修。这时，英军坦克已经突入城内。一辆萤火虫发射了几枚炮弹落在了这辆虎式附近，惊慌失措的乘员赶紧逃到附近的房屋里，后来成功归队。拉姆波少尉指挥最后那辆虎式一边反击，一边朝亚棉（Amien）方向退去。但很快就耗尽了最后的弹药和燃料，这辆虎式也被迫遗弃。

我这里必须要提一下2连的1辆虎Ⅰ型坦克，这辆编号为222的坦克成功地跟着党卫军第101重装甲营的2连和3连于8月25日在埃尔伯夫渡过了塞纳河，最后在莱桑德利（Les Andelys）被遗弃。现在在莱桑德利博物馆里还可以看到这辆虎式的照片。

营部带着部分侦察排和情报排的部队在博韦的北面与赶来的3连残部会合了。这时的3连已经被打散了，要不然三五成群，要不然就是孤身一人地回到了这里。

布伦克上等兵在8月31日的一次空袭中阵亡，他也成为了3连在西线作战以来损失的第19人。

在多个夜晚行军后，部队到达了荷兰的马斯特里赫特地区。这时候得到了西线装甲部队指挥部的命令，503营要转移到帕德博恩进行重新列装。部队在迪伦（Düren）登上火车，于9月8日抵达帕德博恩附近的森讷拉格。

格哈德·尼曼（赛德尔上士车组的炮手）的陈述：

1944年8月25日：前线的炮火越来越近。两辆虎式被以蜗牛般的速度装上火车转移。这时盟军的俯冲轰炸机横扫了这一带，火车头的蒸汽炉被打爆了，横在那里把去路堵得死死的。

直到第二天才来了新的牵引车。首先要做的就是将丧失动力的车头从铁路上清除出去，这样整个列车才又运行起来。目的地是位于列日（Luettich）附近蒂约尔（Tilleur）的陆军兵工厂。

路上经过埃佩尔奈（Epernay）、兰斯（Reims）和沙勒维尔（Charleville）的时候都遇到了不少铁路上的麻烦。在前两个地方，赛德尔上士都成功地让运载我们的火车可以继续前进，但到了沙勒维尔，火车头被调走去拖运一列伤兵列车。

当时的火车站是一团糟。赛德尔上士成功地通过还没断的电话线和色当的指挥部联系上了，打了几通电话后，成功地争取到了一节火车头。

8月28日：火车头终于到了，下午我们这列火车又开动了！

8月29日：蒂约尔缺乏必要的配件，只好将虎式重新装车再次出发。

9月3日：在经过亚琛和科隆后，我们到达了帕德博恩。

9月9日：3连的剩余部队在森讷拉格会合。两辆虎式都被修理好，正式归队。这也是之后匈牙利战役期间，为什么在503营里清一色的新式虎王里仍会夹杂着两辆使用保时捷炮塔虎王的原因。

503营在森讷拉格完成了重新列装的工作。

舍夫上尉被派去参加营指挥官的培训课程，因此脱离了503营的编制。

冯·罗森少尉在9月30日接任3连连长的位置。

附录

3连虎式损失情况

在马里勒坎普（Mailly-le-Camp）地区开始战斗时共有14辆虎式（其中12辆是保时捷型，2辆是亨舍尔型）

2辆虎式损失在马里勒坎普

1辆虎式在火车运输时损失

1辆虎式在巴黎损失

1辆虎式　8月26日　　　丰特纳（Fontenay）

2辆虎式　8月28日　　赛利（Sailly）
1辆虎式　8月29日　　马利纳（Marines）
1辆虎式　8月29日　　桑特伊（Santeuil）
2辆虎式　8月29日　　奥纳尔（Auneuil）
1辆虎式　8月29日　　嘎丹库特（Gadancourt）
1辆虎式　8月30日　　博韦（Beauvais）
1辆虎式　8月31日　　亚棉（Amiens）

一名503重装甲营老兵的回忆·III

（作者：弗兰茨-威廉·洛赫曼博士）

虎王

在假期结束后，我回到了奥尔德鲁夫，发现部队已经接收到了新的坦克。2连和3连装备的依旧是虎I型坦克，1连则获得了虎王坦克。

"恶魔般的战车，"我脑子里跳出来的第一个念头，"在前线没有击穿它的可能，希望这个大块头的可靠性千万别出问题。"

第一批的虎王全部使用保时捷型炮塔。

炮塔的正面装甲弧度比较大，防弹外形比较好。但炮塔和车体的链接部其实是有弱点的，在某个特定的角度，敌方的炮弹完全有可能通过这里钻入车体。我们试驾了一番来熟悉这种新式坦克的脾气，并迅速地将它变得很有家的感觉，其实就是将所有没必要的车体外表的架子都拆了，这样我们的停车场可以更宽裕一点。

法国

1944年6月28日，我们装车前往法国。整个旅途充满了不幸。当火车通过一座桥下的时候，奥托·奥斯纳下士正从炮塔上爬出来，结果严重受伤，没有能活下来。

火车绕过巴黎后，在诺曼底地区找了个地方开始卸车。由于随时都有遭到空袭的危险，大家的神经都是绷得紧紧的。在用狂热的速度给虎式换上行军履带后，赶快躲到附近的森林里去。

我在这里第一次接触到了自行防空炮，这些武器一般都是由坦克底盘加上四联装的2厘米或者3.7厘米防空炮组成。其中，四联装2厘米自行防空炮还有

第5章 诺曼底

一个菱形的炮盾，给炮手提供了不错的防护（译者注：这应该指的是旋风20毫米自行高炮）。

接下来我们开始了漫长的行军，一直走到第二天。我们的预备阵地在卡昂的南面。在路上可以看到被炸成地狱般景象的城镇，这给我们对来自空中的威胁一个很直观的认识。

行军队列是每3辆虎式后就安排1辆自行防空炮，这让大家觉得安全多了。忽然之间，天空中就冲出了美军的俯冲轰炸机，由于攻击位置不够好，他们盘旋了一下才朝我们冲来。行军队伍停了下来，我们好奇地通过观察窗看着这些天上的煞星，这时自行防空炮开始怒吼起来，很明显美军飞机没有料到会有这样的抵抗，急忙拉起来，讪讪地飞走了。美军似乎已经习惯了白天看不到德军的行军纵队。

我们连伪装得很好，继续在一条土路上前进。路上绿树成荫，景色和石勒苏益格-荷尔斯太因州差不多。田野周围扎有篱笆，透过他们还能看到有红瓦屋顶的村子。

1连的补给分队还落在卡特罗堡以南数公里的地方。我们在车边百无聊赖地等着，脑子里胡乱地想着："到底要等什么呢。"盟军每天都在加紧将更多的部队和物资运上登陆滩头。我们想总该进攻了吧。越是与对方贴身肉搏，他们的飞机对我们就越无可奈何。

1944年7月17日，我开着车去卡特罗堡找到了补给排。他们从当晚一直忙到第二天，才将所有的车辆都理顺。

7月18日一早，我们看到了数不清的四发轰炸机飞往1连的集结地方向进行轰炸，传来不尽的隆隆响声。当我晚上回到营地的时候，被眼前的景象惊呆了，原来绿色的田野现在变成了黑褐色。空气中弥漫着一种潮湿的气味，似乎感觉不到白天这里刚经历过地狱般的轰炸。事后来看，我们连在这场二战最大的地毯式轰炸中只受到了还算温和的损失。烟雾散去后，好几辆虎式立刻开动起来，去迎击蜂拥而来的对方装甲部队。

盟军坦克受到损失后，退到卡昂后面集结。德军在大轰炸中损失不小，即使没被炸毁的坦克也很容易陷到巨大的弹坑里爬不出来。

我们在特罗阿恩的水塔附近防守了2天，期间饱受盟军炮火的洗礼。分队指挥官芬德萨克军士长坐在我们车里。对方的重磅炮弹覆盖了整个地区。一开始，我们还不停地变换阵地，有时往前开100米，有时往后再倒100米，就这么漫无目的地游荡。最后我们放弃了，还是听天由命吧。军士长犯起了胃痉挛，一车人都注意到了：即使是这样的铁人也会紧张啊。当有人问到几点的时候，大家才发现已经分不清是早晨还是晚上了。

第二天我们从法莱斯北面开往圣马洛。8月1日进攻的第一天，我们坦克的发动机就出了故障，只好慢慢地朝东撤去。修理排没空关照我们，还有更多的坦克躺在危险区里不能动弹，需要优先抢救。战斗期间，我们损失了马拉特代理下士，福格特上士以及芬德萨克军士长，他是伤重而亡的。霍内克军士长也受了重伤。7月18日施罗德少尉和舒策上等兵阵亡。

对方的俯冲轰炸机白天可以肆无忌惮地蹂躏我们。我们将车辆藏在公路边的树下，努力伪装起来，但这个没能瞒他们多久。很快4架飞机就开始轮番进攻我们，先是用机炮扫射，然后又砸下了火箭弹。很明显，他们觉得我们很有袭击价值。悲剧的是，这时又来了3个小队的飞机加入了空袭。人间地狱啊！维尔纳和我趴在坦克前端的装甲板下不敢动弹，周围都是烧焦的味道，炮弹和火箭弹这时正疯狂地从各个方向"招呼"坦克。我们恶狠狠地发誓，以后一定要加倍奉还。

当空袭结束后，我们看到附近有一辆弹药车正熊熊燃烧。它在空袭刚开始就被引爆了，车上的炮弹四处横飞，将我们辛辛苦苦给虎式弄好的伪装全部撕开了。

入夜后，我们继续撤退，路上碰到了一群被俘虏的托米（英国兵），这些孩子看起来忧心忡忡。不知道怎么的，原来的一腔怒气消失了。我们给他们弄了点吃的，还分享了几根香烟。

100号的末日

我们撤退的最后一站是一条狭窄的公路。这条路的一边是陡峭的山谷，另一边则是有着高高树林的高地。据说我们很快就可以逃离法莱斯口袋了，重新回到安全的地方。因此大家将坦克重新伪装起来，在路边找了一栋房子先安顿下来。

这条公路在接下来的24小时里还是比较平静，几乎没有车辆往来。天空中不时有盟军的轰炸机经过，但似乎这一栋房子并没有引起他们的注意。

又过了一天，一名高级军官经过时，命令我们将来袭的盟军装甲部队堵截在这条路上。德军会沿着我们后方的一条河流构筑新的防线。

预计对方的进攻会在第二天早晨打响。我进到屋子里和乘员组布置任务。汉纳斯·贝尔格、瓦尔特·费舍尔和派普·格拉斯都跃跃欲试。剩下的一名乘员威利·费舍尔下士则认为大战之前最重要的是赶紧补一个好觉。

第5章 诺曼底

当天下午，皮普格拉斯少尉找到了我们。这么长时间后又见到老战友让大家都很高兴。

整个局势是灾难性的。我们的西边响起了轻武器的声音，那应该是希特勒青年师的一小股部队在和对方交火。更远的地方传来了大规模装甲部队聚集在一起才会发出的特有隆隆声。

少尉交给我的任务是和一个人在车上待命，等到所有部队都撤退后，将虎式遗弃在路中间，靠此来延缓对方的推进速度。大家都先朝东撤退，在渡过塞纳河后再想办法和部队会合。

所有经过的部队都被要求留下来加强阻击力量。只有503营和一些伞兵被允许通过去担任防守V-2飞弹发射阵地的任务。我选择威利和我一起执行最后的任务。

我和威利一边准备炸毁虎式，一边分享一瓶1923年的夏布利白葡萄酒。我们准备好好地利用手里的3枚Z85炸弹，干个漂亮活。距离我们150米的地方，公路有个角度比较大的拐弯。对方的坦克一旦出现，肯定会暴露在虎式的炮口下。我们准备将对方领头的坦克击毁后，再将虎式引爆，最好炸飞的炮塔能正好落在车身旁，增加对方通过的难度。计划好一切后，我们和最后通过的一支党卫军部队分享完剩下的一点美酒。

半个小时后，一辆谢尔曼猛地从拐弯处冒了出来，很明显它没有丝毫的防备。它的昵称"朗生打火机"非常贴切地描述了它被我们击毁的情景：仅一炮就被打得燃起了大火。威利将他最后那盒威廉二世香烟从坦克里抢救出来后，我点燃了导火索。为了使得有足够的时间逃到安全的地方，我用了比较长的引线。这辆陪伴我们度过诺曼底战役的虎式不幸地被自己人炸毁了，炮塔精确地落在计划的位置。对方被击毁的那辆谢尔曼堵住了后续坦克的通道，整个车队无法继续前进。我们很好地完成了拖延托米的任务。

后面的几天，我和威利·费舍尔通过一条划桨艇渡过了塞纳河，到达了鲁昂。很巧的是我们碰到了本营的炊事车，搭着顺风车回到了连里。

3天后，我们坐在卡车里经康布雷回到德国，到达亚琛。8月底，奉命到帕德博恩的500装甲补充营的营地报到。之前从诺曼底撤出的本营3连在这里换装虎王坦克。当我们到达帕德博恩时，3连又被投入到法国执行任务。

伯恩舍尔中士的332号虎式正行进在一条诺曼底地区典型的篱笆路上。整个坦克被小心地伪装起来，防止被对方飞机侦察到，这可是性命攸关的必修功课。这张照片应该是摄于对美军的芒特桥头堡发起进攻的路上。

来自开姆尼茨的无线电员曼弗雷德·施耐德代理下士正攀上他的虎式。

尤里乌斯·伯恩舍尔中士手下的乘员组里有2个同名同姓的曼弗雷德·施耐德。他身后的那个就是来自开姆尼茨的无线电员曼弗雷德·施耐德。

第5章 诺曼底

尤斯图斯·伯恩舍尔和两个施耐德以及驾驶员威利·温特斯的合影。

无线电员曼弗雷德·施耐德（左侧）和装填手曼弗雷德·施耐德（右侧）合影。

威利·斯维林下士和无线电员曼弗雷德·施耐德在隐蔽的树林里。

503营1连的这辆保时捷炮塔的虎王坦克于1944年8月10日被遗弃在勒普莱西—格里默,其乘员撤离时将它炸毁。照片中美军正在查看。

又一辆1连的虎王于1944年8月15日在维穆捷被遗弃。整个炮塔被彻底烧毁了,防磁装甲涂层部分脱落。

第5章 诺曼底

213号虎式在逃离法莱斯包围圈的路上,此刻正试图在塞纳河上找到可以使用的渡口。503营的大部分技术装备都损失了,只有极少数的几辆坦克逃过塞纳河。

213号的乘员们正在进行一场严肃的讨论:到底哪里才有渡过塞纳河的路呢?

2连丢失坦克的乘员们坐在213号上一起撤退,他们同时担任对空瞭望员。这张照片摄于1944年8月20日。

2连试图在塞纳河上游找到渡河口。画面上显示此刻并没有空袭的危险存在。

从2连这些人的脸上可以看出大家都很茫然。摄于1944年8月底。

第5章 诺曼底

舍夫上尉的300号虎式本来预计要在1944年8月26日朝欧因维尔撤退,显然它到达不了目的地了。

尼普中士的301号虎式于1944年8月26日被遗弃在赛利。

331号虎式被遗弃在波韦,后来被拆毁回收。

耶克尔下士、尼普中士和汉纳斯·施耐德下士在马里勒坎普的照片,看起来心情不错。接下来的诺曼底之战残酷得超乎想象。

这张令人印象深刻的照片摄于1944年8月撤退途中。照片中的戈特霍德·伍德里希精疲力竭。在他遗弃300号虎式后,手里一直拎着手枪。

第5章 诺曼底

乘着从巴黎征用的小轿车开始撤退，照片摄于1944年8月底。从左往右是尤里乌斯·伯恩舍尔中士、卡尔·穆勒下士和威利·福克斯。

伯恩舍尔，穆勒和福克斯撤退成功，还带回一辆轿车。

503营的幸存人员坐火车离开法国，前往帕德博恩准备重组部队。

成功回到故乡！莱因伍德·伦格、汉纳斯·施耐德和安通·赫尔默正在霍威尔村（Hoevelhof）的一栋房子外享受阳光。摄于1944年9月初。

威廉·德依茨和汉纳斯·施耐德在帕德博恩的霍威尔村逗狗玩。

齐格、伍德里希和施密特在霍威尔村打牌玩。

第5章 诺曼底

左起:不知名、赫尔默、尼普、伦格、不知名。气氛很轻松。

亚辛·耶克尔重新担任营副。奥托·克罗奈森笑得很开心。一旁穿着短裤的汉纳斯·施耐德不知道在看什么东西。

在经历了艰苦撤退的磨难后,士兵们有机会美餐一顿蛋糕大餐。左起:雅科布·来茨、汉纳斯·施耐德、不知名、威廉·德依茨、亚辛·耶克尔。摄于霍威尔村,1944年9月。

503重装甲营战史

阿尔弗雷德·鲁贝尔学员中士在1944年9月拜访了他战斗过的503营1连。站在中间的是汉斯·芬德萨克，左边的是库特·科尼斯佩尔。

布劳梯冈代理下士、齐格勒下士和福格特上等兵于1944年9月摄于森内拉格。

503营换装崭新的虎王坦克，全部装备亨舍尔型炮塔。站在炮塔上的是乔治·海德。

第5章 诺曼底

穆勒、盖特纳和伯恩舍尔利用休假完成了终身大事（登记日为1944年9月23日）。可惜美好的时间总是那么短暂，一通电报命令所有人立刻返回部队。

尤里乌斯·伯恩舍尔的婚礼。令人难过的是他不久就于1944年12月10日在匈牙利阵亡。

海因茨·盖特纳的婚礼照片。他于1945年1月7日沦为战争的牺牲者。

1944年9月在一辆新的虎王坦克前的合影。后排左起：尤斯图斯·伯恩舍尔、恩斯特·维格尔、艾柯哈特·拉姆波、君特·库纳特、汉纳斯·施耐德。前排左起：赫尔曼·赛德尔、库特·施密特、瓦格纳少尉、乔治·海德、托尼·乌邦斯基。横躺着的是戈特霍德·伍德里希。

在新的300号虎式上。乌邦斯基代理下士、施耐德下士和乔治·海德中士，乔治·海德中士帽檐朝后，嘴里还叼着个烟斗。

第5章 诺曼底

左起：萨克斯军士长、伯恩舍尔中士、瓦格纳少尉、耶克尔下士、维格尔中士、不知名。

无线电员汉斯·罗特席尔德、维格尔中士、赛德尔中士和库纳特中士正在查看士兵证。

安装着运输履带的虎式坦克。左起：萨克斯军士长、布劳梯冈代理下士和海因里希·斯柯达中士。摄于1944年9月的森内拉格。

坐在中间的耶克尔正在端详着一瓶酒。他的船帽上有虎王样式的营徽，他至今还保留着这枚徽章。身上穿的是在法国搞到的皮夹克。

第5章 诺曼底

503营全部换上了新的虎王坦克,齐装满员。照片上的是少尉冯·罗森男爵。

1944年在森内拉格进行了一场虎式展示表演。库特·科尼斯佩尔下士扮演了坦克指挥官的角色。在这部有趣的短片里,有很多他的镜头。

宣传人员开着一辆水陆两用大众车来追踪拍摄虎式。站在他边上的是斯柯达中士。

503重装甲营战史

一张著名的照片：冯·罗森少尉做出"坦克前进"的手势。虎式全部换上了运输履带，因为很快就要被运往匈牙利了。

进行表演的主要是503营3连的虎式，同时也有部分1连的虎式助阵。坦克上的迷彩涂装非常清晰，远处的水塔也被拍摄进了影片。

这张队列进行转弯的照片很好地展示了德军装甲部队的强大，但难以掩盖德军战场上已经绝望的局势，盟军从东西两线都压迫到了德国边境。

第5章 诺曼底

《每周新闻》拍摄到的百炮齐鸣的景象。这样的短片会在电影院播放娱乐片之前放映，是纳粹政权宣传工作的重要组成部分。当时电视才刚刚起步，只有大城市的极少数人可以收看。

虎式在行军路上碰到一队新的黑豹坦克。

3连的坦克在1944年10月9日开往帕德博恩火车站准备装车。士兵们此刻并不知道目的地。匈牙利正经历一场政治危机，虎式将被派往那里发动一场政变。

第 6 章

匈牙利、奥地利和捷克斯洛伐克

第6章 匈牙利、奥地利和捷克斯洛伐克

匈牙利作战

（作者：理查德·冯·罗森男爵）

503重装甲营在布达佩斯，霍尔蒂危机

503营集结到帕德博恩地区，营部设置在诺伊豪斯，各连散布在周围村庄里。1连在本特菲尔德（Bentfeld），2连在艾尔森（Elsen），3连在霍威尔（Hoevelhof）。所有能休假的士兵都被放走了，因为指挥官明白，待在家乡的好日子不会太长。此刻还不知道下一个战场将会在哪里。

附近第500装甲补充营的新兵填满了本连的空缺。瓦格纳少尉被调往3连担任3排长。连里装备的轮式车辆也得到了扩充，那辆从法国撤退时带回来的私人轿车当然也上缴了。1944年9月19日至22日，部队一下子接收到了45辆虎王坦克，达到了齐装满员的状态。之后将新成员融入这个集体，以及将坦克调校妥当的工作使得我们在帕德博恩停留到10月9日。那天下着倾盆大雨，但虎式还是按照计划进行装车。在出发前的几天，3连还执行了配合《德意志每周新闻》拍摄宣传片的工作，本营还特别将1连的部分坦克拨给3连以壮声势。这段影片流传的时间比当时预想的要广得多，到现在还在各种德国和别国的出版物上不断地出现。

列车的终点在哪里？我们很快就发现在朝东进发。哈尔波施达特（Halberstadt）—哈勒（Halle）—艾格（Eger）—皮尔森（Pilsen）—布拉格—布吕恩（Bruenn，今捷克布尔诺）—布拉迪斯拉发（Pressburg），最后在10月13日至14日间到达了终点站匈牙利！坦克在火车东站完成卸车工作。

1944年10月13日：503营部驻扎在多瑙豪劳斯蒂（Dunaharaszti，布达佩斯南郊），1连出发前往捷诺美迪（Czonemedi）。

10月14日：3连到达布达佩斯以南15公里的塔克索尼（Taksony）布防。在从东站开出的时候，我们受到了当地民众的热烈欢迎。他们送上了苹果，巧克

力糖和香烟来犒劳士兵，街上不时可以看到匈牙利军设立的路障。反坦克炮和防空火炮都严阵以待，炮口朝着大街。这意味着什么呢？紧张的气氛让我们感觉到一场政变迫在眉睫，立刻提高了警惕性。夜里士兵们和本地人一起在小酒馆喝到很晚。

10月15日：冯·罗森少尉在凌晨2点就被召集到营部开会。命令传达下来："当天一早就带领3连转移到多瑙河对岸的布达凯希（Budakeszi）。"一场匈牙利的军事政变已经迫在眉睫。布达佩斯附近不多的德军必须尽可能地聚集起来以应对不测，因此503营所有的作战单位都奉命朝布达凯希集结，这是布达佩斯山山脚下的一个村子。这次转移也是预防一旦横跨多瑙河的桥梁被炸毁的话，履带部队和轮式部队不会被分割开来。

3连在差不多5点的时候出发了，部队做好了随时开火的准备。一路穿越了布达佩斯郊区，沿着遮盖在茂密大树下的布达佩斯—布达凯希公路前进。最终履带部队和轮式部队顺利地在布达凯希会师。

局势到了正午的时候明朗起来。因为苏军已经逼近了匈牙利边境，摄政霍尔蒂海军上将开始私下向苏联和西方盟军求和，并且在10月15日宣布与苏军停火："我已经通知了德意志帝国的一名代表，我们会与之前的敌人达成停火协议，立即停止一切军事行动……所有匈牙利部队的指挥官都已经得到了我发出的停火命令。"（摘自霍尔蒂自传《为了匈牙利的一生》，1953年出版于波恩，第325页）

这个宣言在13点通过广播迅速地在整个国家如野火般传开。匈牙利部队立刻采取了对德军敌视的态度。在布达佩斯的匈军迅速用路障堵塞了马路。大部分匈牙利平民对这些举动背后发生的事并不清楚，对他们来说就在国门口的苏军更令人胆寒。

503营准备随时爆发战斗。

一切都按照之前的预案井井有条地进行。对于箭十字党来说，霍尔蒂的停火协议就是宣告他们进行政变的信号，他们迅速占领了广播电台，发表了一个与霍尔蒂声明相反的宣言。箭十字党和很多的匈牙利军警还是愿意站在德国一边继续战斗。布达佩斯城里传来了零星的枪声。虎式坦克迅速控制了布达佩斯间的所有桥梁，阻断两边的交通。所有不愿意合作的匈牙利部队都被缴械。

"本来在当天晚上，党卫军第22骑兵师和503营还有一些党卫军部队准备有一些行动，但因为坦克还没有都到位，所以行动被推迟到16日早上。"（弗里德里希·胡塞曼，《曾经的美好理想》，1973年，由穆宁出版社在奥斯纳布吕克出版，第424页）

第6章 匈牙利、奥地利和捷克斯洛伐克

10月16日：德军在4点半收到停火命令，前提是匈军不开第一枪的话。霍尔蒂海军上将迫于德军的压力，于5点35分命令他的卫队停止抵抗。威力强大的虎王坦克出现在布达佩斯的街头，很有力地震慑了忠于海军上将的部队，箭十字党的党魁萨拉希（Szálasi）顺利地接管了政权。

直到这个时候，虎式很幸运地还没开一炮就完成了指派的任务。2连负责控制政府所在地城堡山，1连和3连在城中别的地方巡逻，起到提升士气的作用，市民对我们很友好。

霍尔蒂海军上将于5点55分离开了城堡山。

但意外发生了，在6点的时候，位于城堡花园处的卫队没有收到停火的命令，因此开枪打死了4名德军。德军迅速反应占领了整个城堡。2连的坦克参与了行动，而3连的坦克待在城堡山下随时准备支援。

整个城市里只剩下零星的抵抗。德军因此撤出了战斗，扫尾的活由忠于新政权的匈牙利军队和武装箭十字党人负责。503营在布达佩斯的经历到此为止。

索尔诺克桥头堡的战斗及蒂萨河沿岸战斗

1944年10月17日：因为摄政霍尔蒂海军上将的停火宣言，匈牙利第二集团军指挥官维勒斯（Verres）上将命令匈第2装甲师放弃既有阵地，撤退到蒂萨河（Theiss）一线。而这一行动完全没考虑到阵地两侧还在奋战的，仍然是同盟的德军。

克莱曼（Kleemann）中将指挥的第4装甲军是由在雅西（Jassy,罗马尼亚）被击溃的第4集团军残部构成的，他们被分配的任务是不得晚于10月19日从索尔诺克（Szolnok）和东边的蒂萨河桥头堡出发，在第24装甲师和党卫军第4"警察"师的配合下突破苏军在蒂萨河东岸的防线，以便抵挡住德第3装甲军正面的苏军装甲部队的攻势。

这次行动除了缓解脆弱的蒂萨河防线的紧张局势，同时也可以减轻正在普斯塔（Putszta）区域作战的德军装甲部队的压力。

第24装甲师于10月18日晚至19日从索尔诺克东区越过蒂萨河的一座仍控制在本方手中的大桥，在河东岸狭窄的泥地上展开战斗队形。破晓后经过短暂的火力准备，成功突破了苏军位于山崖上的阵地，随后朝位于东南方向25公里外的迈泽图尔（Mezotur）挺近。在占领这座城市后，该师才可以掉头北上越过图尔凯韦（Turkeve），占领小新萨拉什（Kisujszallas）东南方向的高地，建立起与第3装甲军的联系。

党卫军第4"警察"师则紧跟在第24装甲师后面，沿索尔诺克—德布勒森（Debrecen）公路一线，确保第24装甲师的左翼安全。

由于参与了布达佩斯的行动，该师的部队直到10月18日才在索尔诺克集结完毕，因此留给他们准备下一阶段进攻的时间就非常有限了。对于对方阵地的情况几乎一无所知，比如说当面有一支罗马尼亚步兵师，现在成了德军的对手（《第24装甲师，1939—1945》，F.M.冯·森格和艾特林著，库特·佛温克出版社，1962年，第266页）。

503营从属第24装甲师作战，自然参与到了索尔诺克附近的战斗中，一部分部队还被派去支援"警察"师的作战。

营里的坦克17日下午在布达佩斯装车运输，轮式车辆则直接在公路上进发。因为德国铁路部门提供不了足够的车皮，所以三个连只能分批出发，也就是火车要把前一批部队在目的地卸下后，才能返回来装下一批部队。

10月18日：1连被卸在了奥博尼（Abony）。3连于傍晚到达采格莱德（Cegled）。这时候部队接到了第二天的作战命令。

而503营剩下的2连和3连瓦格纳少尉的那个排在第二天进入作战区域，隶属"警察"师的指挥。所以在这次战斗中，503营被拆分为2支部队作战。

营长弗洛姆上尉驾驶着他的代号为罗马人的指挥坦克带领配合第24装甲师作战的那半营人马。他们的任务是作为营的尖刀部队扎入苏军的侧翼。

10月19日：在漆黑的夜色掩护下，1连和3连撤回了位于索尔诺克以南的蒂萨桥头堡出发阵地。这是暴风雨前最后的宁静。拉姆波少尉获得了表彰他在法国战场上优异表现的二级铁十字勋章。战斗于凌晨5点打响。皮普格拉斯少尉带领的1连打头阵，3连跟在后面。

冯·罗森少尉在1946年回忆到这次战斗：先头坦克在攻入对方防线后很快就碰到了防守阵地的罗马尼亚人，他们正高举双手向我们的坦克投降。在进攻前的沙盘图演中被认为会给装甲部队带来极大威胁的大坝被轻易跨越了，很快就占领了后面的一个村庄，罗马尼亚人依旧只顾得上仓皇而逃了。坦克根本没有时间来收容战俘。挡在前方的反坦克炮阵地很快被突破，纵深阵地也没能支撑多久。进攻路线上两次遭遇雷区，所幸都可以绕路避开。虎式顺利地不断朝对方后方挺近，在公路上俘获了大量的补给纵队，我们像幽灵一样成功地奇袭了对方。

到早上10点为止，部队已经突破了20公里，3连在越过一条铁道时，看到1列长长的货运火车正冒着浓烟和蒸汽朝他们驶近。虎式很快就在铁道左右两边占据好射击阵位开火！车头立马就被爆炸的烟雾所笼罩，整列火车停了下

第6章 匈牙利、奥地利和捷克斯洛伐克

来。一幅让人吃惊的景象在眼前展开：数百名苏军士兵从车厢里蜂拥而出，仓皇地往路边的一片小树林里逃去，没有人管的马匹也从车厢里四散而去。剩下的装满车辆和设备的车厢被击中燃起大火。我们的虎式消灭了一辆运载一个苏军近卫骑兵师部分人员的列车。因为时间紧急，我们并没有停留在此地打扫战场。1连已经在前面走远了，3连必须立刻跟上去。在下午的时候，战斗群接近了行动目标迈泽图尔。坦克到现在行进了差不多40公里，需要补充燃油，因此在迈泽图尔外围扎下营来。占领该城的任务交给了第24装甲师，城里多处爆发了激战。在夜里，苏军通过该市东南方向还对外有联系的几条通道又送来了一些增援部队。

这个晚上对虎式营来说并不平静。苏军的俯冲轰炸机出场了，它们呼啸着朝坦克袭来，却几乎没造成什么损失。深夜有一支苏军小分队摸到了指挥官的坦克附近，进行了袭击。他们被一阵冲锋枪乱扫和数枚手雷伺候后，很快就退走了。

10月20日：在前一天晚上我们就得到了苏军已经开始从德布勒森区域调集援军，准备消除对他们侧翼上的威胁，所以今天必然是一场恶战摆在面前。天刚亮，3连就一马当先挑开了攻击的序幕。之前坦克进攻的方向是东南，现在转向90度，开始朝东北方向突进。一旦占领图尔凯韦后，就继续向小新萨拉什前进。出发了不到500米就遭到了反坦克炮火的问候，对方肯定是昨晚在夜幕的掩护下，将火炮阵地悄悄前移。情况很困难，前进的公路边上是一道岸堤，两旁都是泥泞地。因此3连无法展开战斗队形，第1辆坦克要承受所有的火力。对方6门反坦克炮在公路的左右两边肆无忌惮地朝虎式倾泻着炮弹。我们用了差不多10分钟才将他们都解决掉。但苏军在纵深布置了数量更多的反坦克炮，顽强地抵抗着。3连的虎式每辆都挨了多枚炮弹。如果这次战斗是由第24装甲师的IV号坦克打头阵的话，肯定是损失惨重还没法突破对方阵地。这种时候就显露出虎式坦克厚重的正面装甲的作用了。虎式坦克顽强地一步步突破了苏军的防线，成功地到达了开阔地。成功的喜悦没有延续太久，因为苏军的下一道反坦克火力网就在几公里之后。顶在前面的坦克又担当起肉盾的角色，有几辆坦克的火炮或者是履带被打坏，这道防线很快也被攻克。再经过几公里又遇到了苏军由步兵反坦克小组构成的防线。他们朝虎式扔出莫洛托夫鸡尾酒。面对这种麻烦的场景只有一个办法：加大油门，火力全开通过。

战斗群接近了图尔凯韦。计划是从城市的右边直接通过。但苏军在城市外围密布的反坦克火力点使得我们的如意算盘落空了。虎式的正面饱受打击，这次实在撑不住了，一辆一辆地损毁了。冯·罗森少尉的虎式炮管被直接击毁，

丧失了主炮，但他并没有撤退，而是继续待在火线上。最终是3连依靠仅剩的3辆虎王突破了对方军队防线，坚持过了距离图尔凯韦的最后1 000米。在突破这座城市的东北大门后，这3辆虎王继续向市内进攻，开始肃清顽抗的苏军。

在长达5个小时的战斗中，3连在一公里一公里的推进中消灭了36门反坦克炮，这个数字足以表明战斗的激烈和残酷程度。连里有几个伤员，但令人安慰的是没有一人阵亡，虎式也没有一辆全毁。

接下来的时间里，战场上抢修好的虎式开始逐渐归队，作战坦克的数量恢复到了6辆。这里必须要称赞一下格罗斯曼上士，他带着修理排一直坚持在战斗的第一线，奇迹般地完成了很多修理作业。

师指挥官在中午的时候来到503营，他首先表彰了我们的优异表现，同时布置了下一步的进攻计划，目标是小新萨拉什。一切的关键都在于迅速，必须抢在对方有能力增强防御之前夺下该地。很明显虎王的存在让师长宽心了不少。坦克在下午再度出发。在开了15公里后，坦克离开主路，开始慢慢接近目标。

不久到达小新萨拉什—代沃瓦尼奥（Devavanya）公路一线，发现对方对我们的到来毫无准备，一路上碰到的各种目标都被迅速消灭，很好地隐蔽了我们的行踪。能看到几公里外就是德布勒森—小新萨拉什的主干道了。对方的坦克、卡车、反坦克炮正延绵不绝地在往市里行进，很短的时间内我们就目测到了50—70辆。既然对方的数量如此之多，要想轻取此城估计是不可能了。而且就算拿下了，要想守住也是个难事。因此我们决定先在附近安营，不急着仓促进攻。晚上补给顺利地运到了。侦察部队在一大早就报告发现在东北方向来了大批的对方军队装甲增援部队。

10月21日：早晨得到了新的命令——回到图尔凯韦。战况突变，苏军重新占领了迈泽图尔。弗洛姆上尉带着1连回到迈泽图尔加入激烈的巷战。苏军的动作非常快，甚至在教堂里也埋伏了一门76.2毫米反坦克炮。在这里我们还第一次遭遇美制57毫米锥形炮管反坦克炮，它可以击穿虎式的正面装甲！在一辆被击穿的虎式里，拜尔少尉受了伤，而马库斯军士长和施尔克下士不幸阵亡。

3连奉命回到了图尔凯韦，苏军装甲部队开始从东北方向逼近该地，一场恶战迫在眉睫。跟随着部队的补给火车遭到了苏军袭击，损失了1个火车头和1辆卡车。3连在匈牙利有了第一名阵亡人员。修理排竭力抢修掉队的坦克和车辆，做好回收工作。

在傍晚的时候，3连奉命撤退到迈泽图尔，在那里建立营部。

"左翼党卫军第4'警察'师防守的德布勒森—索尔诺克公路一线遭遇到了

第6章　匈牙利、奥地利和捷克斯洛伐克

对方持续加强的压力，因此原计划21日的进攻被放弃。第24装甲师成功地防守住了特勒克圣米克洛什（Torokszentmiklos），使得德军在蒂萨河建立了一个新的桥头堡。"

第24装甲师和虎式战斗群从当晚开始至第二天早晨，占据了特勒克圣米克洛什的高地，这样可以有效地保护"警察"师和魏冈上尉指挥的第2个虎式战斗群之间的连接部。

魏冈战斗群是由2连和3连的一个排（瓦格纳少尉）组成的。当他们在10月19日完成卸车的时候，1连和3连的主力部队已经跟随第24装甲师开始作战了。根据计划，魏冈战斗群负责支援党卫军第4"警察"师作战。该师被赋予的任务是从特勒克圣米克洛什出发，经过肯德尔雷斯，最后和第24装甲师会师小新萨拉什。

"魏冈上尉带着他的战斗群于10月20日离开特勒克圣米克洛什执行作战计划。这天要完成突破对方防线35公里，占领肯德尔雷斯的目标。在斯察帕夫鲁（Szaparfalu）附近的高地上碰到了苏军强大的反坦克和装甲部队的抵抗，进攻受阻。形势非常危急，很有可能部队会被对方从侧翼包夹。魏冈上尉这时候表现出了其勇气过人的一面，一马当先地带领虎式坦克直插对方反坦克炮阵地。尽管他的座车炮塔和炮管处都被数枚炮弹击中，他还是成功地击毁了2门反坦克炮，切入对方阵地侧翼，然后横扫苏军。整个战斗群共消灭了20门重型反坦克炮和其他类型重炮，同时还击毁1辆坦克，粉碎了苏军的抵抗。这天终于顺利完成了占领肯德尔雷斯的任务。"（以上描述引自第503"统帅堂"虎式装甲营关于授予魏冈上尉金质德意志十字勋章的保荐信，1945年3月18日。）

在战斗中3连损失也很惨痛：瓦格纳少尉受了重伤，不得不将左臂截肢。

10月21日由于受到了俄近卫第6坦克集团军不断施加的压力，德军进攻终止。魏冈战斗群奉命撤回特勒克圣米克洛什等待和503营主力会合。

第24装甲师回撤的道路并不顺畅。在敌情不明的情况下行军不是个轻松活，还要照顾容易抛锚的虎式就更麻烦了。因为大部分能动的虎式都被调去牵引不能动的兄弟们，第24装甲师的先锋部队只能由他们自己的摩托兵担任了。

虎式坦克在行军队列的大约1/3处，这样一旦抛锚，修好后还来得及跟上部队。此时的景象有点可悲，就看到坦克是一辆拖一辆，没有几个是轻装在走的。因为撤退主要是在晚上进行，所以速度很慢。大家都希望苏联人不要过于"活跃"。

10月22日：在这天的早晨，弗洛姆上尉带着他的虎式战斗群到达了离特勒克圣米克洛什大约15公里的地方。忽然听到他大声下令："全部停下！"侦察部

队报告在左翼发现有大股敌军出现。看来想要顺顺当当地回到特勒克圣米克洛什的愿望破灭了。

部队立刻展开进攻。3连剩下的5辆虎式在前面，1连紧随其后。这是一个冷冽多雾的清晨。作战区域是一块草地，上面零零散散有一些果树和灌木丛。这并不是适合坦克进攻的地形，视野被局限在100米以内。

冯·罗森少尉是这样描述这场战斗的："在前进了大约2公里后，我们击溃了第一队苏联人。他们仓皇地借助浓雾逃走了，装备遗弃了一地。我们连展开了队形，坦克之间大概间隔50米，一字排开。突然我看到距离80米外隐藏有一门火炮，正在这个当口，就感觉到炮塔一震，中弹了！一下子坦克就变得又聋又瞎。而且我都无法进行射击，主炮在2天前的图尔凯韦战斗中被扎扎实实地命中1弹，已经无法使用了。我并没有选择换车，因为我并不忍心让别的战友来驾驶这辆没有战斗力的坦克。

"很快车辆的右侧又被命中2弹，第3枚击中了左侧。我们当时就这么无奈地坐在瘫痪的坦克里等待最后那枚击穿坦克的炮弹。所幸边上的坦克注意到了我们处在绝境中，很快了结了那门火炮。后来才发现那是一门105毫米榴弹炮，击中我们的那枚炮弹跳弹了，只是撕开了炮塔的表层装甲，留下了一个坑，所幸没有击穿！皮普格拉斯少尉在这场战斗中受伤。不久前刚接手112号虎式的福林格少尉则非常不走运。他没有等待其他虎式跟上来，就独自冲入浓雾中，等他看清楚周围时，惊讶地发现已经开到了苏军反坦克阵地的后方。苏联人也懵了一下，但立刻就调转炮口，疯狂地朝他射击。福林格的坦克居然奇迹般地活着回到了本方战线内。最后清查发现他的虎式被命中了24枚炮弹。3连的其他坦克都没闲着，迅速击毁了数门反坦克炮，粉碎了苏军的抵抗。

"最后2辆虎式拖着我的战车撤离战场，在当天下午终于和已经到达特勒克圣米克洛什的503营的其余部队完成了大团圆。"

10月23日：早晨发起新一轮进攻。后来因为局势突变，继续进攻已经没有意义，所以终止行动。

这2个在虎式坦克支援下的师苦战3日并没有改变在德布勒森附近战役的结果，但是成功地阻止了对方包抄沃勒（Woehler）集团军的企图，该集团军正在竭尽全力从东匈牙利撤回到蒂萨河一线。从而达到了稳固整个战线的效果。

10月24日至31日：在接下来的几天里，虎式坦克分散成数个战斗小组，负责守卫索尔诺克两边沿着蒂萨河的各个渡口。保持索尔诺克桥头堡还是具有相当的战略意义。

期间受损的虎式被撤到亚斯洛达尼（Jaszladany）附近的维修站进行抢修。

第6章 匈牙利、奥地利和捷克斯洛伐克

拉姆波少尉率领3连的一个战斗小组从23日至26日负责守卫蒂萨桥头堡。冯·罗森少尉带着另外一个小组发动了几次规模不大的进攻。苏联人基本上见到虎式一触即退。现在是匈牙利的雨季，瓢泼大雨将河两岸的地带弄得泥泞非常。苏联人已经在多处度过了蒂萨河。

3连于10月28日调往索尔诺克以南、蒂萨河西岸的托赛格（Toszeg）。321号虎式由于车顶被炮弹命中砸开而报废，1连的梅斯上等兵在27日的战斗中阵亡。在蒂萨河的这段战斗非常难熬，除了忐忑地随时要迎候对方的进攻外，没有任何值得一提的战绩可言。天又冷又潮湿，让人抓狂。

苏军稳固了他们的蒂萨桥头堡，我们能做的只是限制其进一步扩大。

503营在10月底集结到了索尔诺克以西30公里的采格莱德。3连得到了修复的7辆虎式，同时也得到了新的命令。部队奉命向南转移到大克勒什（Nagykoeroes），在途中遭到了苏军攻击机的疯狂扫射，遭到了不小的损失。

采格莱德（Cegled）—凯奇凯梅特（Kecskemet）地区间战斗

1944年11月1日：位于亚斯洛达尼的维修站被疏散，受损的坦克需要被拖到采格莱德。如果坦克本身还能动的话，就得靠自己慢慢挪过去。当中从亚斯洛达尼到奥博尼之间的道路已经在对方炮火范围内。

布达佩斯附近的局势急剧恶化。1944年11月1日大股苏军越过凯奇凯梅特，直奔布达佩斯，第24装甲师被切割为3块散落在该城附近，其师指挥所也被冲散。当天下午一支苏军和罗马尼亚军的混合突击部队开始进攻大克勒什的南部地区，不过很快就被击退。

第503重装甲营在15点协同第12装甲掷弹兵团（译者注：2010德文版如此，但之前英文版为第21装甲掷弹兵团，其从属于第24装甲师，所以此处应该是德文版笔误）从大克勒什西南地区朝东进攻，目标是将困守在凯奇凯梅特附近的第24装甲师营救出来。2连担任先锋，随后跟着3连，营部和1连。很快他们就撞入了苏军前进的洪流里，这完全出乎对方的意料，之前他们的进攻简直就是势不可挡。

冯·罗森少尉是这样描述这场战斗的：

"我们沿着前往凯奇凯梅特的公路进攻。2连忽然遭遇到了对方反坦克炮的袭击，我当时的位置无法直接反击。打头的布劳德哈根少尉座车被击中，燃起

大火。公路的两边由于都是灌木丛，视野并不好，而且炮弹炸开的土块更使得我们观察受阻，只有对方火炮发射瞬间的火光才会暴露他们的位置，从正面攻击非常困难。当弗洛姆上尉发现进攻受阻后，他命令3连向右侧迂回攻击。这时我们才发现苏军为什么选择这里设伏，因为路的两边都是大块的淤泥地，3连的2辆虎王很快就陷在里面动弹不得，成为对方绝好的靶子。装甲掷弹兵在这时候扮演了救世主的角色，他们勇敢地担起进攻的任务，在虎式炮火的掩护下试图包抄苏军阵地，当苏军认识到我们的企图时，果断地撤退了。这之后我们没遇到别的抵抗，就一路顺利地到达凯奇凯梅特和被困部队会合。虽然我们的任务完成了，但苏军仍然在迅速地向布达佩斯挺进。

"那2辆困在淤泥里的虎式到晚上才被营救出来。虽然现在提到这件事情只是寥寥数语，但实际工作非常艰辛。这其中要经历多少次熄火？多少次给坦克重新套牵引绳索？多少次断开？这简直是最折磨人的苦活。"

11月2日：第503重装甲营在晚上配合第23装甲师的第23装甲团作战，该部队的指挥官是普林茨·瓦尔德克中校。在得到来自第24装甲师的一些Ⅳ号坦克加强后，战斗群集结在采格莱德西南方向10公里的萨斯哈罗姆（Sashalom）。部队定于早上9点40分出发，朝从厄尔凯尼（Orkény）出发的第1装甲师方向突击，一旦两军会合，我们可以切断正朝布达佩斯狂飙而去的苏军退路。

这支混杂着突击炮、Ⅳ号坦克、黑豹、虎王和装甲运兵车的钢铁洪流出发没多远就撞上了苏军的防线。特别是对方藏在灌木丛中的反坦克炮给冲在最前面的黑豹坦克造成了不小的损失，进攻受阻。这时候大家都开始叫嚷："让虎式上！"

冯·罗森少尉的描述：

我带领3连冲了上去。当时场面是一团糟，但很快我们就控制了局势，消灭了10门反坦克炮和几门高射炮，苏军见势不妙就逃走了，把卡车和其他一些装备遗弃在阵地上。在突破这道苏军防线后，我们继续向纵深挺进，任务很明确：和从厄尔凯尼出发的第1装甲师在25公里外的集结点会合，切断正在朝布达佩斯进发的苏军的补给线。进攻没有那么顺利。又走了3公里后，我们在一片高地上遭遇了对方坦克。他们将自己很好地隐蔽在树林边，直到它开火才暴露位置。在1辆坦克被我们击爆后，其他苏军坦克就四散撤退了。

我们继续前进。为了加快速度，步兵乘坐在坦克上搭便车。只有最前面打头的2辆坦克上没搭人。这样很快就将路程1公里1公里地抛到身后。几乎每一片树林后都有可能藏着苏联人，很快又碰到了苏军坦克。我们发现1 500米外停

第6章 匈牙利、奥地利和捷克斯洛伐克

着一堆苏军坦克，双方随即交火。我们注意到其中有几辆坦克在发射时的炮口火焰特别明亮，后来才发现这是我们第一次遭遇到装备122毫米火炮的斯大林重型坦克。这会是一场旗鼓相当的对决么？很快1辆斯大林就被击中燃起了熊熊大火。

作战区域非常泥泞。赛德尔上士的313号虎式一不小心就陷入一个坑，淤泥很快就没过了它的履带。我们不能因此而停下前进的步伐，天就快黑了，距离目标还有几公里，因此我留下魏格尔上士的虎式来保护313号虎式。但很明显这个坑附近没有坚实的硬地，将受困坦克救出来可不容易。

在傍晚的时候我们到达了预定会合点：一条伸往林中的道路。部队分散开始四处布防。我们通过无线电和第1装甲师取得了联系，他们距离这里还比较远。看来按计划会合是不太可能了，局势不容乐观。我们现在深处对方战线后方，周围都是苏联人，汽油又用完了一半。周围回荡着苏军坦克那种熟悉的轰鸣声，由于我们的突进，苏军陷入了某种程度的混乱。鉴于这样的情况，军指挥部在几小时后给我们下达了终止作战计划命令，可以撤退。

3连继续担任先头部队，要注意随时提防苏军的反扑。当我们走到赛德尔被困住的313号虎式边上时，一起停下来看看是否可以帮它摆脱困境，但没有成功。最后是弗洛姆上尉下达了自毁的命令。这是3连在匈牙利损失的第1辆虎式。海尔莱因少尉用他的虎式完成了这个让人伤感的任务。第二天早晨，我们回到了出发的原点萨斯哈罗姆。

我们就这样结束了在匈牙利作战的第一阶段，部队也有了几天难得的平静日子。只有几辆坦克还保持战备状态，参加了几次小规模的行动。在最近的2周里，我们忙得都没有时间做保养。坦克在开了400—500公里后，急需大保养。之前大家都奇迹般地没有出现抛锚，现在忽然一下子全部爆发了。因为缺乏牵引车，剩下的几辆能动的虎式也担任了拖车的角色。当前最紧要的就是尽快将坦克都恢复到最佳状态。修理排这会儿是最忙的部门，必须连续几天夜以继日地工作。

3连经过采格莱德到达该城西北面的采格莱德拜尔采尔（Cegledbercel），维修厂曾经放在这里。受损的坦克可以通过连接布达佩斯的公路迅速后撤。本来最佳的铁路运输方式因为装卸太费时，无法采用。苏军从四面压过来，时间成了最宝贵的东西。

在当晚23点的时候，拉姆波少尉带着一队12辆左右的受损坦克准备走布达佩斯方向的公路撤退，其中好几辆都是被拖车牵引的。

11月3日：早晨这支部队离开了采格莱德拜尔采尔。在经过奥尔拜蒂尔绍

（Albertirsa）和皮利什（Pilis）时，遭到了对方俯冲轰炸机的袭击。随后在布达佩斯以南15公里遭到了苏军反坦克炮的阻击，这完全出乎意料之外。这应该是后方的安全地区，但没想到苏军在前一天晚上已经成功地渗透到这里，但没有任何友军发现或通报这一情况。对于拉姆波少尉带领的这支坦克分队来说简直是灾难，怎么可以指望这些连行驶都成问题的虎式自卫呢？走在最前面的300号虎式很快被击中燃烧，所幸乘员逃了出来。拉姆波少尉顶着对方的炮火成功地将牵引绳索割断，挽救了其他的虎式。

部队只能先回到皮利什，然后借道卡瓦（Kava）、贡包（Gomba）、乌利（Uri）到达塔皮苏里（Tápiósüly），在那里有2个修理排正在全力工作。第3个修理排已经转移到斯洛伐克边境的托特美格耶（Tótmegyer），那里目前看来还比较安全，可以放心地展开修理工作。受伤严重的虎式都被装上平板火车运往那里，如果连那里也修不好的话，就直接送往维也纳的陆军维修厂进行大修。

盘踞在于勒的苏军实际上已经站在了布达佩斯的大门口。之后不知道什么原因，他们在那里停留了很长时间，并没有直接攻入布达佩斯。对于503营而言，直接退守布达佩斯的道路被切断。所以大部队先朝北转移到奥索德（Aszod），3连则进驻到科考（Koka）。

11月4日：采格莱德和奥博尼落入苏军之手。

11月5日：503营转移到军部所在地格德勒（Gdll）。当天部队的番号出现在《国防军公报》上。

亚斯贝雷尼和真哲什保陶（Gyong yospata），马特劳山脉作战

3连被派回科考。整体局势非常危急，503营得到了8辆修复好的虎式，和其他完好的虎式临时组建了一个战斗群，拉姆波少尉带领的坦克也暂时参加了他们，没有回到3连。奥姆勒中尉指挥这个战斗群配合第13装甲师行动，该师在亚斯贝雷尼—大卡陶（Nagykáta）—塔皮欧塞莱（Tápiószele）区域一直作战到11月13日。

1944年11月9日：营部转移至图劳（Tura），补给连回到格德勒。

11月15日：冯·罗森少尉接过了战斗群的指挥权，奉命前往豪特万（Hatvan）集结。整个战斗群现在由各个连队凑在一起的12辆虎式以及防空排的37毫米高炮四联装防空坦克构成。为了保持战斗群和营部的顺畅通讯，还特别把营部配备了中波设备的指挥型Ⅰ号虎式增派了过来。同时还给战斗群派了

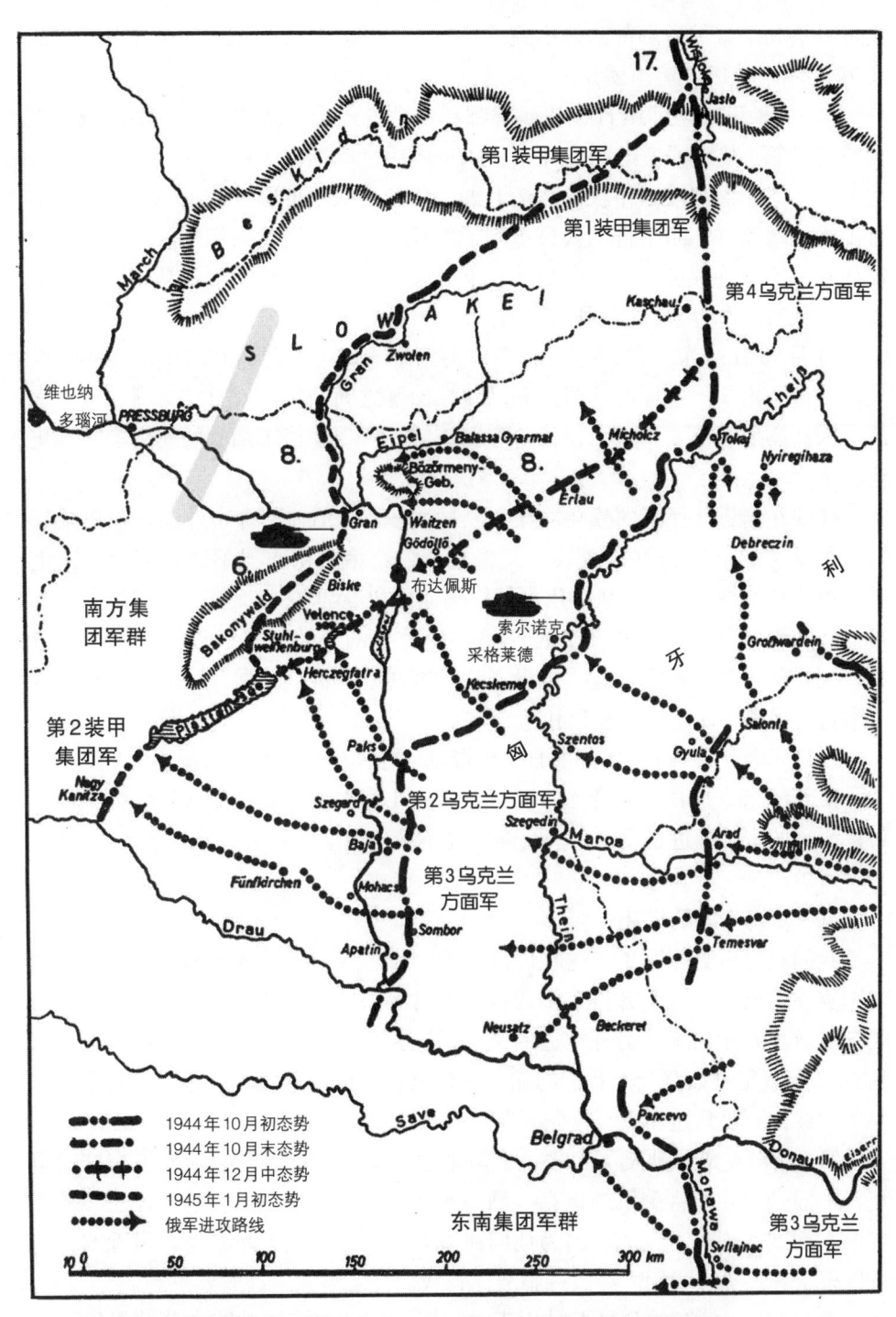

第6章 匈牙利、奥地利和捷克斯洛伐克

南方集团军群和东南集团军群在1944年10月至1945年1月间的战线图。

负责补给和维修的后勤部队，由施贝特上士指挥。得到了加强的战斗群现在从属第1装甲师的第1装甲团作战。

11月18日：直到18日，战斗群都在不利的地形下防守很大一块区域，主要是掩护第1装甲师撤退到珍珠市（Gyngys）的新防线。每当战场上出现危机情况时，战斗群都被当作救火队堵上去。18日当天，苏军的攻击机突袭了正准备出发的坦克群。防空排的人员遭到了严重的伤亡，因为他们的防空炮车开放的战斗室不能给乘员以很好的防护。下午晚些时候，部队转移到马特拉山区的真哲什保陶，作为第1装甲师的预备队。

11月19日：苏军在18—19日夜里突入了珍珠市，还留在城里的步兵惊慌失措地逃了出来。这样布达佩斯和马特拉山脉之间的防线就直接暴露在苏军面前，因此高层下令要不惜一切代价夺回该城，但现在德军拥有的实力实在不堪重负了。

驻守在真哲什保陶的战斗群在一大早就被命令前往珍珠市外围。在距城10公里的地方，部队遇到了溃兵，其将整个公路堵塞得水泄不通，完全无法前进。更糟糕的是苏军攻击机的出场使得场面更加混乱。

战斗群只能走到这里了，德军将一座重要的公路桥爆破以阻挡苏军的进攻，同样的，战斗群想要过去也没办法。因此战斗群就地展开防御，首先清理了附近的民房，防止被敌步兵利用。

没过一会儿，第1装甲师的D少校带着他的Ⅳ号坦克赶来增援。

最新的指令是D少校指挥的包括虎式战斗群在内的装甲部队要配合从珍珠市逃出来的步兵师进行反击，但公路已经不堪使用了。

冯·罗森少尉的描述：

我们只得越野行军了，这在山区尤为困难。我们直接从葡萄田上开过。虎式坦克在松软的土地上开得东倒西歪，不时深深地陷入其中。好不容易这边的履带从坑里爬了出来，另外一边的又陷了进去。前面要越过一条小溪，但最后的50米简直是难如登天。我们的初步计划是在珍珠市郊区，沿着一条公路建立一条防线，而要到达那里，首先要通过一条陡坡。

第1辆坦克成功地爬了上去，但坡地很快就泥泞不堪，必须要依靠这辆坦克在上面牵引才能将剩下的坦克一辆一辆地拖上去。这一复杂的过程还必须要在苏军精准的炮火下完成，因为他们在城郊水塔上设立了观察哨，附近的火炮可以很从容地瞄准我们。经过一番战斗，我们终于清除了这股苏军。

第1装甲团仅有的几辆Ⅳ号坦克没有跟上来，它们还被陷在葡萄田里不能

第6章　匈牙利、奥地利和捷克斯洛伐克

自拔。只有D上校的那辆指挥坦克在虎式的帮助下跟上了我们。当然虎式也没全身而出，有好几辆在早晨或者在下午过葡萄田的时候抛锚了，所以现在让我引以自豪的打击力量里只剩了5辆虎式。

我带着3辆虎式朝市区进发，和我一起的是3连的盖特纳下士和2连的雅科布上士的座车。伯恩舍尔上士和另外一辆虎式负责警戒几公里外的一条公路出口。

当天黑的时候，D少校召集我去他的指挥所。我开着半履带摩托车到了那里。军里给步兵师下达了命令，一定要在我们装甲部队的支援下夺回珍珠市。这不是个轻松活，看看我们能做到怎么样吧。当我获知行动具体计划后，还是有点小震惊的。

命令要求我们分为2个攻击群趁夜沿着不同的公路攻入城中。我指挥的右路战斗群由那3辆虎式，6至7辆装备三联装机枪的装甲运兵车，以及100名左右的步兵组成。而这个步兵连是由一群刚刚伤愈归队的士兵临时拼凑起来的。他们只有最简单的轻兵器，没有斗志，士气不高。而整个战斗的重心方向就是放在右路。左路的战斗群由伯恩舍尔上士指挥的2辆虎式组成，基本上他们的实力也就这么一点了。我们双方通过无线电保持联系。

2个战斗群由D少校统一指挥，将在凌晨2点发动朝向城市另一端的突击，目标是与继续困守在那里的步兵会合，但他们并不会主动出击来配合我们。在这座规模不算小的城市中穿越一座座房屋和一条条街道进行这么一场作战在我们看来有点疯狂，尤其是苏军已经占领了这里超过24小时，有从容的时间布置防线。

我和各位车长简单说明了一下任务。对于这些老手来说，不需要太多废话都明白一场夜战意味着什么。在22点时，我被叫到步兵师的指挥部参加他们的行动布置会。随后和那些装甲运兵车和步兵的指挥官一起讨论了一下如何协同作战。步兵师指挥官一口否决了我对行动计划的怀疑，因为命令直接是由军部下达的，没人敢违抗。尤为糟糕的是步兵们的情绪还没从前一个晚上被苏军横扫的惊慌中恢复过来。

我用无线电通知503的后勤部队把虎式的补给送过来，这是每晚必须完成的一个步骤。但现在的马特拉山路被积雪覆盖，50公里路对运送补给的卡车来说确实困难了一点。我把接到的军下达的命令通报了营部："军部命令我们对珍珠市反击。元首万岁！"这并不是我们对纳粹有多么忠诚，真实的意思是我们即将进行一场自杀性攻击，生还的机会很渺茫。营部果然很快明白了我们的困境，营长立马派出海尔莱因少尉去军指挥部试图让他们撤回成命，但是军长并

没有听取他们的意见。

11月19日：凌晨2点的时候，我们准时从D少校的指挥部出发。他在那里用无线电指挥2个战斗群行动。盖特纳下士的虎式开在前面，雅科布上士的虎式跟在我的后面。装甲运兵车跟在虎式的后面，100多名步兵拖在最后面，而他们本来是应该在队伍的前面负责扫清坦克左右两侧威胁的。我们到达了城边第一排房屋前，对着黑暗中的目标火力全开，真是毁灭性的力量。装备三联装防空炮的装甲运兵车的火力也得到了很好的发挥。苏军很快就抵挡不住，纷纷逃走。在射击引起的火焰照映下，我们很快通过了苏军遗弃的阵地。这时在队伍的左前方射来了苏军反坦克炮的第一发炮弹，结果打高了，这是夜战中很容易犯的错误。炮弹划过夜空的轨迹就在我们头顶很近的地方。打头的虎式反应很快，一炮就消灭了这个目标。

战斗群慢慢前进到了我们中午炮击过的那座水塔。照明弹凄白地一闪，照亮了前面的街道。当它熄灭后，浓厚的黑夜再度笼罩在我们周围。我几乎看不清楚行驶在我们前面的车辆，只能隐约发现排气管口不时由废气引起的微弱火花。部队慢慢地往前进。忽然我们又遭到了苏军反坦克炮的袭击，最前面的盖特纳下士报告他的虎式被击中了，街两边的房屋里藏满了苏军！

我们这时挺进了差不多1公里。砰的一声，车体右边中弹。苏联人把反坦克炮架在正对房屋大门的地方。看来他们是完全做好了准备，故意把我们放进来打。现在只有拼命地将高爆弹一枚接着一枚地朝路边的房屋射去，把苏军打得没了动静。我几乎打光了照明弹。如果步兵不去帮忙扫清街边房屋的话，我们是不可能再取得任何进展的。因此我命令部队："停下。"手里抓了一把冲锋枪打开舱盖跳出了坦克，回头去找那些步兵。终于找到了带领那群步兵的一名中尉，但他显得手足无措，周围也没拢络到几个人。一名热心的下士这时候站了出来，愿意带着他的那拨人帮我们扫清附近的房屋。但当他们进入第一幢房子时，走在最前面的那位下士一下子就被打死了。跟着他的步兵们瞬间消失得无影无踪，只剩下我一个人傻站着。这时盖特纳下士的坦克又发射了一枚照明弹，借着这光，我惊讶地发现在不到2米的地方有一门苏军反坦克炮，所幸炮手已经不见了踪影，不然我们在劫难逃。

这时候搭载在装甲运兵车上的掷弹兵们参加到了进攻上来，他们拿着冲锋枪，手榴弹和铁拳横扫了两边的苏军步兵。我们的攻势得以恢复，不久到达了一个主要的十字路口。随着苏军反击力量的不断增强，这些掷弹兵们也无力再继续突破。天这时渐渐地亮了起来，我们得以发现并击毁隐藏在十字路口附近的2门苏军反坦克炮，但谁知道到底还有多少门在等着我们呢。苏联人不仅从

第6章 匈牙利、奥地利和捷克斯洛伐克

两侧猛烈地压制过来，而且还不断出现在屋顶上和我们的后方。情况越来越糟糕。在我们前面矗立的房屋里，苏军的人影不断地在门里、窗户里、屋顶上晃动。只要你一不留神把脑袋探出车外，准保立马一枚子弹就招呼过来了。

忽然间我看到有一个人从一幢房屋里跑了出来，非常淡定地直奔盖特纳下士的虎式而去。我看出来这是一个平民，赶紧挥手让他过来。结果他一下子扔出了一枚炸弹，之前藏得真好！还没来得及等我反应过来，他就又躲到边上的房屋里去了。掷弹兵们身后响起了冲锋枪的声音，什么时候才能把躲在屋子里的苏军消灭干净啊！你还真不得不佩服苏联人的坚韧。在这一团混乱中我接到了D少校通过无线电传来的命令。他和他的指挥坦克还在城外。命令只有两个词："继续进攻！"这家伙是疯了么？我让他重复了一遍命令，确认我没听错。白天进攻无异于自杀！我招呼另外2名车长一起将虎式发动机的声响搞到最高，然后齐射了几轮，确保这些动静可以通过无线电让指挥部听清楚。然后我汇报道根本没办法继续前进。此刻的处境对我们来说危险万分。苏军开始从屋顶向我们投掷莫洛托夫鸡尾酒，而从窗户和门里不断有手榴弹飞出来。他们又发起了新一轮反扑。盖特纳下士虎式的一条履带损毁，你能想象在这种情况下履带断掉是多么悲剧的一件事。我们被迫困在那里几个小时没法动弹。

我们为什么要在这里无谓地浪费时间？大家对指挥层一肚子怨言。苏军新一轮的进攻进行得非常耐心，他们集中火力打伴随我们的掷弹兵。掷弹兵没有很好的掩护，在遭受惨重损失后被迫开始后撤。这时总算我们也得到了撤退的命令，此刻已经是午后2点，一共在这里坚守了12个小时。我这辆虎式负责殿后。苏军已经差不多包围了我们，再晚一会儿就真插翅难逃了。3辆虎式慢慢后退，同时朝周围的一切目标疯狂射击。

这场反击就这么结束了，而这也是我记忆里唯一一次没有完成任务就撤退了。

D少校又给了我新的命令：整个战斗群要转移到真哲什保陶去担任第1装甲师的预备队。该师刚刚杀开了一条可供履带战车行动的通道，但有一辆虎式在晚上通过狭窄路段的时候非常不巧地抛锚了。我是在晚9点左右正带部队准备出发时收到这一消息的，同时也听到了一个更糟糕的消息：拉姆波少尉同晚在开半履带摩托来找我的路上出了车祸，被紧急送到了野战医院抢救。就这样我失去了连里最后一名军官，算上他营里一共损失了8名少尉。

我问D少校借了1辆水陆两用车前去查看虎式被困的地方。一路上地形陡峭，泥泞不堪，就算是越野性能良好的水陆两用车开着也非常费力。行进速度很慢，一共开了好几个小时。天乌黑乌黑的，搞不清楚苏军的先头部队是否已

经超越我们。这时的战线犬牙交错，根本没法区分敌我的方向。为了小心起见，我们还不时地把车停下来，仔细听听周围有没有苏军坦克的轰鸣声。费了好大的劲，终于找到了那辆倒霉的虎式。

出乎我意料的又有1辆虎式来到这里，我立马招呼它过来帮忙把受困的虎式拉出来，但1辆虎式的力量还不足以解救它兄弟。我们将被困虎式的履带解开，又尝试了很多办法但还是没成功。在24点的时候，我只好回去再带2辆虎式来帮忙，同时也叫上从真哲什保陶过来的修理排的专家。这次我找到了一条更好的路，其间穿越了好几个没有德军踪迹的村庄。

11月20日：我在天亮的时候回到了被困虎式那里。施救工作终于慢慢取得了进展，虎式可以很快被救出来了。我此刻开始担心苏联人留给我们的时间还够不够。整个战斗群现在可以通过重新通畅的道路继续前往真哲什保陶，我只留下那2辆虎式完成剩下的牵引工作。为了预防万一，我也让他们做好了爆破那辆被困虎式的准备。随后我前往师指挥部通报我们的位置，千万要注意给我们留一条撤退的路线，也就是说不能先放弃真哲什保陶。在得到了肯定的答复后，我往回赶往战斗群，在路上通过无线电询问了那几辆还在施救的坦克情况怎样。但得到的消息令我失望，救援活动终止了，被困的虎式被引爆了。我不在的时候发生了什么？

事实上，那辆虎式已经被拖出了陷坑，但这时苏联人出现了，大声呼喊着"乌拉"。交火中，牵引绳被打断，那辆倒霉的虎式再次滑落，甚至比之前陷得更深。这下彻底没有挽救的可能性了，因此他们只有选择亲手将其击毁，避免落入敌手。完成了这项令人难过的任务后，这两辆虎式开始了穿越10公里无人地带的撤退，或者苏联人已经在那里等着我们了？我带领修理排跟着他们一起行动。终于在天黑前我们顺利到达了德军的前沿阵地，位置大约在珍珠市和真哲什保陶之间。大家做好了随时面对苏军突击的准备。我的战斗群最后在真哲什保陶安顿下来，修理排设立了修理厂立马开始了忙碌的工作。

11月21日：一大早就有好几辆坦克从修理厂完成修复工作，正式归队。我手里的实力也增长到了10辆虎式。营部派福林格少尉来协助我指挥这个战斗群。下午响起了苏军进攻的警报。我们一气击毁了9辆坦克，这些倒霉蛋没注意到附近的泽地，开进去才发现难以自拔，沦为我们的活靶子。

11月22日：2辆虎式被派到前线担任警戒工作，每个小时汇报一次敌情。其他人就可以稍微放松一下。再次击毁了几辆对方坦克，我们的存在稳定了这里的局势。

11月23日：我们在睡梦中被惊醒，苏军用斯大林管风琴朝我们这里倾泻大

第6章 匈牙利、奥地利和捷克斯洛伐克

量火箭弹。我们住所的窗户被气浪掀得稀巴烂。太糟糕了。我指派4辆虎式担任警卫任务。很快我就收到他们的战果汇报——击毁了对方8辆坦克。这样一来，3天里我们共消灭了25辆。下午除了斯大林管风琴继续招呼我们之外，苏军的俯冲轰炸机也加入了大合唱。我指挥部用的那辆无线电指挥型半履带车终于没能幸免于难。尽管我有营属防空排的保护，但丝毫没能减缓敌空军带来的威胁。

11月24日：伯恩舍尔上士的虎式车身被侧面击穿。谢天谢地，还没有其他的损失。

11月25日：伯恩舍尔上士的虎式又可以使用了，但是侧面那个洞不是我们可以修补的。无奈之下，我们拿布块堵了一下，唯一能起到的作用就是可以挡挡弹片或者流弹。有一名战友在这天遗憾地受伤了：波勒上等兵被炸弹的碎片击中，在送到野战医院后被诊断需要送到后方。他是我比较欣赏的一名战士，他长时间的离队让我很难过。

因为苏军不断施加压力，第1装甲师师部在晚上又后撤了10公里，我带着我的战斗群也随之后撤。

11月26日：根据第1装甲师的命令，我们前往第1装甲掷弹兵团的防守区域。路很不好走，我们再一次遭遇了噩梦般的葡萄田。在通过最糟糕的一段后，我让福林格少尉带队继续前往目标地域。我则开着半履带摩托回头去查看一下掉队的几辆坦克，其实更主要的是想去师指挥部了解一下局势。当我最终在1个小时后赶到第1装甲掷弹兵团时，发现虎式们已经出发进行战斗去了。团指挥官简单地通过地图给我介绍了一下情况，我就开着半履带摩托去追赶虎式了。

我沿着虎式留下的特有的履带痕迹开了几公里。从开过的距离来看，他们的进攻应该进行得很顺利。随着夜幕的降临，脚下的土地也变得更加松软。毫不夸张地说，淤泥可以没过膝盖。我真的很好奇虎式都是怎么通过这一区域的。顺着在黑暗中隐约能看到的路我又继续往前开了几公里。周围的情况让我困惑不已，周围看不到任何德军的迹象，而虎式那明显的履带痕迹也消失得无影无踪。一种不祥的预感在我心里升起，难道我已经到了苏军战线后方了？

就在此时，虎式突然从黑暗中冲出来，矗立在我的面前。福林格少尉走了过来，他的头部受了重伤，流血流得很厉害。之前在作战时，车长指挥塔的舱盖是开着的，这是在晚上行军时的不得已做法。结果就在他低头和炮手喊话的时候，一枚炮弹击中了指挥塔。几枚碎片击中了他的头部，现在这种程度的伤对他来说已经算是走大运了。

福林格少尉向我汇报了之前的情况。他们一赶到第1装甲掷弹兵团，该团团长就要求他们立刻发动进攻，不允许等我回来。当时除了我们这个战斗群之外，503营的防空排也在那里，在战斗中他们的四联装防空炮相当有杀伤力。部队一气前进了10公里，到了现在的位置，但没有掷弹兵能赶来配合作战。福林格认为我一个人仅仅开着一辆半履带摩托就能安全走到这里简直是奇迹。

福林格必须尽快被送到医院，我也要马上带领部队离开这片危险的区域。身处苏军之中，还没有步兵伴随，简直和自杀无异。很快我就得到了师指挥部同意撤退的命令，他们也对我们被用来执行这一任务感到不满。

在后撤途中，2辆自行防空炮车被烂泥地困住，本来就不好的路况经过虎式一压，更加不堪使用了。1辆虎式过来帮忙救它们，却自身难保。在烂泥地里你越是加大马力，越是容易陷得更深。而且深夜里视野不好，加之附近出现了苏联人的迹象使得我们要加快行动。附近的小树林里传来了清晰的俄语，令人心里发毛。我们找了两辆虎式来牵引受困的虎式，随着两车一起努力，被困的虎式终于被拉起来了几厘米，这辆虎式的履带在疯狂地打转，但是却哪里都抓不住坚硬的地面，随后再次陷得更深。更令人后怕的是，救援的那2辆坦克就差一点点也被一起拖进泥坑里。这招不行，后来我们又试了别的办法，还是没有成功。

11月27日：到了1点钟，我已经做好了炸毁被困的2辆自行防空炮车的准备，但我们依然没有放弃救援的可能性。我先回到了第1装甲掷弹兵团那里，他们正焦急地等待我的返回。德军撤退将在3点开始，包括团部所在的这个村庄也要一起清空。我的虎式根本不可能在3点赶回来。该师不负责任的指挥使得我们陷入目前的绝境。经过我的争取，他们同意将撤退时间延迟到凌晨，但这个也几乎没多给我们多少时间。当我依旧驾驶着那辆半履带摩托回到虎式坦克边时，情况没有任何好转。

在我离开的时候，又1辆虎式被困住，但所幸很快就摆脱了困境。唯一值得欣慰的就是苏联人暂时还没注意到我们。如果他们稍微活跃一点，就可以一举消灭我们这个战斗群。

看来实在没办法了，只能把2辆自行防空炮车炸毁了。然后带着部队回到村里，团部给我的指示是前往约巴奇（Jobbágyi），在那里归一个党卫军师指挥。经过一整晚的忙活，真是把我累得半死。这样一个晚上对我神经的折磨远超过一场装甲大战。战斗群依然担任师预备队，因此有空安顿下来，进行一些修理工作。之前调到3连担任排长的库珀少尉这时被派过来协助我，我很高兴终于又有了得力助手。

第6章 匈牙利、奥地利和捷克斯洛伐克

11月28日：这天比较平静。我的副官格罗曼上士来协助我完成作战报告和其他一些文案工作。这天也收到了一些邮件，包括一些正式通知，其中有一份是对我连里的8名士兵的处分。缘由是当我们来匈牙利前驻扎在凯塞尔时，这8个人组成的巡逻队在大街上执勤时，没有对经过的一名上士行礼。这帮官僚居然要我因为这种事情去处分浴血奋战的战士们！这份报告和之前的2份报告一样直接进了废纸篓，但我确定这类报告肯定在接下来的8周里还会不断传来。

于多瑙-巴拉顿湖左侧，赛克什白堡（Stuhlweibonburg）、莫尔（Mór）及扎莫利（Zámoly）地域的作战行动

1944年11月29日：我奉命转移到15公里外的一个村庄里。这里条件很糟糕，几乎只有一个有暖炉的房间，还要和一堆老奶奶、母亲和孩子们挤在一起。

11月30日：营里派来的传令兵在凌晨2点到了我们这里，最新的指令要求："整个营前往新的作战区域。履带车辆的装车地点在瓦茨（德语名Waitzen，匈牙利语Vác），库珀少尉带装甲部队火速赶往该地。立刻行动。"而我要前往营部报道。

我在营部明白了现在的局势：

"苏联人在布达佩斯以东的战斗中损失惨重，在重组后将攻击重点转到南方集团军群的南翼。同时苏军成功地将他们在多瑙河上的两个桥头堡在莫哈奇（Mohács）附近打通。那里德军力量薄弱，只有一些匈牙利军。佩奇（Fünfkirchen）很快被攻克，苏军通往巴拉顿湖的道路敞开。12月1日苏军装甲部队的先锋已经抵达多瑙河以西80公里的栋博堡（Dombóvár）和考波什堡（Kaposvár）。"（恩斯特·莱本梯希，《第23装甲师战史 1941—1945》，第436页）

通过收缩豪特万（Hatvan）地区的防线，第23装甲师和第1装甲师得以腾出手来在第57装甲军基希纳（Kirchner）将军的指挥下对苏军展开反击。第23装甲师一马当先，于11月30日到达巴拉顿湖南面，负责警戒佩奇—佩奇瓦劳德（Pecsvarad）—巴陶塞克（Bátaszék）一线。其使命就是尽可能地延缓苏军的前进。503营则直接配属给第23装甲师作战。

营里的处境很困难：15辆虎式还留在库特的维修厂。修理急需的配件正在通过卡车从德国国内运来，需要至少14天。军部命令修理连待在库特直到所有虎式都修理完毕。从目前的局势来看，对方在该区域并不活跃，不会造成威胁。实际上这也是无奈之举，那么多虎式你根本没办法全部拖到50公里外的火

车站去装车。所以维修厂留在了库特，而第3修理排驻扎在萨洛（Sala），给我们支援。埃希上尉在那里已经待了3周，负责和各支前出的小分队保持联系。

12月1日：冯·罗森少尉和营长穿过布达佩斯去新的作战区域。

12月2日：和第57装甲军及第23装甲师取得了联系。该师负责的区域有差不多100公里宽。因此只能有选择地执行一些掩护或者迟阻任务。在后方靠近巴拉顿湖的地方，正在构筑防御阵地。我们必须要在那里挡住苏军的洪流，他们现在差不多一天可以前进20—30公里。下午轮式车辆部队通过公路行军终于先到了。营指挥部设立在西蒙托尔尼奥（Simontornya）的一座地主农庄里。

12月3日：营里的履带车辆到达了巴拉顿凯奈谢（Balatonkenese）开始卸车。西蒙托尔尼奥附近安全。整个营朝巴拉顿湖开拔，冯·罗森少尉指挥的一个战斗群落在后面。

12月4日：与第128装甲掷弹兵团的3连一起作战。晚上得到了撤退的命令。库珀少尉获得了一级铁十字勋章。战斗群再次归属第1装甲师的第1装甲团指挥。他们前进到莱普谢尼（Lepsény），我们的营部设置在波尔加尔迪（Polgárdi）。

12月5日：2次警报。在希欧福克（Siófok）以西5公里执行了任务，整个防线实际上只有一些零散的支撑点。苏军发起了一波又一波的冲击，他们不惜一切代价想从赛克什白堡取得决定性的突破。

12月6日：现在必须让部队分头行动了。冯·罗森少尉带领3辆虎式发动了一次反击。他们清除了一座由苏军盘踞的村庄，消灭了6门反坦克炮。战斗群剩下的部队由库珀少尉率领，朝希欧福克发动进攻，期间损失了1辆虎式。2连的科茨曼军士长在战斗中阵亡。作战区域的地形主要是泥沼地，非常不利于装甲部队行动。苏军步兵发动了汹涌的突击。虎式面前满满的都是苏军士兵的人影，当时的场面特别像蚁巢被捅破的情景。虎式的机枪非常有效地击溃了苏军步兵的进攻。

第1装甲团命令我们两个小组在18点退出战斗，他们之后准备让步兵在21点撤退。在黑暗的夜里撤退途中，后一个战斗小组的2辆虎式不小心撞在了一起，第3辆虎式在施救的时候结果不小心也被困住了。而这一切就发生在苏联人面前差不多100米的地方，周围没有德军步兵提供掩护。好像老天还嫌我们的境况不够糟糕，这时候收到了在另外一个地段作战的由赛德尔上士带领的一支分队的无线电消息，他们也有2辆虎式陷入了泥沼。同时5辆虎式不能动弹确实令人伤脑筋。他们那2辆虎式最终在1个小时后被营救出来。冯·罗森少尉成功地说服团部命令步兵一直坚守防线，直到所有的虎式都摆脱困境。

第6章 匈牙利、奥地利和捷克斯洛伐克

冯·罗森少尉的描述：

我将那3辆虎式的指挥权交给赛德尔上士后，前往库珀少尉的区域。我看到的景象令人沮丧。3辆虎式都毫无希望地陷在离希欧福克大路边上20—30米的泥沼中。在黑暗中确实不容易看清楚大路在哪里，这些虎式在还差几米的地方过早转向，结果就是没能压到坚硬的路面上，直接闯到了泥潭里。苏联人非常谨慎，朝着我们这边有发动机声音的地方疯狂开火。这无疑使得我们的营救行动进行得非常艰难。在发动坦克前必须要确保我们已经严严实实地躲在坦克里。苏军拿各种武器朝我们射击：重炮、榴弹炮、机枪和反坦克炮。他们以公路为方向，朝我们这边胡乱射击。花了九牛二虎之力后，我们终于成功地将第1辆虎式弄上了硬路面。在与对方的一轮射击中，我们倒下了一名战友。

12月7日：过了午夜，我们连接了几根牵引绳才够着陷在泥沼里的虎式。终于把第2辆虎式救了出来，但情况变得更加危险了，周围没有友军，我们完全没有任何支援。苏军又开始了新一轮的炮击，而我不幸中弹了。一个弹片轻轻地划过肩膀，我的右手立马不听使唤地垂在那里，只看到上臂血流不止。我关照好库珀少尉后，正好后方过来一名骑摩托的传令兵来探查我们还要多久可以撤退，我就搭顺风车回到了团部去治疗。库珀少尉不到1个小时带着虎式们回来了，但最后剩下的那辆虎式还是没能救出来。苏联人摸了上来，已经到了公路边，因此我们只能击毁被困的那辆虎式，然后撤退。尽管那个夜晚困难重重，但只损失了1辆虎式让我宽慰不少。

我回到了位于波尔加尔迪的营部。军医查看我的伤情后表示必须住院。库珀少尉被任命为3连的临时指挥官（引自冯·罗森男爵的战后回忆录，1946年）。

12月8日：营部在10点收到警报，苏军正朝波尔加尔迪攻过来。124号虎式被击毁，指挥部转移到赛克什白堡。修理排在博道伊克（Bodajk）设立了维修点，这时留在库特的维修场遇到了麻烦。苏联人当然不可能没注意到大量德军部队从豪特万地区撤出。德军的计划是通过缩短战线取得机动部队，但最不愿想的事情发生了，苏军立刻朝兵力薄弱的布达佩斯东北方向发动了进攻。

弗洛姆上尉对于部队主力集结在赛克什白堡的忧虑果然成真了。苏军大股部队奇袭突破了德军防线，闯入防守真空的德军后方。在6日早晨，苏军坦克出现在库特城外。所有能作战的家伙全用上了，大量苏军坦克被击毁。修理排因此有了时间将正在修理的坦克拖离危险区域，但7日苏军卷土再来，这次没

有硬攻库特,直接绕了过去,正巧抓住了正在牵引的受损坦克。3连的伯恩舍尔上士阵亡。最后迫于无奈,自行炸毁了8辆虎王。值得庆幸的是维修设备和人员基本上都保存下来了。

12月9日:营长弗洛姆上尉被调往装甲兵学院担任战术教官。魏冈上尉在弗洛姆上尉的继任者冯·迪斯特-科贝尔上尉来之前,临时担任营长一职。

12月10—17日:营部转移到赛克什白堡。苏军还没能突破韦伦采湖(Velence)和巴拉顿湖之间的狭窄通道。几辆修复的虎式抵达了瓦格赛利(Vagselli)。503营忙着到处救火,哪里最危急,就需要虎式的出现。而我们营也一直没有辜负这一期望。战线在赛克什白堡外逐渐稳定下来。12月17日奥姆勒中尉(1连)率领6辆虎式到前线作战,2辆虎式被炮弹击毁。罗利克少尉从第3装甲军军部将新任营长接了过来,该军这时已经全面接过了赛克什白堡区域的指挥权,军部设立在菲尔瓦祖格(Fehérvárcsurgó)。

12月18日:第3装甲军再次把503营交给了第1装甲师指挥。这个命令晚上传达到部队,要求尽快前往巴拉顿凯奈谢。

12月19日:整个营一大早就朝位于巴拉顿湖东岸的巴拉顿凯奈谢进发。但作战行动被取消。整个营有13辆虎式可以作战。大雨下了好多天。一旦离开公路,就会立马被深深的淤泥吞没掉。

12月20日:"1944年12月20日早晨7点20分,苏军开始对塔克(Tác)至韦伦采湖一线展开炮火准备,对德军防线和纵深足足炮击了25分钟。7点40分,苏军步兵发动进攻,有数辆坦克提供支援。刚上前线的匈牙利军很快放弃了阵地……坏消息接踵而来,苏军在韦伦采湖以东突破了由第271人民掷弹兵师防守的阵线。一支2 000人左右的苏军部队突破迪尼耶斯(Dinnyés),掷弹兵和防空部队无法阻止这支强大的敌人。科斯法鲁迪玛也(Kisfaludimajor)和帕克次(Pákozd)相继陷落。苏军占据了赛克什白堡以东5公里处的高地。到这时候,苏军成功地切入两个湖之间的走廊,并深入德匈联军阵线的后方。第1装甲师防守的区域因为不是苏军主攻的方向,还在德军手里,而左边的友军——第23装甲师只剩几个支撑点在抵抗。这条防线勉强地从阿索索米尤(Alsosomiyo)车站开始延续到赛克什白堡东边的高地(恩斯特·莱本梯希,《第23装甲师战史1941—1945》,第459页,第461—464页)。

营里的一个修理排转移到皇宫堡(Vár palota)。

12月21日:我们这片还算平静。进行了日常的补给和维护工作。

12月22日:第1装甲师准备对对方左翼发动一次反击。因此虎式在1时朝

第6章　匈牙利、奥地利和捷克斯洛伐克

40公里外的纳达斯拉丹尼（Nádasladány）进发。反击定在下午开始，目标是乌希达村（rhida）。503营营长负责指挥这场战斗。第1装甲师派来了7辆Ⅳ号坦克支援我们。进攻集结点定在萨尔科齐（Sárkeszi），那里会有200名步兵等待和我们会合。当进攻开始后，就遭到了对方猛烈的反坦克和榴弹炮火力的迎接。我们也丝毫不手软地击毁了数门反坦克炮和机枪堡，有时候甚至是直接碾过去。在天要黑的时候，我们基本上攻克了目标。5辆虎式受到了比较严重的伤害。指挥车也被击中。库珀少尉的座车被击毁后，转移到314号虎式继续作战。

就在营长于22日中午离开波利达（Berida）准备对乌希达村进攻时，冯·罗森少尉刚从维也纳的医院获准出院，当他正向营长报告归队时，营长打断了他的报告："少尉？你错了！从1944年12月1日开始你就是中尉了……祝贺你！"同时他强制命令冯·罗森再休息8天，因为他的伤还没全好。

12月23日：在天亮前，乌希达村的苏军就被全部肃清了。133号虎式在最后的行动中被一门反坦克炮击中，最后被烧毁。

"当重炮还继续落在赛克什白堡时，苏军步兵做好了突击城市南部的准备。午夜刚过，第23装甲师的最后一支部队也被驱赶出了赛克什白堡。第126装甲掷弹兵团和第51装甲工兵营退到科斯莫哈（Csormoha）防线（其位于赛克什白堡以北5公里处）。"（恩斯特·莱本梯希，《第23装甲师战史1941—1945》，第459页，第461—464页）。

乌希达村继续被我们所控制。当晚虎式奉命撤回纳达斯拉丹尼。19时收到第3装甲军的最新命令，我们营配属第4骑兵旅作战，其旅长为霍斯特（Holste）将军，其正朝菲儿瓦索哥（Fehérvárcsurgó）移动。我们于22时出发，同时维修设备后撤至杜道儿（Dudar）。

12月24日：虎式在5时到达菲儿瓦索哥，做了短暂停留后，于6点30分朝萨尔科齐（Sakarestje）前进。第4骑兵旅准备从那里向南发动一次反击。这次行动也有第23装甲师的一个战斗群参与，因此本营听从他们的魏曼（Weymann）中校指挥。这时一共有8辆虎式，但只有6辆还能战斗。天亮时，苏军从各个方向朝萨尔科齐展开炮击，不时能听到斯大林管风琴发射时特有的啸叫声。我们计划的行动还没来得及开始，苏军就先动手了。我们从进攻方变成了防守方，抵御苏军如狂潮般的冲击。拉姆波少尉的虎式战斗到中午共击毁了7辆对方坦克。

库恩代理下士停止了扩大战果，因为坦克的履带被打断了。莱夫代理下士和汉斯·维尔什代理下士在对方炮火下将履带接了回去。库珀少尉的虎式在一

旁提供火力掩护。

对方每次在平安夜晚上发起的进攻都特别猛烈，我们被迫放弃萨尔科齐。拉姆波少尉的虎式抛锚了，只能自爆。真是一个令人伤心的圣诞节，唯一的好消息是盖特纳下士被晋升为上士。

12月25日：503营再一次归属第23装甲师指挥，仍然直接听命于魏曼战斗群，活跃于萨尔科齐以北区域。虎式击毁了2辆对方坦克，防空排击落一架苏军伊尔-2，猛烈的炮击。

12月26日：更多的警戒工作。苏军深入了萨尔科齐以东地区，兵临恰克拜雷尼（Csákberény）城下。第4骑兵旅旅部就在那里。

12月27日：5辆虎式参与了战斗，2辆T-34被击毁。

12月28日：当晚击毁了2辆T-34和3门反坦克炮。本营又划归第4骑兵旅指挥，直接隶属普雷腾贝格伯爵（Rittmeister Graf Plettenberg）的重装甲营指挥。普雷腾贝格的指挥所设立在莫尔。

12月29日：营部转移到巴林卡（Balinka）。现在营里剩下的实力只有3辆虎式，都被派到莫尔以西的外围作为预备队。

相比较战损，更多的来自于这么多个礼拜不停地作为救火队东奔西走，在糟糕的路况下造成的损失。

机械故障频发。营长在1945年1月1日提交的月度报告上这么写道：问题主要在下面几个方面。

(1) 缺少配件（包括主要部件如发动机、传动轴、转向器）。

(2) 缺少在不适于履带车辆路面回收坦克的手段，结果不得不一次又一次地使用坦克来自救。

(3) 缺少或者干脆没有平板火车将丧失动力的虎式后撤以及急需的配件送到前线。

由于以上3个原因，本营难以维持其应有的战斗力。

现状确实让人发愁，抛锚的虎式散落在战场上，维修部队根本无法完成回收工作。

对方对莫尔展开了大规模炮击。

12月30日：与冯·马肯森骑兵团的2连一起对普斯陶瓦姆（Pusztavám）发动了一次侦察性进攻，出动了4辆虎式。

12月31日：冯·罗森中尉接过了战斗群的指挥权，到莫尔向普雷腾贝格伯爵汇报情况，他的"假期"算是结束了。这天没有作战行动，但对方从22时开始朝莫尔进行炮击。2个坦克组乘员们休息的屋子被命中烧毁，但幸运的是他

第6章 匈牙利、奥地利和捷克斯洛伐克

们当时都待在坦克里!

1945年1月1日:营部转移到苏尔(Súr)。苏军对莫尔展开空袭。一早收到警报,苏军的进攻使得驻守莫尔的步兵快撑不住了,虎式对莫尔以北5公里的128高地展开了援救性攻击,那里被大股苏军盘踞。第4骑兵旅的重装甲营和冯·马肯森骑兵团从东南方向进攻,虎式从南面,两股力量定于山上会合。

冯·罗森中尉率领的虎式在行军途中迷失了目标。在大雪覆盖的地面上,那些山坡看起来都差不多。到底哪个才是那该死的128高地呢?嗯,看到一座山丘上有猛烈的苏军反坦克火力,应该就是那座了。部队已经浪费了不少时间,来不及安排是否左右夹击了,虎式直接向山上冲去。苏军四散逃走,装备遗弃了一地。这就是128高地,虎式准时完成了任务,而且没有任何损失。当第4骑兵旅赶到的时候,一切都已经结束了。

下一个任务是防守莫尔的费尔索多波斯(Felsdobos)。332号虎式的发动机出了问题,被拖回了后方。因为归途不是很安全,3连的1辆虎式一路护送它到博达耶克(Bodayk)。

1月2日:与第4骑兵旅的重装甲营一起发动了一次小规模反击,3辆虎式参与行动。

1月3—4日:战斗群再次来到费尔索多波斯。迪斯特-科贝尔上尉和第4骑兵旅的指挥官霍斯特将军视察了部队。下午,我们奉命退守莫尔。晚上准备夜袭普斯陶瓦姆。现在只剩2辆虎式可以行动,本来还能行动的第3辆虎式刚出发就抛锚了。重装甲营也只有3辆坦克和一些装甲运兵车及装载的掷弹兵。在行军10公里后,穿过韦特斯山,到达普斯陶瓦姆城外,这完全出乎苏军意料之外,战斗很快结束。掷弹兵们和虎式配合得非常好,将苏军杀得片甲不留。最后不仅抓获了大量战俘,还缴获了数量不菲的武器、车辆和11门反坦克炮,返回莫尔。在那里虎式收到新的指示,一辆一辆返回设在巴空尼索姆巴特勒(Bakonyszombathely)的维修站接受整修,主要是齿轮和履带的更换。

1月5日:第503重装甲营被改名为统帅堂重装甲营,但我们仍然愿意称呼自己是"503"!1连的鲁贝尔少尉被调往3连担任二排排长。

1月6日:本营仍旧从属第4骑兵旅作战,直接听命于普雷腾贝格伯爵。虎式在晚上转移到包科尼切尔涅(Bakonycsernye),准备在7日对扎莫利发动进攻。

现在局势是怎样的呢?

"1月2日,德军两个军从科马罗姆(Komorn)出发前往解救布达佩斯,这个城市已经被围困了14天。1月5日,在经过一番苦战之后,先锋部队到达了

布达佩斯以西25公里处。但对方新的增援挡住了德军继续前进的步伐，最高统帅部决定重新组织进攻，将重点放到了多瑙河南部。

"第1骑兵军（由第1装甲师、第23装甲师和第4骑兵旅构成）奉命朝扎莫利进攻。进攻方向将向东移动，并把重点放在左翼。第1装甲师会对赛克什白堡发动规模有限的进攻，而第4骑兵旅从所雷多（Sréd）以东向扎莫利进攻。第23装甲师负责保护第4骑兵旅的右翼，并朝东南和东面发动配合作战。"（恩斯特·莱本梯希，《第23装甲师战史1941—1945》，第467页）

1月7日：部队到达菲尔瓦祖格。在差不多11点40分，战斗群通过马戈雅拉马斯（Magyaralmás）和阿尔松浦斯塔（Alsopuszta）到达博巴拉（Borbála），准备从这里发起对扎莫利的进攻。部队分为2个战斗群，分为南北两个方向发动攻击。营长亲自率领南面的战斗群，其包括6辆虎式和10辆来自重装甲营的突击炮。天下着大雪，视野受阻得厉害。虎式很快遭遇了对方的反坦克炮，不仅遭受到了正面的火力，更糟的是侧面也有炮弹袭来。

3连的盖特纳上士的虎式侧翼被击穿。很明显，对方有斯大林型重型坦克参战。盖特纳上士被送往后方，但在去野战医院的路上因为流血过多阵亡了。在他死之前，他还顽强地将卡到他伤口里的碎片抠了出来，似乎这伤只是小事一桩。他的死是3连的重大损失。进攻失败了，部队撤回了博巴拉转入防守。天又冷又湿，在坦克里尤为难受，补给直到第二天早晨才送到。南面的战斗群奉命和北面的那个在拉雅（Laja）会合，普雷腾贝格伯爵的指挥部设在那里。

1月8日：这天证明了主动权还是掌握在对方手里。本方的命令前后矛盾，显得有些混乱。7时营长带着所有部队在拉雅按照命令集结完毕。11时得到命令撤往博巴拉，坦克隆隆驶去。当部队刚到达那里，新的命令也跟来了：立刻返回拉雅。同时得到情报称有60辆苏军坦克出现在拉雅附近，但除了不时有炮弹落在拉雅，整体上来说称得上平静。

1月9日：早晨响起了警报。本营立刻需要赶往第23装甲师作战的阿索普斯塔（Alsopuszta）。本营再度分开行动，1连由皮普格拉斯少尉率领，配合第4骑兵旅作战，并在当天的战斗里消灭了7辆苏军坦克，营里其他的部队随同第23装甲师作战，由营长指挥从南面进攻，成功地恢复了原有的防线。战斗开始没多久，拉姆波少尉的虎式就因为炮弹炸膛没法使用，但这辆扛着废炮的虎式依然在队列里充数了2天。

战斗群随即朝东面失去的一座酒庄发起进攻。一支配属给第23装甲师的空军陆战部队跟在坦克后面作战，他们一直畏畏缩缩地远远跟在队列的最后面。

苏联人在村子外挖了一道又深又宽的防坦克壕，坦克很难过去。我们继续

第6章　匈牙利、奥地利和捷克斯洛伐克

进攻，这时感到坦克被猛烈地撞击了一下，后来发现是一枚穿甲弹从右面打进了发动机舱。连里其他的虎式也都中了不少炮弹。最终我们攻上了目标高地，从这里可以很好地用火力覆盖扎莫利。普雷腾贝格伯爵带着他的重装营攻入了扎莫利。在战斗中，普雷腾贝格伯爵受了重伤，而他的副官奥本多夫伯爵也阵亡了。我们站在高地上可以看清楚扎莫利和其后方的所有情景。萨克斯上士的虎式消灭了3架苏军联络机，当时他们正在扎莫利边上的一条野战跑道上尝试起飞逃离。

我们没有时间可以浪费，必须继续进攻。在成功突破后，要扩大口子。我们又击毁了数门反坦克炮，来到了一片陡峭的葡萄地边。虽然看得不是很清楚，但很确定这个陡坡我们过不去，这条方向没路可走了。因此，我们将虎式散开，互相警戒。这时又遭受了一轮由苏军攻击机发动的空袭。

敌人在葡萄园里藏了一些训练有素的SU-152。我们还没找到他们的藏身之处，突然间我们队列最前面的那辆虎式燃起了大火。3名成员立刻毙命，其他人都受到了严重的烧伤。过了半个小时后，又1辆虎式遭受了同样的命运。我们后撤了一点。很明显，苏联人的突击炮在暗处把我们看得很清楚，而把自己隐蔽得非常好。当他们确定目标后，只用1枚炮弹就消灭了我们，然后立刻退到后方躲起来。因此，我们几乎没有机会消灭它。我们在那片开阔地也没什么地方好躲，但我们必须坚守在那里，这是保护扎莫利侧翼的必争之地。尽管我们开着虎式忽前忽后，忽左忽右，但也改变不了虎式在开阔地无处藏身的可悲现实。

差不多又过了半个小时，第3辆虎式，我左边的那辆也被击毁了，乘员组一个也没能逃出来。我们还是没能发现苏军的突击炮藏在哪里。我想我的这辆应该就是下一个受害者了，苏军很有耐心地一个一个敲掉我们，从左到右。我发狂地通过观察镜在四处查看，真是如同噩梦一般。天慢慢地变黑了，我是多么渴望夜晚的到来。我正走神时，突然发现一道火光直奔我的虎式而来，紧接着就发生了爆炸。我们在坦克里被震得东倒西歪，车里一刹那如同白昼，这就是我的第一印象。坦克被击穿了！弃车！我们全部逃了出来，只有驾驶员受了伤。夜幕终于保护我们免受更多的损失，而此时只剩下了2辆虎式。我们立马回到了指挥车上。之后我和一名乘员拿着冲锋枪回去查看我们被击毁的坦克，看来可以回收它，我们准备好缆绳。要被牵引，首先要回坦克将发动机和传动轴之间的连接松开。当战友去完成这一步骤时，我站在外面拿着冲锋枪望风，但实际上能有什么用呢，主要还是给自己壮壮胆吧。

在苏联人的鼻子底下，我们成功地用1辆从1连借来的虎式把受损的虎式拖

走。我们运气真好，虎式的一大块装甲板被生生地撕裂开，而只有一个人受伤。

冯·罗森中尉的描述：

"苏联人躲在战壕里，前面堆着挖战壕时刨出来的土。在那道战壕后面是一座隆起的葡萄园，这意味着他们如果撤退肯定会被我们发现。尽管情况对他们来说抵抗已经没有意义了，但看不出来丝毫他们要放弃的迹象。我们直接压了上去，掩护步兵前进来解决问题。苏联人对我们的回应是手榴弹和反坦克枪火力。他们瞄准坦克的观察窗打。我们的步兵没有及时跟上来，还趴在后面不敢前进。尽管他们躲在坦克后面还是损失惨重。这时候我看到冯·迪斯特-科贝尔上尉爬出坦克，右臂指着苏军战壕，让步兵和他一起冲锋。当时就像是油画里表现古代战场常用的那种情景！我激动得难以呼吸。我们火力全开给他提供掩护，但步兵们还是没有跟上来。他就那么一个人冲到了前面，发现情况不对，赶紧躲到坦克后面来。他最终拉上了几名勇敢的步兵跑了回来，带着一挺机枪消灭了战壕里的苏军。

"当我回想这场战斗时，总有一幅画面闪现在我眼前：一个高大的苏联人，应该是一名军官或者政委，满身是血。他直直地站在战壕里，朝着我们愤怒地吼着，咒骂，最后倒下了。你对这样的勇士总是会充满敬意的。

"战壕里躺着很多尸体，最后俘虏了大约300人。虎式集结在村里，对方的抵抗停止了。在步兵重新进入他们先前放弃的阵地后，我们返回阿索普斯塔进行补给。雪依然下得很大，晚上就睡在了坦克里，好冷啊。我们用喷灯取暖，结果每个人早上醒来的时候发现脸都被熏黑了。"

1945年1月10日：本来计划在午夜对扎莫利展开另外一场进攻，但最后被推迟到第二天。

1月11日：冯·罗森中尉的报告："这是一个霜冻天。在6时我们出发了。经过短暂准备后，战斗于6时40分打响。整个营现在有13辆虎式可用，我搭乘左翼3连的坦克。在一轮榴弹发射器的齐射后，我们攻破了对方阵地。我指挥着第一辆虎式，率先冲过扎莫利—赛克什白堡公路，随后需要做一个90度转弯。我的左翼失去了防护，而那侧有10—12门火炮，所幸苏联人已经逃得没影了。

早上出发时的13辆虎式到了晚上只剩下了3辆，121号和122号虎式全毁。库卡拉上士、霍普纳下士、沃辛代理下士和1连的瓦尔特代理下士以及其他2名士兵阵亡。其他的坦克里有些受的损害比较严重，能就近修理的赶紧抢修，不行的就送回后方大修。海尔莱因少尉在牵引坦克的作业中受了伤。这天真是损失惨重。在损益表的另外一边战果也很显著：成功收复扎莫利。虎式坦克起到

第6章　匈牙利、奥地利和捷克斯洛伐克

了莫大的作用，战斗中一共击毁敌方21辆坦克和突击炮、20门反坦克炮、3架飞机和1门多管火箭炮。我们再一次退回阿索普斯塔。

1月12日：早晨，我和指挥官一起开车回到位于博道伊克的营部。我被正式任命为连长，之前我只是代理该职。福林格少尉在阿索普斯塔又修复了5辆虎式，其他部队继续转移到了马戈雅拉马斯（Magyaralmás）。我被派到补给火车那边去了8天，在那里碰到了后方过来的埃希上尉。（以上摘自冯·罗森男爵写于1946年的回忆录）

1月13—17日：在苏尔的修理连全力以赴地抢修受损的坦克。福林格少尉依然和他的战斗群待在马戈雅拉马斯。

准备在1月18日朝赛克什白堡发动攻击。

我们营被指派给第23装甲师的第23装甲团，进攻的主力部队会绕过赛克什白堡向更南面包抄。

1月18日：6时45分，8辆虎式和第23装甲团进入战斗，从马吉特发动的战斗由营长指挥。战斗刚开始，领头的虎式就一头撞入了雷区，而且周围布满了反坦克炮。坦克停下来开始压制对方的反坦克火力，工兵则加紧排雷。在153高地以西，坦克只有一条泥泞的河床处可以用作通道，而对方的火力点无处不在。战斗中消灭了7辆对方坦克和10门反坦克炮，但对方的重炮和反坦克火力也让本方受损不小。一辆接一辆的，4辆虎式失去了战斗力，必须赶快把它们运往后方。营长的座车也被命中一炮，导致主炮故障无法继续战斗。快到傍晚时，对方发动了数波反扑，都被我们打退。

最终我们营退回了马戈雅拉马斯，留2辆虎式在前线支援步兵继续战斗。

1月19—21日：本营继续留在马戈雅拉马斯，修理战损和机械故障。冯·罗森接替了冯·埃希上尉的职位。

1月22日：第1装甲师出动攻击赛克什白堡，本营配合第23装甲团前出到该城的东面切断对方的退路。11时，本营的9辆虎式和几辆黑豹以及Ⅳ号坦克到达萨尔科齐（Sárkeresztes），随后夺回了古拉村（Gyulamajor）。对方反坦克火力很猛，之后继续朝南前进。

冯·罗森中尉这样写道："我们现在已经突破了苏军的防线，不会遭到太强的抵抗。我们沿着一条凹地前进，突然我们看到了数百名正在撤退的苏军步兵，之前由于旁边小树林的遮掩都没看到他们。我们立刻开始扫射这群后撤的步兵。就在此时7辆突击炮出现在我们眼前，他们完全没有想到会遭遇我们，完全搞不清楚状况。发射——命中！发射——命中！转眼间7辆突击炮都变成了燃烧的火球。

"我们到达了赛克什白堡至塞拉（Csala）的公路。由于大部分虎式都用光了弹药，而且一半虎式都受了损伤，我们决定在天黑前暂停行动。补给直到午夜才送了上来。不佳的道路状况和猛烈的苏军炮火使得我们行动不便。现在只剩下5辆虎式还有战斗力，营长把指挥权交给我。这是记忆里那个冬季最冷的一个晚上，我们在坦克里也被冻僵了，根本没办法睡着。

"1月23日：破晓后我们继续朝塞拉进发。前3—4公里很顺利，然后我们碰到了一个防护严密的匈牙利农场。我们被炮弹命中了好多次，在正面没有办法接近它。我们稍稍后撤了一点，绕到了它的侧面。当我们击毁4辆坦克后，苏军开始溃退。在占领普斯陶时，我不多的几辆虎式里又有2辆踩到了地雷。我没有了继续进攻的实力，而同时对方的防守变得越来越强大，看到对方有5门斯大林管风琴以及数门火炮。我们最后成功地在普斯陶建立了防线。在这里日子不好过，除了对方火炮的不停倾泻炮弹外，他们的攻击机也非常的活跃，4—5架组成一个编队，朝我们扔下很多小炸弹。幸运的是他们的准头不够，大部分炸弹都扔到了离我们50米外的空地上。当晚匈牙利军的坦克和步兵上来替换了我们，我们随后返回了赛克什白堡，美美睡了一觉。"（摘自冯·罗森男爵写于1946年的回忆录）

1月24日：本营被划拨给第4骑兵旅指挥，转移至马戈雅拉马斯，计划明天再度在扎莫利地区发动进攻。

1月25日：我们营现在只拿得出由几辆虎式拼凑起来的小战斗群，由拜尔少尉指挥。战斗直到虎式的加入才有了进展。2辆虎式在战斗中受损于炮火和地雷，其中由鲁贝尔少尉指挥的那辆两侧履带都在雷区中损毁了。最后那晚在暴雪的掩护下，全部能用的虎式一起出动才把受损的这辆拖了出来。战斗群在晚上返回了扎莫利。

1月26日：本营转移到博巴拉，准备从那里发起一场小规模进攻。现在只有3辆虎式和几辆匈牙利陆军的Ⅳ号坦克还能作战，这支小战斗群一开始进展还不错，但本该协同作战的匈牙利步兵并没有跟上去。在遭遇到对方强大的坦克和反坦克火力打击后，虎式撤退了，部队转移到马戈雅拉马斯。大雪转成了雨，把路面变得泥泞湿滑。晚些时候，暴雪再度降临。

1月27日：今天没有任务，其实是没有坦克可以用了。

1月28—29日：本营仍然归属第4骑兵旅指挥，设在菲尔瓦祖格的修理厂又修复了5辆虎式。

1月30日：营部转移到伊斯考圣捷尔吉（Iszkaszentgyörgy）。战斗部队前往萨尔科齐，去和在那里的第4骑兵旅的重装营会合。实力恢复到9辆虎式。

第6章　匈牙利、奥地利和捷克斯洛伐克

1月31日：在萨尔科齐的日子很难熬，苏军的炮火就没停过。他们可以做到全线施压，一下子取得数个突破口。第4骑兵旅命令我们和重装营联合发起反击，夺回古拉村。松塔克（Sonntag）上尉现在代理重装营的指挥官，而整个战斗群由冯·迪斯特-科贝尔上尉指挥，从萨尔科齐东面的酒庄出发向南。进攻开始很顺利，和以往一样，很快就陷入了火炮和迫击炮的弹雨中。随后坦克炮和反坦克炮的炮弹也加入了合唱，根本无法从正面接近古拉村。营长指挥4辆虎王对214高地展开进攻，他们从左边发动包抄攻势，那边也遭遇了对方坦克。在被我们击毁几辆后，其他的见势不妙，拔腿就跑。友军占领了苏军阵地，发现这些工事都修筑得非常巧妙。

1辆虎式被炮弹击穿了炮塔，应该是斯大林Ⅱ型干的，2名乘员受了重伤。库珀上尉成功地率领3辆虎式突入了古拉村，但我们的步兵太过脆弱，晚上被迫放弃了该村。

2月1日：库珀少尉带着增援的步兵在夜里重新杀回古拉村，皮普格拉斯少尉和另外2辆虎式在214高地上提供掩护。古拉村终于被我们完全占领了，但是苏军仍然牢牢地控制着该村以东的公路。

第4骑兵旅在早晨用无线电发来新的命令："所有单位立刻朝古拉村以南的166高地进发。"据说在那里出现了苏军的50辆坦克。因为皮普格拉斯少尉需要留在214高地，我们只有4辆虎式可调用。根据命令，营长立刻带上能用的坦克出发。走了没多久，库珀少尉的1辆虎式就断了一根履带，必须要在战火中抢修。另1辆虎式由于发动机温度过高，而不得不掉队了。很快，第3辆虎式又因为踩到了一颗地雷而不能动弹。

这就是那种喝凉水也塞牙的日子。营长带着剩下的坦克继续前往166高地，被迫让皮普格拉斯少尉将他的虎式也带来支援，而这还需要一段时间。在路边的土墙上，冯·迪斯特-科贝尔上尉观察到了苏军有20—25辆坦克。尽管当时只有1辆虎式，但他依然毫不犹豫地发动了进攻。他的座车自然遭到了苏军的群殴，很快就丧失了战斗力，也不能动弹。谢天谢地，这时候皮普格拉斯少尉和他的2辆虎式赶到了。很快消灭了3辆对方坦克，将剩下的朝南赶走了。营长的座车经过抢修，总算可以蹒跚地回去了。皮普格拉斯少尉继续往前搜索，消灭苏军落单的坦克。

后方修好的坦克这时候被送到了前线，但其中的1辆不幸地陷入了泥沼，无法拉出来。当晚上放弃古拉村的时候，只好把它炸毁了。2辆虎式留在前线提供掩护，其他的虎式都被送回萨尔科齐进行维修。值得欣慰的是今天总共消灭了17辆苏军坦克/突击炮。

2月2日：局势没有变化。

2月3日：5辆虎式参与了战斗。福林格少尉参与了由新到来的党卫军第5"维京"装甲师发动的进攻。同时，苏军也对数个地点发动了袭击。古拉村又一次被我们占领。战斗中缴获了5门反坦克炮，虎式在晚上也留在了阵地上。浓重的大雾。

2月4日：苏军装甲部队在凌晨对古拉村展开进攻。福林格少尉的战斗群消灭了8辆苏军坦克，并在村南的一座小山上干掉了另外5门反坦克炮。入夜时，战斗群撤回到萨尔科齐。

2月5—10日：本营没有新的任务。修理连忙得和疯了一样。前线除了对方不停的炮击外，并没有什么变化。大雨加霜冻。

2月9日：部队被撤出火线，不知道下一站是哪里。

赫龙桥头堡的战斗

1945年2月12日：在莫尔把虎式装车准备运走。整个营现在被并入了统帅堂装甲军，因此加入了消灭赫龙桥头堡的战斗，直接归帝国掷弹兵师"最高德意志骑士团"（该师又被译作"最高条顿骑士团"，但因为原文 Hoch- und Deutschmeister 和指最高条顿骑士团的 Hoch- und Teutschmeister 并非同义词，故作不同译法，请读者注意鉴别）指挥。进攻的日子被设在2月17日。

2月13日：第一列火车到达佩贝特（Perbete）开始卸下虎式。本营驻扎在苏茨（Csuz）。因为车皮不够，3连必须要等火车从佩贝特返回莫尔才能被装过来，所以他们直到15号才完成装运。

2月15日：营长带着几位连长穿过库特前去查看作战地形，并和驻守那里的掷弹兵建立联系。前线从库特的北面一直往南延伸到城市的东郊，我们就要在17日从这里发动进攻。随后连长们单独和自己连的车长们介绍了进攻地段的情况并布置了任务，整个过程非常注意保密。

2月16日：从库特城东往北进攻的路线在一条慢慢爬高的山丘上。因为这是易守难攻的地形，苏联人并没想到我们恰恰会挑这条线路。我们发现沿着公路苏军布置了很多防护不错的反坦克阵地以及大量雷区，如何去到高地上确实也是个严峻的问题。营属工兵排会负责给我们开出一条安全的够虎式通过的道路来，但在晚上让虎式爬坡确实也是个危险的活。

2月17日：我们在2点起床，全营于2时30分出动。这时共有22辆虎式可用，每连有6—7辆，营部有2辆，另外还有一些半履带装甲车。部队一路穿过

第6章 匈牙利、奥地利和捷克斯洛伐克

了福尔（Fuer）和库特，乌黑的夜里加上灯光管制让行军格外不容易，尤其是当虎式开始爬工兵抢修的陡峭上山通道时，情况就更危险了，幸运的是没有1辆虎式抛锚。

战斗于4时20分打响。2连在左翼，1连在右翼，3连的几辆虎式在他们后面坐镇中央。虎式们在炮火准备的时候穿过了本方阵地，当虎式冲向苏军阵地时，敌人一下子活过来一般，跟随我们进攻的"最高德意志骑士团"的掷弹兵们遭受了惨重的人员伤亡。皮普格拉斯少尉的座车在穿越过一道对方战壕后，被困在了一个雷区里。营属工兵搭乘着半履带装甲运兵车赶了上来，火速给我们清理出通道。在营长座车"Ⅰ"号虎式右侧的那辆虎式被一枚炮弹命中燃烧起来。这火焰照亮了战场，将我们的位置暴露给苏军，成为绝好的靶子。

掷弹兵们聚集在虎式的后面，营长命令他们继续前进。当他的座车越过第二道苏军战壕时，炮塔挨了一炮。当时营长是开着座舱盖的（这也是夜晚作战迫于视野问题而不得不做的危险举动），结果他脑袋被碎片击中，受了重伤。他用无线电通知由海尔莱因少尉接替他指挥，然后就被半履带装甲运兵车赶紧送到后方治疗去了。就在营长受伤的时候，虎式冲入了一个苏军的重炮阵地，很快就将他们撕成了碎片。这彻底击溃了苏军的抵抗意志。魏冈上尉从塔多斯柯德（Tardoskedd）赶过来担任我们的临时营长。

2月18日：冯·罗森中尉记录道：因为3连的主力还没到达佩贝特，所以我没有参加17日的进攻。我在2月18日聚齐了所有能战斗的虎式。当天亮后，我们全营沿着铁路朝克斯—乌法鲁的方向进攻。经过3小时后，我们突破了由反坦克炮和坦克构成的阵地，夺取了村庄。本方的重炮提供了很好的支援，因为他们的前沿观察员就作为我坦克里的第6名乘员一起行动。我们穿过由本方炮兵轰击造成的浓烟后，很快就将苏联人驱散。

苏军在赫龙桥头堡的防守开始动摇。在肃清村里顽抗的零星苏军后，我们继续朝苏军防守的纵深前进。忽然间，我们遭遇了一个苏军匆忙布置的雷区，很多地雷直接放在地面上。

为了不浪费时间，我下了车开始清理坦克通道。1943年在托罗科诺耶，鲍曼军士长给我们培训过如何排除木盒地雷。

我花了1个半小时排除了50枚地雷，之后部队顺利通过了雷区，没有受到任何损失。当我们攻克下一个目标时，只遇到了轻微的抵抗。

这时候我们已经深深锲入了苏军阵地。师部传来新的命令。当我们读到电文时，都认为命令发错了，因此和师部重新确认，结果命令无误。好吧，新下达的目标距离我们足足有20公里远，而此刻天已经黑了。

我们继续进攻。旷野里对方坦克一次次在我们面前出没。模式一成不变的是经过几轮交火，击毁对方坦克，我们则继续前进。最困难的事情是在漆黑的夜晚如何保证我们的前进方向没错。

就这样，我们到午夜时走到了一片难以前进的沼泽地前。

距离我们左侧远处闪起了白色的烟火讯号："自己人"，这时也听到了熟悉的德军坦克所特有的轰鸣声。

又过了差不多一个小时，我们两支部队会合到了一起。那是党卫军第1"阿道夫·希特勒警卫旗队"装甲师，他们是从北面以40—50辆坦克发起进攻的。我们和他们一起行进了一段路，然后根据师部的命令停了下来，抵达目茨拉。

2月19日：魏冈上尉出发去师部进行汇报。我在虎式边上等待补给送上来，最后他们在凌晨4时到了。一起来的还有大家渴望很久的野战餐车，食物已经是冷的了，但起码咖啡还是热的。

7时，我驾驶坦克前往格贝尔采（Kblkút）。魏冈上尉已经在那里等我们了，他手里拿到了最新的命令。我们奉命去占领2个村子，但苏联人似乎得到了虎式要来的消息，在我们到之前就跑了，所以这个任务没怎么花力气就完成了。

我们本来希望可以趁机休息一下，但无线电又送来了新的命令。新的作战地区是一片丘陵地，这对我们这些已经48个小时没合眼的人来说确实是很大的折磨。

早晨美丽的初春阳光对我们也算是个补偿吧。到了晚上我们得到了新的目标，立刻对克蒙德（Kemend）发动进攻，因此又是一个无眠之夜等着我们。作战地形很不利，很多深沟不容易越过，尤其是在黑夜中，你还得提防随时可能出现的苏军，这绝对不是个轻松活。

我们穿过了被苏军废弃的阵地，一切看起来都很奇怪。在越过一道难以跨越的深沟后，我们来到了一片广阔的、有点坡度的高地上。

我们只能猜测进攻会从哪个方向打响，前进的速度快不起来。这很明白，天亮后的战斗才是真正考验我们的时候。如果可以在晚上到达克蒙德，那它已经落到我们手里了。白天苏军从赫龙的岸堤上可以一目了然地观察到周围的动静。

这天白天没有任何补给送到我们手上，进攻还在继续，但苏联人不寻常的沉寂让人心里不禁发毛。

忽然间我们压上了地雷：右面、左面、前面都是地雷。有些虎式已经走到了雷区中，搞不清楚雷区范围有多大，但数千枚地雷总是有的。我们开始尝试

第6章 匈牙利、奥地利和捷克斯洛伐克

排雷。这些雷都埋藏得非常狡猾,而且由于地冻,排雷很不容易。我们放慢前进的速度,但很快又有人触雷了。当乘员下车修复履带时,又有地雷被触发。

真是噩梦般的处境,肯定要发生些什么了。既然我们不能穿越雷区,那只能撤退了。天开始亮了起来。

2月20日:我们又撤到之前越过的那道深沟前。天亮后,苏联人从容地掐住了我们的脖子。他们用坦克狂热地发动攻击,但我们应对这种程度的进攻还是绰绰有余的。在到了正午的时候,战斗缓和了下来。魏冈上尉返回指挥部,我留了2辆虎式警戒,其他的后撤2公里去休息一下。

每2个小时换一批虎式去执勤。我躺在坦克发动机舱盖上享受着温暖的阳光,很快就睡着了。没过多久对方的炮弹落到了我们附近,我的左手肘被弹片划中。我当时还半梦半醒,直到卫生兵来给我包扎,才弄明白是怎么回事。随后吩咐库珀少尉接替我指挥,我乘坐半履带装甲车回到了位于格贝尔采的指挥部。布瑞医生给我做了治疗。我和我的士兵做了告别:"我几个月后会回来的!"

3个月后,战争结束了。

弗洛姆上尉的作战总结：1944.11.25

第503装甲营 营部，1944年11月25日
Ia 371/44，保密

作战总结

本营于1944年9月开始被运往匈牙利，目的是充实德军在布达佩斯地区的实力。匈牙利的政治危机导致本营在10月16日参与了占领布达佩斯城堡山的行动，虽然举动本身更多是象征意义，但取得了很显著的成功。

蒂萨河东岸和德布勒森的紧张局势需要立刻采取行动。装甲部队由火车运输到索尔诺克地区，但是因为缺乏铁路平板车，需要现有的车厢来回运输几次，部队没有能在目的地全部及时集结完毕。到达的部队直接从卸车点开往战场，并于几小时后开始进攻。第二天才到达的部队组成了一个战斗群，由另一个师指挥作战，因此本营分属两师配合行动。在成功地突入对方后方后，本营重新恢复完整建制。

两个战斗群都取得了巨大的成就，从1944年10月19—23日，共击毁120门反坦克炮和19门火炮。顽强的对方（惩戒营）被我们强大的攻势严重地削弱，其后方的运输包括数个补给纵队以及1辆运输火车被击毁。根据我们的分析，这引起的巨大混乱最终导致苏军第6集团军撤出德布勒森地区。在整个行动的250公里跨幅里，部队没有遇到严重的机械故障。虎Ⅱ无论从装甲，还是从机械表现来看均极为出色。一辆虎式被命中20枚炮弹后依然能够开动的不是个别现象。

后续行动规模均不大，主要是配合薄弱的友军步兵在索尔诺克东北地区反击尝试渡过蒂萨河的苏军。这些行动都取得了成功，只要有虎式参与的战斗，都能打消苏军继续作战的企图。

从那之后到现在，本营没有一点时间做装备维护，被不断要求参加新的战斗。部分因为局势紧张，但另外部分原因是指挥层对使用虎式的理解不够准

第6章 匈牙利、奥地利和捷克斯洛伐克

确。他们永远只有2个问题："有多少辆虎式可以使用？"和"有多少辆虎式可以明天使用？"尽管如此，直到10月30日为止，本营维持平均25—30辆虎式战备状态。

10月31日，本营转移到凯奇凯梅特地区，隶属第57装甲军。该军的任务是阻止苏军继续朝布达佩斯进攻。由于作战地域主要是沼泽地，非常不适合装甲部队的使用，我们很快就遭遇了损失。在这样的地形上，坦克的主动轮、履带板、履带的松紧调节器和通风管特别容易损坏。没过几天，营里大部分虎式就由于缺乏配件而无法使用。尽管我们准时申请了配件，但却没能及时提供，或者根本没有提供。

由于缺乏足够的牵引车，面对在前线损坏的虎式我们只能采取爆破或者用别的虎式将受损的拖回来。这样的行动对本来完好的虎式会造成很大的负荷，导致更频繁的机械故障出现，最后幸亏及时找到了火车将虎式运离了那里，从而避免了更多无谓的损失。

剩下不多的还能使用的虎式被过于频繁地指派给不同的师去执行一些不合适的行动，这些行动大多缺乏完善的计划并带来不良的结果（参看下一篇欧姆勒中尉的作战报告）。

从11月18日起，本营参与了在珍珠市附近的作战行动，恶劣的天气使得我们的行动无法离开公路。由于机械化步兵和轻步兵团的脆弱，虎式和自行高炮必须要在没有掩护的情况下在前线单独作战。很多战斗都是在漆黑的夜晚由软弱的步兵配合执行，比如有一个晚上虎式和120名伤兵归队者，以及一个半履带装甲营（只有40人）被派去进攻一个由反坦克炮和步兵防守严密的城市。这种战斗只有当掷弹兵们冲在坦克前面和边上时才有可能取胜，他们必须要帮我们消灭对方的反坦克炮，清理掉门窗后面躲着的步兵，这些目标不是单凭坦克自己就可以解决掉的。而实际情况是那些步兵一遇到抵抗就退缩，把虎式孤零零地留给对方反坦克手或者小组接近消灭。

经验表明，苏军在步兵线后面会布置强大的反坦克火力网。所幸美制92毫米炮和圆锥炮（从75毫米到57毫米）威力不大，到现在为止只造成了2辆虎式全毁，这些武器在600米内可以击穿炮盾。如果击穿炮塔后部，会容易引起存放在那里的弹药殉爆，从而导致虎式全毁。

在坦克战中，KwK43型88毫米炮被证明对付对方各种坦克均非常有效，包括在1 500米距离上对斯大林式坦克也有优势，在良好情况下更是可以在3 000米距离上击毁T-34和T-43。如同西方盟国一样，T-34坦克尽量避免和虎式交战，一旦第1辆坦克被击毁，后面的会掉头就跑。突击炮的情况和斯大林式差

不多，基本上需要在1 500米距离内击毁。

总的来说，虎Ⅱ在实战中证明了自己，并成为对方的梦魇。当虎式有合理的部队支持，配合正确的战术就可以取得很大的胜利，但是大部分高层指挥官并没有费心考虑虎式营的技术和战术特点。

装甲防空排

在装甲防空排里，4联装高射炮被证明是最有效的。无论是从装甲防护还是越野能力来说，它们都可以很称职地完成对空防御的任务，并且在对地攻击中也能扮演主动的角色。在很短的时间里，4联装高炮小队就取得了3个确认战果，并且有另外2个待确认。37毫米高炮并不适合伴随坦克进攻。当高炮在发射状态时，其乘员组会没有任何防护，而且将从行军状态改到作战状态所需的时间也太长了。另外，在整个匈牙利行动期间，37毫米高爆弹并没有送达部队。

战斗侦察排

战斗侦察排并没有投入使用过，因为他们刚刚从德国赶来。我们唯一期望的就是能赶快使用上他们装备中波无线电设备的半履带装甲车，因为我们的指挥型虎式损毁了。

侦察排和战斗工兵排

侦察排圆满地完成了交给他们的各项任务。半履带摩托车可以完全适应恶劣的地形。战斗工兵排主要执行搭建跨越深沟的临时桥梁、加固桥梁以及维修公路的任务。

通信排

第2部Fu2型接收机是完全必要的。当和别的单位联系时，超短波信号完全占满了Fu5型的频率，而用同样的频率保持和上级以及下属作战单位的联系是非常必要的。

车辆上装备的GG400型电台整体表现不佳，经常需要修理，C型电台则更受欢迎。

而B型中波电台要比C型更方便使用，因为B型可以同时使用车载电池或

第6章 匈牙利、奥地利和捷克斯洛伐克

者2b 38型干电池,这样可以确保有可靠的电源。

弗洛姆
上尉&营长

德军的重要坦克

Ⅵ型坦克：75毫米火炮;2挺机枪;重24吨;长5.9米。
请注意它有8个路轮,其指挥塔为圆柱形突出于炮塔,装备有炮口制退器,长身管火炮。

虎式坦克：88毫米火炮;2挺机枪;重57吨,长8.3米。
虎Ⅰ为盒式车身,装甲垂直布置,请注意其每边有4个巨大的路轮在外侧。宽大的履带和长长的炮管很好识别。本图展示的是虎Ⅱ,外形更为流畅,有5个外侧路轮。

豹式坦克：75毫米火炮,炮身比Ⅳ型坦克还要长;2挺机枪;重44吨,长8.6米。
豹式坦克外形优美,炮塔和车身都有倾斜角度。有4个外侧路轮,和虎式一样长,但轻许多。

一张关于德军主要坦克的明信片,其中虎式坦克用的是虎王的图像。

在前往布达佩斯途中，大家在秋日中享受午餐。左起：贝尔格上士、里希特连军士长、哈格麦斯特少尉（侦察排排长）。

同样的场面里。左起：不知名的一名上士、贝尔格上士、布兰特中尉、里希特连军士长。

虎王在运往匈牙利途中的照片。

第6章 匈牙利、奥地利和捷克斯洛伐克

313号和314号虎式在城堡山下，履带压在了有轨电车的轨道上。

1944年10月14日虎王进入布达佩斯。

虎式在通过一座宽阔的横跨多瑙河的桥梁，这里是一个需要守卫的要扼。照片摄于1944年10月14日。

503重装甲营战史

1944年10月，313号和314号虎式在城堡山下。

从314号虎式长长的炮管下可以看到前面的313号虎式的炮塔后盖。右边是一战纪念碑。市民用复杂的感情看着我们。

1944年10月16日，虎式通过布达佩斯宽阔的街道开回火车东站。

第6章 匈牙利、奥地利和捷克斯洛伐克

波尔岑上等兵正将炮衣从炮口拆掉。

从这张照片可以看到虎王的很多细节特征。在炮管下，无线电员舱盖边上的线是无线电员喉头麦克风的开关。

233号虎式矗立在布达佩斯街头一角。1944年10月的这天浓雾笼罩了城市，虎式凶悍的压迫感使得战斗没有打响。

这张照片很好地表现了233号虎式的侧面，装填手正在关上舱盖。

第6章 匈牙利、奥地利和捷克斯洛伐克

匈牙利的箭十字军士兵拖着一门轻火炮在行进。部分匈牙利人还戴着一战样式的钢盔。在画面中央的是234号虎式,在左侧房屋边则可以看到匈牙利军装备40毫米博福斯炮的防空炮车。

执政霍尔蒂海军上将曾是德国忠实的同盟者,但随着局势对匈牙利日渐不利,他的态度也转变了。霍尔蒂希望可以和苏联单独媾和,因此德军迅速介入,将他逮捕软禁起来。当然他标志性的白马还可以陪伴他。

霍尔蒂卫队的指挥官正在迎接对德友好的新政府首脑萨拉希。背景是233号虎式。

503重装甲营战史

匈牙利的箭十字军走过234号虎式，他们仍然忠于德匈同盟。这时谁也没想到美丽的布达佩斯会在之后几周开始的围城战中几乎被完全摧毁。

1944年10月15—16日，一名匈牙利箭十字士兵和一名党卫军士兵在231号虎式前交谈着。

一名年轻的党卫军士兵站在234号虎式前。一些匈牙利市民在阳台上看着发生的一切。

第6章　匈牙利、奥地利和捷克斯洛伐克

这场政变行动由斯科尔兹内一手策划。当200号虎式撞破城堡山围墙的时候，他正站在炮塔上。

图中打×标记的即是斯科尔兹内，他身边的是200号虎式的车长威利·那赫施德特以及驾驶员阿尔弗雷德·库茨毛尔。该连连长冯·埃希-施特赖贝上尉因为正在参与谈判，没有出现在画面中。

欧姆勒中尉的作战报告　1944年11月15日
战斗组组长　1944年11月15日
1连，503装甲营
欧姆勒中尉

欧姆勒战斗组协同第13装甲师作战情况报告：1944.11.11—11.13

1944年11月11日，战斗组收到第13装甲师由一名营里军官带来的命令，前往圣马尔陶劳斯（Szentmartlos）。我们战斗组归昆策尔（Kuenzel）装甲战斗群指挥。虎式战斗组于15时30分到达塔皮欧圣马尔特罗斯（Tápiószentmártlos），随后前往团部向弗隆德赛克上尉报到。师部在15时30分下达了新的命令："战斗群划归赛德尔掷弹兵营指挥。"要执行的任务是配合该营的2个步兵连占领福尔莫什（Farmos）的108高地，其1连乘坐装甲运兵车从大卡陶（Nagykata）前来福尔莫什。战斗群和刚奉命赶到福尔莫什的格律恩（Gruen）战斗群一起从该地出发，并于塔皮欧赛莱（Tápiószele）以南集结。

我们等到那些步兵到来后，立马准备行动。第46步兵师师长告诉战斗群指挥官沿途道路情况良好，可以适应虎式的需要。但是实际上由于沿途的桥梁不足以承受虎式的重量，并且路面过于松软，虎式只得沿着东南方向2公里外的一条平行道路前进，而不能和其他单位一起行动。虎式要之后再转向与他们在目的地会合。

战斗群指挥官于17时30分时驾驶指挥车与赛德尔上尉和格律恩上尉到达福尔莫什。当时天已经完全黑了，而赛德尔掷弹兵营和虎式都没有赶到，塔皮欧赛莱已被对方占据，考虑到战场路面糟糕到连装甲车也不太合适使用，赛德尔上尉决定暂缓进攻。

因为虎式无法按照师部计划的路线前进，福林格少尉立刻回到塔皮欧比奇凯（Tápióbicske）向师部进行情况汇报，并希望师部可以同意虎式借道大卡陶前进。这时师部对整个战斗群的情况不是很明了，因此命令虎式暂缓行动，之后在请示了军部后，同意虎式先前往大卡陶。军部决定从11月12日4时30分开

第6章　匈牙利、奥地利和捷克斯洛伐克

始，虎式和格律恩战斗群（装甲掷弹兵营）作为军预备队驻扎在大卡陶。

随即福林格少尉将最新的命令带给格律恩战斗群，带着虎式回到塔皮欧比奇凯进行加油。部队于12日到达大卡陶，担任军预备队。

12时30分，第23装甲团由传令兵送来了新的命令，虎式战斗组划归第23装甲团指挥，立刻由亚斯贝雷尼（Jászberény）前往雅克哈马（Jakohalma）。虎式战斗组的指挥官立刻前往第13装甲师听取情况介绍。该师又给了一道新的命令：虎式战斗组和第23装甲师的一个战斗群配合格律恩装甲掷弹兵营负责清除大卡陶—亚斯贝雷尼公路沿线的对方，在穿越亚斯贝雷尼后，与第23装甲师会合。我们这才知道由于对方控制了这条公路，先前那道命令根本无法执行了。

虎式战斗组于14时朝亚斯贝雷尼进发，第一个目标是该城西南2公里处的一个十字路口。在距离该地800米时，虎式碰到了苏军步坦协同的进攻。战斗中虎式击毁了1门突击炮和3辆坦克。我们这时无法继续前进，因为格律恩战斗群的右翼受到攻击，已经落在了我们后面5公里的地方。在森林地带，只有虎式孤军突进可不是个好主意。另外由于周围的地面非常泥泞，虎式难以离开公路作战。尽管该党卫军营有重武器的支援，但是由于对方借助低矮灌木丛的掩护，不断抵近进攻，他们还是没法抵挡住。最后迫于无奈，在炸毁设在林中的弹药库后，该营撤退了。

16时，该营命令虎式一并撤往后方6公里处的营部。

19时，战斗组指挥官和第13装甲师师长取得联系。19时40分，第13装甲师通过电话下达了如下命令：

3辆虎式重新穿过树林前往那个十字路口，占据距离那800米的阵地。另外3辆虎式跟在前3辆虎式后方2公里处，守在森林的出口，防止苏军的渗透。剩下的2辆虎式则整晚需要在把守的这2个地点之间来回巡逻，确保没有被对方分割。每个坦克阵地配备15名步兵协助防守。

虎式战斗组指挥官随即表达了他的担忧：

（1）树林，尤其是其东部已被对方占据。就算在白天，虎式也难以在没有强大步兵支援的情况下穿过树林。

（2）作战地域太过泥泞，虎式无法离开公路作战（尤其在夜间）。

（3）由于树木过于茂密，虎式在公路上甚至都不能把炮管自由地转向，更不要说整车转向了。更不利的是，一旦1辆虎式被击毁，其他的无法越过它。

（4）虎式不应该在夜间离开德军主防线5公里，并在不利地形下作战。

（5）在前一晚的强行军后，现在实际上只有6辆虎式还完好，另外1辆状况不佳。

尽管有这些反对的意见，师长仍然坚持命令必须被执行，唯一的变化就是由2辆装甲车取代虎式进行两个坦克阵地间的巡逻。

当步兵从阵地中被抽调出来和虎式会合后，第一批3辆虎式于22点首先出发。这一组由福林格少尉指挥，包括2名下士、12名士兵和2辆装甲车。因为另一波步兵没有到位，第二批虎式出发的时间被延后了。第一批虎式搭载着步兵（每辆虎式搭载4—5人）在漆黑的夜里前进，天下着大雨，视野几乎为零。

他们到达了白天停留位置再往前200米的位置，随即指挥官派了坐在他车上的2名步兵继续往前查看情况。往前仅仅走了10米的样子就遭到了来自四面八方的火力袭击。虎式立马聚拢，互相掩护。对方很有耐心地渗透到虎式的侧面。有几次苏军的反坦克小组差点得手了。如果白天都不能阻止苏军渗透的话，晚上怎么能做到呢？现在也就是对方还没摸透战斗组的实力，不然早就可以包围歼灭了。

2辆装甲车很快就被打掉了1辆。而第二批虎式在到达他们预设阵地3公里的地方就遇到了麻烦，带头的虎式履带断裂了，之前说过路面很狭窄，后面的2辆虎式也被困在那里无法前进。

由于对方施加的压力逐渐加大，第一组虎式慢慢后撤了400米。对方的坦克开始从南面接近（很明显，即使是T-34也不容易穿过这些林间道）。装甲车首先后撤探查退路是否还通畅，由于火力的封锁，它也无法再开回来。

格律恩上尉和虎式指挥官一直通过无线电保持联系。在23时，虎式指挥官在格律恩的指挥所向第13装甲师报告了现在的情况。他询问虎式是否还有必要在目前的态势下继续死守阵地。苏军现在随时可能切断虎式的补给线，并在公路上埋下地雷。最终之前的命令没有被撤销。

3小时后格律恩上尉收到命令，2个虎式小组会合后在当晚突破对方阻截，前往亚斯贝雷尼。整个营在5点和第二波3辆虎式一起前进。在2组坦克合并后，一辆虎式只前进了150米就击毁了5门76.2毫米反坦克炮。在继续突进了200米后，战斗群碰到了对方的防守核心带。比勒菲尔德少尉被一门反坦克枪近距离击中阵亡，当时他正试图从左侧空旷地带包抄对方反坦克阵地。德军的铁拳反坦克火箭筒，黏性炸药和其他近战用反坦克武器散落在苏军沿着公路两边设立的阵地里，到处都是。

一名拿着铁拳的苏军步兵在离虎式20米的地方被击毙，差点就被他偷袭虎式侧面得手。

步兵没能跟上虎式的速度，周围的苏军火力压迫得他们往公路的左侧退去，虎式只得被迫后撤。苏联人顽强的反击迫使战斗群在这里转为防守。

第6章　匈牙利、奥地利和捷克斯洛伐克

战斗群指挥官建议部队绕行到北面，和第23装甲师会师。13时获准执行该计划。15时战斗群到达第40党卫军步兵团第2营指挥部，并与苏军脱离接触。虎式随即从北面向十字路口前进，他们在大卡陶—亚斯贝雷尼公路以南的地方转向西面，按照命令进行警戒。在入夜后，虎式开始返回格律恩的指挥部，但晚上所有的虎式都在路上被困住了，拖救的工作进行了一夜。

由于完全不合理的使用，4辆虎式无法动弹，不是履带被损毁，就是主动轮或者传动轴坏了。和该师的合作也很糟糕。不客气地说，他们对使用虎式的一些基本原则一无所知。因为隶属关系和命令不停地被改变，补给都无法及时送上来。当我们的无线电车坏了的时候，该师的军需官拒绝临时借给我们车辆带领补给车队到前线，并表示："如何将汽油运到前线是你们的事，我不管你们汽油的运输！"当11月13日进攻陷入停滞时，该师指挥官告诉格律恩上尉他对敌情一无所知。和他们形成鲜明对比的是战斗群的指挥官和虎式指挥官一直保持联系并提供掩护。在11月12日—13日夜间的战斗中，他们和师里面的那些指挥官及时通报了战况，并在24时当面去汇报了局势和对对方的判断情况。

战斗组指挥官
欧姆勒
中尉&连长

一名503重装甲营老兵的回忆·IV

（作者：弗兰茨-威廉·洛赫曼博士）

本营的重建

一线作战部队和补充营在一个地方总会有些麻烦。当我们晚上去镇上玩时，总会开着营里的轿车出去。由于当时的汽油是要凭配额才能使用的，即使是补充营营长霍海塞尔中校到帕德博恩也是骑摩托去的。很快他就取代503营首任营长波斯特中校的位置，担任我们营营长。我们驻扎在本特菲尔德（Bentfeld）的郊区，营部则在诺伊豪斯（Neuhaus）。新的虎Ⅱ坦克在9月底和10月初陆续在森内拉格交付给我们，我们是第一个全面完成换装虎王的部队。这些虎式大部分均装备的是亨舍尔标准量产型炮塔，个别几辆则使用保时捷型炮塔。

本特菲尔德

在本特菲尔德我们又可以享受久违了的平静但充满乐趣的生活。这里各种商品丰富，霍普纳下士将乡村俱乐部搞得有声有色。有一次我们要去参加一个为高级军官们在艾尔森（Elsen）举行的阅兵式，1连负责担任神气的仪仗队。我有2天时间来准备。如果说是为一场战斗做好准备，或者是清理一个补给仓库我还有把握，但是搞仪仗队？嗯，走着瞧吧。我们到了艾尔森，就要经历那重要的时刻了。时间把握得非常完美，整个仪仗队从车里鱼贯而出，一切有条不紊。整个队列漂亮极了，"立正！抬枪，注意，端枪，向右看齐！"弗洛姆上尉两眼放光，贵宾们很明显非常满意。当他们走过我们面前时，我们的眼睛跟随着他们的步伐前进。最后随着我"解散队列"的口令，我们圆满完成了这次任务。作为奖励，我被派到汉堡出差4天。这是我最后一次回家，随后我在部队待到了战争结束。

第6章 匈牙利、奥地利和捷克斯洛伐克

匈牙利

当匈牙利的军事局面不可收拾的时候,霍尔蒂摄政准备私下和盟军达成停火协议。503虎式营从森纳拉格被派往布达佩斯。在从火车里下来后,我们直接前往布达凯希。10月15日,德军控制了整个布达佩斯。虎式不停地在街上来回巡逻,以此显示德军的军事存在。斯科尔兹内带着一小股党卫军成功控制住了匈牙利政局。南部战线的灾难性毁灭被极大地延缓了。

10月18日起,我们投入索尔诺克地区的作战,成功地击退强大的苏军。10月20日,我们在图尔凯韦建立了支撑点。虎式以互相间隔60米到100米的距离绕成一个大圈,这样伴随我们的步兵可以有个比较安全的地方过夜。营长弗洛姆上尉把手朝向东面的公路路口,他这时已经换乘了1辆1连的虎式,在他的右面60米处是100号虎式。

2时,轮到100号虎式的无线电员爬上炮塔值班。在他面前架着子弹上膛的机枪和一把信号枪。夜晚很安静,他全神贯注地警戒着。周围地形十分开阔,但夜很暗。3时,他听到路面上传来了一些逐渐靠近但很轻微的金属撞击声,这明显是训练有素的步兵在行军。无线电员紧盯着公路上注意动静,终于发现沿着公路两边各有20名左右的步兵正偷偷接近营长的座车。这时距离只有40米左右,但营长座车似乎没有注意到这群不速之客,没有任何反应。他们瞎了么?这些是我们自己的步兵么?见鬼,我想,他们肯定是睡着了。我立马发射了一枚照明弹,随着它的闪光看清楚了整个街道,是苏联人!一支战斗巡逻队。警报!同时机枪也开始朝他们扫射起来,那些最靠近虎式的先被扫倒。这些年轻人通过这晚学到了一课,就算是营长在他们车上,他们也不能仅指望别人帮他们放哨。

迈泽图尔之战

后面的日子里我们一直忙得不停。我们并不太担心苏军的坦克和突击炮,威胁最大的其实是那些反坦克炮。苏军巧妙地构筑大纵深的反坦克阵地,我们要占领迈泽图尔必须先突破这些阵地。我们沿着公路慢慢前进,突然一门76.2毫米反坦克炮弹呼啸地从我们炮塔上飞过,这是从左边发射过来的。我们在跨越下一道壕沟的时候,眼睛紧紧地盯着房子之间的空隙观察,但是没能发现他们的藏身之处。又一枚炮弹差点打中我们,看来这门炮放的位置有些高。我们在房子掩护下做了一个停顿。在下一条街上,我们更加提高了警惕。炮塔转向左侧,终于我们看到了炮口的火焰。真是无法想象,这门炮居然藏在教堂塔楼的下面几层。我们没法看清楚到底是哪个窗口发射出来的,总之朝塔楼发射了

503重装甲营战史

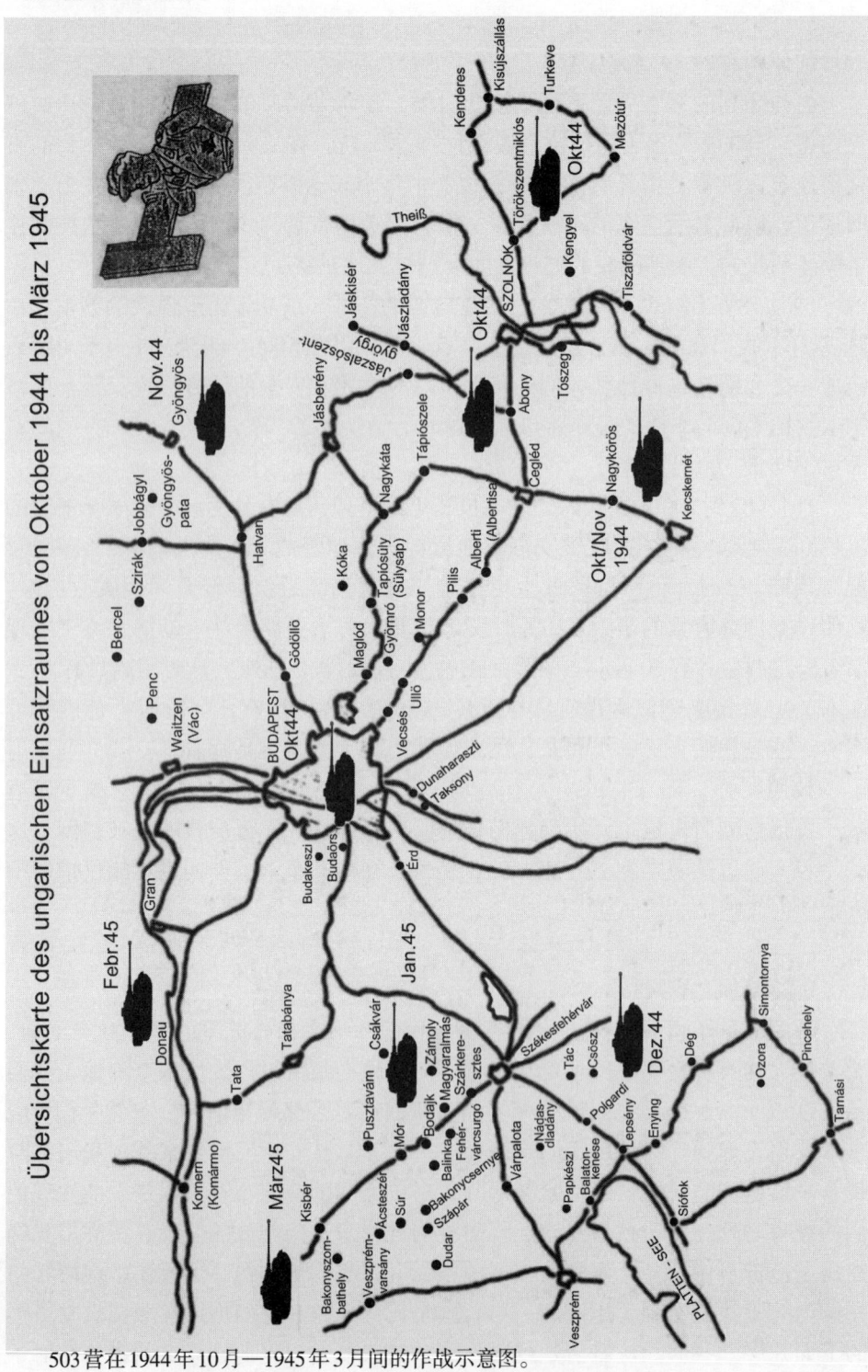

503营在1944年10月—1945年3月间的作战示意图。

一枚高爆弹。之后经过的时候发现被摧毁的墙边散落着反坦克炮的碎片和轮胎。终于清静了。

我们那天一口气干掉了12门反坦克炮，但是第13门击中了车长指挥塔。皮普格拉斯少尉受了伤，谢天谢地，伤不算重。福林格少尉在连里的另一辆虎式上，他率领左翼的虎式一路顺利地突进，但是他老是闯到我们面前。这样有什么问题呢？不仅突进对他自己很危险，还容易被我们误伤。最后苏联人挡住了他前进的步伐。他的座车被命中了无数炮弹，所幸都没有穿透，希望他以后可以注意点。那天马库斯上士的虎式被炮弹击穿，上士和他的炮手希尔克下士阵亡。其他的乘员毫发无损地逃了出来。

比勒菲尔德少尉

随后几天的战斗在更南面展开。我们一共3辆虎式到达了师部报告，本连连长欧姆勒中尉和我们一起。该师预计苏军会投入大量的装甲部队。比勒菲尔德少尉和另外一辆虎式会负责东面的掩护任务。战场地形并不适合坦克的使用，整个局势也并不明朗。连长竭力想摆脱这种混沌的状态，但却丝毫改变不了。没过多久，比勒菲尔德少尉的虎式就开出了车载无线电能接收的范围。我上一辆指挥型装甲车，在尝试了1个小时后，终于和他车上的无线电员汉斯-约根·费德勒联系上了。苏军包围了他们的虎式，比勒菲尔德少尉战死。

当我的虎式抵挡苏军装甲部队进攻的同时，我正在装甲车上研究地图，看怎么才能让那2辆虎式摆脱被困的局面。约根·费德勒向我通报他们周围的地貌，我则在地图上匹配他们的位置。终于我发现在他们的北面可以绕过一块沼泽地回来。他们成功地突破了苏军的重围，回到了我们的后方。

我高兴地爬回自己的100号虎式，全员后撤。几天后，福林格少尉回到我们虎式营。在一次攻击村庄的战斗中，我们消灭了村外所有的反坦克炮后，等着步兵赶上来。福林格少尉注意到有一些对方坦克消失在我们左侧的山谷中。他命令我们穿过村子前往查看。当那些坦克再次出现时，我和维尔纳几乎同时叫出声来："自己人。"这时我们被一门躲在村里的反坦克炮击中。这些苏军炮手应该是之前逃走，后来又回到阵地上的，不然在第一轮交火中就该被我们发现并击毁了。这次他们打得很准，一枚76.2毫米炮弹击中了车体前装甲的焊接线。维尔纳赶紧急转弯。我清晰地看到眼前坦克的焊接线处被撕开了30厘米宽的一道口子，坦克外壳卷曲了起来。也很难说这是不是一件坏事。后来那些能使用的虎式一直被调动得团团转。

巴拉顿湖

在穿过葡萄田的时候,我这辆虎式的履带被重炮炸断。炮塔乘员忙着开始修理。维尔纳和我站在车外,空气非常的寒冷。

因为少了锤子,我们拿一把斧子将插销敲回履带去。结果维尔纳用斧子钝的那面没砸准,砸到了我的大拇指上。我吼道:"你就不能对准些啊?"维尔纳顶了一句:"你就不能把插销握好了啊?"我们说笑着爬进了坦克。当战斗稍微缓和些时,我给他切了片面包,挤上奶酪。"还有别的料可以加不?"我又打开了一罐腌香肠。维尔纳满意地吃着。这时从炮塔里传来声音:"你们又在吃东西啦?"我赶紧给炮塔里的理查德·施瓦茨曼也递上奶酪面包片,这家伙最近刚成为我们坦克组的一员。他嘟嘟囔囔道:"真不错!你们吃腌香肠,我们只有奶酪。"

波尔加尔迪,1944年12月8日

天亮之前很早我们就到达攻击阵位。我们隶属的那个坦克团准备在天一亮就从右翼发起进攻。我们战斗群要经过一座桥发动正面进攻,一共5辆虎式。库珀少尉搭上了我们的100号虎式。1连的梅维斯上士和比斯克下士的2辆虎式和我们在一起,另外还有3连的维格尔上士和赛德尔上士的2辆虎式。除了虎式以外,营属防空排的自行高炮和几辆装备不错的半履带车也加入了我们。命令要求我们从村子正面突破。当对方的注意力都集中在我们身上时,装甲团会从村子的左面突入。

我们在正面开始和守军交火,并将所有反坦克炮全都击毁。事情进展得比想象的要顺利得多。我们越过一座桥,发现前面是一条宽阔的道路。梅维斯在左,比斯克在右,我们向村子挺近。100号虎式在这两辆坦克后方不远处,赛德尔和维格尔的虎式和我们保持一段距离。慢慢地我们到达了村里的教堂门口,我将所处的位置报告给装甲团。"收到,等在那里。"这时苏联人从我们面前开始溃逃,我们必须追击,村子里到处都是车辆。苏军到处都是,高举着双手。我们的一辆虎式甚至缴获了一架外号是缝纫机的飞机,也有人叫作执勤官。

我们在村尾100米处停了下来,简直不敢相信伊万们送上来这么多好东西。我们往车上装满了罐装食物,我在1辆车上还找到了一台廉价相机。这是一台阿加法牌相机,里面还装着没有曝光的胶卷。跟着我们的步兵俘获了一长列苏军。突然间我们想到情况有点奇怪,左面的友军怎么还没到。苏军似乎在那一侧激烈地抵抗着。我们顺着村子后面的公路朝那个方向慢慢移动,2辆领头的虎式互相注意保护。

第6章　匈牙利、奥地利和捷克斯洛伐克

我们眼睛盯着路中间看。当左侧比斯克下士的虎式的前装甲刚刚越过村口最后一栋屋子的时候，就被一枚炮弹击穿了驾驶员的位置，这是一门几米外的反坦克炮发射的炮弹。这辆虎式立刻着火燃烧，驾驶员和无线电员当场毙命。跟在后面的步兵立刻冲了上来要消灭这门反坦克炮，实际上也不需要他们这么做了。这几名苏军几乎没空庆祝胜利，因为本来要担任主攻的坦克团也到位了，他们在苏联人还没来得及调转炮口的时候就将他们一炮解决了。随后他们也开进了村里。我们失去了战友瓦格纳和博恩。

我们的指挥官弗洛姆上尉在12月中被调离，接任他的是冯·迪斯特-科贝尔上尉。这段时间503营一直在巴拉顿湖地区作战。

莫尔

在圣诞节前发生了这事：我们那辆虎式的右侧的主驱动轴坏了，只能被拖往莫尔。坦克被放置在教堂外面，深陷淤泥里。我们的修理人员真是非常的卓越，不分白天黑夜地连轴转，到处都需要他们的身影。几辆损毁严重的虎式用火车运往了后方。霜冻开始了，我们陷在淤泥里的虎式被冻得结结实实，根本弄不出来。那晚苏军步兵到达了镇外，还好被击退了。修理排也没办法把我的虎式从冻土里搞出来，我们只得倒了一些汽油在坦克周围，然后生起火来。终于成功地把虎式拖动了。修理排将虎式往后方拖了一点，牵引车又要忙着去收容其他还处在危险境地的坦克。连军士长把我们安置在一个铁路守夜人住的小屋，就这样度过了新年。牵引车第二天终于有空把我们那辆虎式继续后撤了。

2月开始以来，100号虎式就一直不停地战斗。这次传动轴真是难得的一直撑住了。皮普格拉斯少尉是本车的车长，在他受伤后，由福林格少尉临时接替连长一职，并指挥本车。最近的几周我一直被绦虫病折磨着，终于给我放了一个假，去维也纳治疗。

维也纳

大部分需要大修的虎式都会和他们的驾驶员一起运往维也纳。我和库克下士一起去开回修好的虎式，这次去维也纳的经历也令人回味。

我在野战医院里看望了我的师傅潘·福格尔。他的手臂被一枚击穿炮塔的炮弹切断，他的炮手汉耶·泰森瞎了一只眼睛。潘的老家在施韦因福特（Schweinfurt），怎么他会待在维也纳呢？难道等着苏联人过来么？我们准备帮他离开这医院。

我们骗他的主治医生说我们正要开车前往施韦因福特执行公务。顺便说一

下，潘被晋升为上士了。医生很高兴可以少一个病人，但我们没法给潘搞到一张帝国铁路的火车票。站台上都是宪兵，如果没有车票，肯定是上不了车的。因此我们想到一个办法。先看好他要搭的火车，然后躲在一旁，潘肩膀上打着我们称作"斯图卡"的绷带。当火车缓缓开动时，我们冲了出来，朝那些宪兵大喊："帮帮我们，这名重伤员必须上这辆火车，马上！"宪兵没有多想，立刻帮我们把他抬上了火车。最后潘一路顺利地回到了施韦因福特，在那里找到一家医院安顿下来。对他来说，战争已经结束了。

最后的战斗

我们待在维也纳的时候，503营消灭了赫龙桥头堡，随后转移到斯洛伐克的维尔贝利（Verebely）。在那里基本上平静无事，只是在排雷训练中发生了一次事故。波姆下士被手榴弹炸死，最后被埋葬在该村。

随后部队往北转移，基本上沿着奥地利的边界到了喀尔巴阡山。

错过的机会

我们依靠2辆虎王负责东面的警戒。修理连和营部的人员在我们后方4—5公里处。2辆坦克都是孤军作战，没有步兵掩护。入夜后，100号虎式的无线电员按照惯例爬上炮塔放哨。这时听到从东面传来装甲部队慢慢前进的轰鸣声，后来发现对方最少有40辆坦克。

但是他们并不是直奔我们而来的，而是朝我们南面而去。无线电员叫醒了拉姆波少尉，向他汇报了这个难得的战机。但是我们只能在早上6点后才可以和营部取得联系。少尉不能自行决定朝南捕捉战机，特别是那里有友军的一个师把守。

天亮后，这40辆苏军坦克在南面突破了友军的防线，而本来晚上我们可以轻易地阻止他们的行动。他们对我们的部队构成了一定的威胁，不过之后还是在森林边被德军包围并歼灭了。

我们随后穿越喀尔巴阡山，转移到捷克的布尔诺地区。在通过一个隘口的时候，1名少校拦住了我们，要看转移命令。欧姆勒中尉告诉他我们的任务是什么，看穿了其实他只是想把我们编入他的防卫队里去。后来这位少校不耐烦了，"我是×少校，我命令你……"还没等他说完，中尉简单说了一句："坦克前进！"我们就把他撂在那里继续走了。

越往后走发现宪兵越多，他们忙着阻止撤退的步兵，让步兵就地转入防守。我们在捷克斯洛伐克经历战争的最后阶段，确实无序的撤退必须被制止，

第6章　匈牙利、奥地利和捷克斯洛伐克

1连的无线电员和传令兵恩斯特·库赫代理下士和弗兰茨-威廉·洛赫曼下士（右）于1944年在汉堡休假时的合影。

但是这些宪兵表现得过于冷漠。还是在穿越小喀尔巴阡山的时候，我们碰到一群宪兵和一名垂死的步兵。我下车准备去帮忙看看。这些人告诉我："这里没你什么事，他是一名逃兵。"我当时被震惊了，这是一名佩戴着一级铁十字勋章，肩膀上还有2条坦克击毁勋条的代理下士。可能他只是想回到在后方休整的部队去，但宪兵最后枪决了他。

我们在一个小火车站等待火车把我们运往布尔诺。这段铁路已经开始遭到苏军的炮击。我和装填手到附近的村子里转了转，当我们回来时，火车已经出发前往布尔诺了。一名上了年纪的通信兵中尉正在破坏车站里的电话系统，他告诉我们已经不会再有火车过来了。那时候真是一个好的建议才是无价之宝。

我们怎么能归队呢？这名中尉在完成任务后也要往西撤退，他在捣毁电话前帮我们打了个电话，要布尔诺那边派一辆铁路通勤车过来接"统帅堂"装甲军的通讯兵回去。2个小时后，通勤车果然来了，我和沃尔夫冈·斯贝金总算可以去追部队了。在布尔诺没有找到部队，最后费了劲才在小瓦尔滕贝格归队。也在那时候，我获得了75次坦克出击勋章。到战争结束时，我一共完成出击95次。

我们的虎式修好后，参与了米库洛夫（Nikolsburg）附近的战斗。也是我们2辆虎式最后掩护了部队撤离捷克斯洛伐克的行动，这时已经没有什么步兵协助我们了。

我们和理查德·施瓦茨曼的坦克占据在一片高地上，可以很好地看到2 000米外山脊上的一条公路的情况。在下午，一队苏军坦克像活靶子一样从那边开过。我们耐心等到第一辆坦克快要开出视野时才开火。自由射击！领头的T-34立马燃起了烈火，整个纵队被迫停了下来。下一个目标是最后那辆坦克，一炮命中，剩下的简直是孩子般的游戏了。不一会儿，整个纵队都被火焰所笼罩了。

第二天，我们又执行了差不多的掩护任务。当步兵撤退时，我们听到头顶响起了炮弹的啸叫声，这不是那种快速炮，而是大口径炮弹的声音。我们紧张地寻找着对方的踪迹。过了几分钟后，同样的啸叫声再次传来，我们还是没看到任何炮口的闪光或者烟雾。但肯定这是约瑟夫·斯大林型重型坦克，或者别的苏军重型反坦克炮或者突击炮。我们前进了200米，找到一处易于观察的藏身之处，还是没能发现对方。最后要求我们撤退的命令传达了过来，我们选择了一条安全的道路撤退。我们确信目前的安静下隐藏着杀机，所以采取将正面最厚的装甲面对敌人的方式倒车。在退了400米的时候，又一枚炮弹呼啸着划过我们车顶。继续又退了200米后，我们到了安全一点的低地，随后才敢将车身倒转，加速撤到预设阵地去。我们居然一直没能发现对手的踪迹，那更有可能是一门重型反坦克炮了。

在复活节那天，我们2辆虎式负责防守一座桥梁。一队工兵过来准备爆破这座桥。在桥东南方向400米的地方有一座村庄，我们开进了村子，想休息一会儿。村民们都在烙饼，洋葱饼和肉饼传出阵阵香味。家家户户门口都挂出了白旗，捷克人已经做好了迎接苏联人的准备。我和装填手走到一户人家门口，想去梳洗一下。还没敲门，一位和蔼的老妇人就给我们端来了热水供我们洗脸剃须。在我们打理干净后，她又给我们拿来了洋葱饼。

遗憾的是，我们都只能带一小块饼走，命令要求我们2辆虎式撤回河对岸去。工兵们准备好了爆破。这时候看到苏军冲了过来，这是一支骑兵部队，让

第6章 匈牙利、奥地利和捷克斯洛伐克

我有回到腓特烈大帝时代战争的错觉。他们目标很明确,夺取这座桥,但看来他们没有发现我们正等着他们呢。我们一开始觉得用高爆弹对付骑兵有点不人道,但是他们并没有被机枪的子弹挡住,我们只好动用了88毫米大炮回应他们的冲锋。这效果太震撼了,但我们一点也不为打退骑兵的进攻感到骄傲。最后桥梁被引爆了,我们终于松了口气,随后撤退。

希特勒在4月30日自杀,最后的几只老鼠也要离开沉船了,每个人都在谈着结束战争。我们确信不想落入苏联人的手里,这场战争真正的结束对我们来说不是舍尔纳去投降,而是回到家乡才算。

弗兰茨-威廉·洛赫曼下士站在老款的大众车前的照片,这类型的车后来被更为可靠的大众车全面取代。

独立营的结束——转而隶属统帅堂装甲军

(作者：阿尔弗雷德·鲁贝尔)

读者们一定还记得503虎式营改称"统帅堂"（FHH）重装甲营的变化，这是由于最高统帅部于1944年12月19日下达的关于将本营并入"统帅堂"装甲军的命令。即使这样，我们仍然只习惯称呼自己为503虎式重装营。

也许现在需要重新探讨一下在10个独立的重装营里面，为什么是我们被挑选出来结束独立编制，并入一个新成立的，对我们来说没什么意义的装甲军，而且该军的名字有很浓烈的纳粹味道。

现在大家都知道，当德国离"最终的胜利"越来越远时，希特勒就愈加地把失败归罪于陆军。在1944年7月20日的未遂暗杀发生后，他对陆军的不信任感与日俱增，这直接带来的结果就是武装党卫军的数量和规模都得到了快速地扩充，军事力量逐渐从陆军手里转移到了党卫军那里。尽管纳粹政权是抱着这样的目的扩充党卫军，但这丝毫不影响陆军和党卫军在前线激战时的默契。我们对党卫军的勇气和顽强都抱有很高的敬意。

为了实现这个目的，最高领导层决定将陆军中的一些精锐部队转化为他们的禁卫军，所以冲锋队里的"统帅堂"警卫队被选作扩充为战斗部队。党卫军原先是作为国防军的第4兵种，因此这支"统帅堂"作为团级单位参与了法兰西战役，之后扩充为师级单位参与了苏联战役。可以肯定的是新成立的"统帅堂"装甲军并没有因为这个命名变成一支意识形态挂帅的队伍，只有一小部分成员是从最初的"统帅堂"警卫队遗留下来的。现在要想达到一个军的实力，必然需要将其他部队加入，比如第13装甲师和我们。

指挥层是：
- 军长：克莱曼装甲兵上将。
- "统帅堂"第1装甲师师长：帕佩（Pape）少将。

第6章 匈牙利、奥地利和捷克斯洛伐克

- "统帅堂"第2装甲师师长：少将贝克博士。

这位贝克是老熟人了，就是在乌克兰曾经合作过的贝克虎式重装甲团的那位指挥官，他于1978年逝世。

这一转变对我们来说没有什么真正的变化。我们既不佩戴"统帅堂"袖标，也不更换党卫军使用的怒狼领标。在1945年1月后，我们只是在公文里会在第503虎式营边上用括号加上"统帅堂"（FHH）字样。

并没有正式公文要求我们加入冲锋队，我也不记得那些纳粹党的党魁们在"7·20"事件后变得更热心地出现在前线。

我们曾经担心战后一旦投降的话，盟军会把"统帅堂"部队成员归类为党卫军，但事后发现这样的担心是多余的。1945年4月，冲锋队的总参谋施普曼（Schepmann）曾经来到"统帅堂"军部要"和他的部队一起最后一搏"，结果也是不了了之了。

名字的历史

统帅堂于1841年至1844年间建造于慕尼黑，里面的雕塑有三十年战争时期天主教联军的统帅提利（Tilly）伯爵，解放战争中（译者注：反拿破仑战争）巴伐利亚王国军队的统帅福斯特·韦瑞德（Fuerst Wrede）陆军元帅。1923年11月9日希特勒的暴动队伍走到这里时被警察流血镇压，死16人。在1933年纳粹上台后，给这16名纳粹"烈士"在国王广场边修建了2座祭坛供他们安息。为了守卫祭坛，这才组建了冲锋队"统帅堂"警卫队。1939年战争爆发后，扩充为一个团。（译者注：在德国投降后，这里又成了纪念反抗纳粹运动的遗迹，地面上有一块铭牌刻着当时牺牲警察的名字。）

"统帅堂"装甲军（20军区，"统帅堂"补充旅）

1944年11月27日重建随同中央和南方集团军群一起被歼灭的"统帅堂"装甲掷弹兵师（升格为"统帅堂"装甲师）和第13装甲师，实际上在10月份重建工作在匈牙利就开始了。

- 在第109装甲旅的基础上组建"统帅堂"装甲师
- 在第110"统帅堂"装甲旅基础上组建第13装甲师

而"统帅堂"装甲团和第93装甲掷弹兵团（属于第13装甲师）还没落实。另外还缺"统帅堂"军直属步兵团，"统帅堂"装甲掷弹兵团以及第66装甲掷

503重装甲营战史

执行完在首都布达佩斯的任务后，503营于1944年10月17日至18日分乘几趟火车去往索尔诺克，这里存在被苏联人突破的风险。

由于距离采格莱德和奥博尼只有70公里，虎式在运输途中并没有做过多的保护，直接开上了火车。本图上的是100号虎式乘员组，上面的是格拉斯下士和贝尔格下士，下面左起是瓦格纳代理下士、莫德贝克代理下士、弗兰茨·洛赫曼下士和费舍尔代理下士、不知名者。

第6章　匈牙利、奥地利和捷克斯洛伐克

这头猪可能是交换来的，正在被"料理"。图中还可以看到放在虎式车底的履带。

这头猪肯定让野战餐车花了大价钱，现在正被吊在虎式后面进行处理。

海因茨·盖特纳下士是一名十分受欢迎并且战功卓著的虎式指挥官,站在他旁边的是装填手/炮手赫尔穆特·克莱恩,照片摄于1944年秋。站在他们后方的是库特·施德尔特,盖特纳在1944年12月1日晋升为上士,1945年1月7日在扎莫利阵亡。

索尔诺克附近的一座桥梁争夺战,摄于1944年10月底。在公路桥边上修起了一座木桥,可以看出来当时的天气还是比较温暖的。

半履带装甲车和101号虎式在图尔凯韦的营部附近。左起为营医施拉姆博士、冯·罗森少尉、皮普格拉斯少尉、不知名者、第24装甲师师长冯·诺斯迪茨（von Nosititz）将军和弗洛姆上尉,照片大约摄于1944年10月20日。

第6章 匈牙利、奥地利和捷克斯洛伐克

1944年11月3日乘坐火车进行转移。右起为施达特鲍尔上等兵（耶克尔车的装填手）、耶克尔下士（注意看船形帽上的营徽），维格尔上士正在喝酒，可惜其他2人认不出来了。

将受损的虎式从塔皮苏里用火车运往斯洛伐克边境的托特美格耶，驾驶员布劳恩代理下士站在火车上被风吹乱了头发。

前面的133号虎式的右侧履带缺失了，很明显应该是行走部分遭到重创。

503重装甲营战史

亚辛·耶克尔坐在橡皮艇上渡河,这段时间他的虎式正在维修。他穿着的还是在法国搞到的皮夹克,非常帅。

亚辛·耶克尔下士正搂着不知名的战友在说笑,摄于1944年秋。

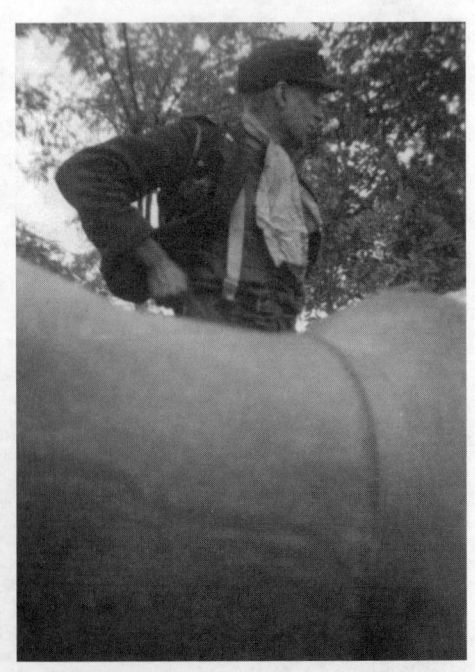

冯·罗森少尉的"勤务兵"施米克上等兵,画面近景是威力巨大的虎式主炮。

第6章 匈牙利、奥地利和捷克斯洛伐克

因为缺乏牵引装备，所以虎式经常要互相救援。本图中展示的是311号虎式拉着333号虎式，后者又用交叉的缆绳拉着另外一辆虎式。图中可以很清晰地看到淤泥沾满了行走部分，极大限制了虎式的机动。

313号虎式，摄于1944年秋。左起为耶克尔下士和一名不知名的上等兵，维格尔上士正在观察飞机。虎式的炮塔朝向6点钟方向。

503营1连的修理排，1944年11月3日摄于匈牙利波尔加尔迪。背景是一辆可靠的1吨牵引车。前面竖着的是修理排的标示旗。左起为沃尔姆斯下士、阿尔波斯代理下士、穆勒代理下士、莫施代理下士、施贝特代理下士、多纳特下士、穆尔霍夫代理下士。

503营1连的野战餐车，1944年秋摄于匈牙利。

第6章　匈牙利、奥地利和捷克斯洛伐克

1944年11月在匈牙利：3名乘员像麻雀一样坐在虎式长长的炮管上。这辆314号虎式是从法国逃出来的2辆保时捷炮塔虎王中的1辆。

看起来阳光不错。最左边坐着的是314号虎式车长耶克尔下士。

从无线电员机枪座眺望驾驶员，该车装备的是亨舍尔型炮塔。车身正面装甲上安装了一盏行驶灯，用开了细缝的罩子保护起来，在它后面有电线接入车内。

5辆虎式反攻波尔加尔迪。本图中124号虎式被击中。

中间是库珀少尉的100号虎式，右后面是梅维斯上士的112号虎式。

1944年12月8日，虎式在波尔加尔迪与反坦克炮激战。

第6章　匈牙利、奥地利和捷克斯洛伐克

124号虎式被击中燃烧。车长比斯克下士、装填手施棱泽克代理下士和炮手鲍克下士成功逃离。

驾驶员瓦格纳代理下士和无线电员波恩上等兵被这枚侧面击穿虎式的炮弹夺去了生命。

梅维斯上士的112号虎式从另一辆坦克的残骸边驶过，摄于1944年12月8日。

从100号虎式（右侧）上往121号虎式（左侧）转移弹药，照片1944年12月初摄于波尔加尔迪。

100号虎式伫立在莫尔的教堂前，摄于1944年12月15日。左起为维尔纳·格拉斯下士、不知名者、瓦尔特·费舍尔代理下士、约翰内斯·布尔格下士和弗兰茨-威廉·洛赫曼下士。

第6章 匈牙利、奥地利和捷克斯洛伐克

100号虎式在西匈牙利，摄于1944年12月中。叶子落光了的树林提供不了什么掩护。

100号虎式在巴拉顿湖，摄于1944年12月中。牵引绳一般固定在车身侧面，一旦需要使用可以很快展开。

由于连日阴雨，公路两边完全成了泽国，如同本图展示的那样，虎式很容易滑入路旁。

弹兵团各缺一个营。这两个营构成"统帅堂"补充步兵团。补给部队直属军部。

11月27日的部队序列为：
- "统帅堂"军属炮兵团团部
- "统帅堂"工兵团团部（第685或者第678工兵团）
- "统帅堂"重装甲营（503虎式营）
- "统帅堂"军直属步兵团Ⅰ，Ⅱ（暂缺）
- 军属炮兵营Ⅰ/104，Ⅱ/404（暂缺营部）
- 第404装甲工兵营
- 第44装甲通讯营
- "统帅堂"Ⅰ，Ⅱ补充步兵团（暂缺）
- "统帅堂"后勤团
    - "统帅堂"补给营
    - "统帅堂"运输营
    - "统帅堂"装甲修理营
    - 包括404部队的卫生营
    - "统帅堂"宪兵营

由于这两个师随着第4装甲军在布达佩斯被包围并很快被歼灭，"统帅堂"装甲军直到1945年2月才出现在德军序列里，而且只包括了剩下的单位，被歼灭的部队此时还没有重建，而这些部队并没有获得单独的野战通讯邮编。1945年3月至4月，第13装甲师重建，并被命名为"统帅堂"第2装甲师，为了以示区别，将原来的"统帅堂"装甲师称为第1装甲师。同时将军属第429机枪营（原名萨克森）更名为"统帅堂"军属机枪营。

1945年隶属关系

2月/3月：第8集团军，南方集团军群，斯洛伐克

4月：第8集团军，东部边疆（Ostmark）集团军群，上奥地利

参考书目

乔治·特欣（Georg Tessin）：德国国防军和党卫军单位和部队（Verbaende und Truppen der Deutschen Wehrmacht und Waffen-SS）

503重装甲营营长的日志，匈牙利作战：
1944.12.14—1945.5

（作者：诺德温·冯·迪斯特-科贝尔博士）

12月14日：波西米亚的清晨，群山围绕，有些山顶还被积雪覆盖着。天气温和，有点薄雾，8时于布尔诺。在这里等了几个小时，一列旅客列车挡在我们这列车前面，没完没了地改道。原来预计在1时到达维也纳，结果却在12时才到。在维也纳（带着行李）从一个地方跑到另外一个地方，最后由于已经没有火车开往布达佩斯，我只有找一个人员中转站先过夜再说。睡得不错，维也纳还是那么的迷人。

12月15日：10时15分，从火车西站出发。火车经过布鲁克（Bruck），终点是布达佩斯65公里外的科马罗姆。行进的速度很慢，每过几公里就要停一下。但是我有一个相当不错的座位，暖气也很足。在24时，我们到达了拉普（Raab）。列车熄了灯，因为过了奥匈边界就停了暖气，车厢里开始变冷。匈牙利边境上的火车站都被美国人炸得稀烂，晚上蜷缩在火车上。

12月16日：我们于2时到达了科马罗姆。漆黑一片，大家都摸不清楚方向。我们扛着沉重的行李蹒跚地在夜里走过这座小城，由于温度已经降到了冰点，雪结成了冰，街上的冰都是黑色的。我们在3时30分找到了人员中转站，没人管我们。不管怎样，我们找到了几个脏兮兮的床垫，勉强睡了一夜到第二天8时。还没洗漱就吃了早饭，然后坐上卡车前往基斯贝（Kisber），因为我的第503虎式营所从属的第57装甲军军部应该在它南面的菲尔瓦祖格。

由于道路结冰，路上又滑又烂，不时还被阻断了。一支匈牙利军队由于不愿意继续作战，被箭十字军缴械了，随后被押往后方。在中午到达了基斯贝，一座小城。第一印象很糟糕，许多市民和难民正在挖战壕或者在修路，一些不吸引人的女人被极华丽的皮草包裹着。

中午饭被盛在不干净的碗里，除了辣椒加得太多，味道确实不错。我们分乘几辆车朝着赛克什白堡的方向前进，经过莫尔，在菲尔瓦祖格停下来。之后要步行3公里，而且是背负着沉重的行李在泥浆里行进！真是可以把人累死。我终于到了菲尔瓦祖格。这才发现第57装甲军在当天下午已经撤走（回到布达佩斯），但我碰到了第3装甲军的先锋部队，跟着他们在巍峨的菲尔瓦祖格城堡安顿下来。我搞到了一个房间，里面几乎没有家具，但有暖气和床（可惜没有被褥）。我还不知道503营是跟第57装甲军一起撤走了还是留下来了，只有等第二天去打听消息了。

12月17日：我美美睡了一觉，同时听到消息说503营目前还留在15公里外的赛克什白堡。我给他们打了个电话，营副（拉姆波少尉）答应来接我。我和他走了3公里到达博达耶克村，在那里碰到了迪特·迪斯特。之后我们继续朝赛克什白堡前进，并在那里找到了503营。我的副官是海尔莱因（人不错），魏冈上尉是补给连连长（他在我的前任弗洛姆上尉离开后，担任了8天代理营长，给我的印象不错）。在附近找了一座干净整洁的中产之家安顿下来，终于可以睡在铺着白床单的床上了。这天6辆虎式在前线作战。

16辆虎式正在维修或者在赶来的路上，营里的好几位军官在晚上来拜访我。

12月18日：早晨我和营副前往第3装甲军军部（驻扎在菲尔瓦祖格），指挥官是布列特（Breith）将军，其副官是杜维尔（Duewel）少校（我之前在温斯多夫时就认识）。我们被分配到第1装甲师下面；6辆虎式在火线上作战（2辆在昨天由于中弹而失去作战能力）。交代清楚后，我们立刻返回。

下午去了第1装甲师。指挥官当时不在，所以先回来了。目前的情况看起来很不妙，绵绵细雨把整个地区搞得难以通行，对方的对地攻击机也不时出现。

晚上到了赛克什白堡，更多营里的军官来和我交谈，迪特·迪斯特也在那里。他现在在博道伊克，那也是我们第1维修排（排长为诺伊伯特技术军士长，带剑骑士十字勋章获得者）驻扎的地方。

第1装甲师在23时45分通过无线电通知我们当晚要转移50公里到达巴拉顿湖边上的巴拉顿凯奈谢，但是我们直到第二天早上才来得及出发。

12月19日：5时连里指挥官开了个碰头会，6时坦克部队出发。我在9时前往第1装甲师开会，讨论了下一步计划的行动。13时得到消息，军里把该行动取消了。回到巴拉顿凯奈谢。一共13辆虎式。各种日常工作。

12月20日：早上忙着日常工作。10时和库珀少尉（3连代理连长）乘坐装甲车查看了一下我们的防线（巴拉顿湖的东岸地区），道路非常的泥泞。温度是零度，但感觉上比这还要冷。玫瑰花依然绽放，我摘了1朵放在给家里尤塔的信里。

第6章 匈牙利、奥地利和捷克斯洛伐克

对方俯冲轰炸机发动了几轮攻击。整个天空布满了防空炮炮弹爆炸的弹幕,有几架德军战斗机起飞迎敌。

之后我们到达了装甲掷弹兵团的团部,但指挥官正巧不在。前面这片地区太过泥泞,根本无法使用坦克。目前苏联人显得很安静。我们于14时15分返回。下午又忙那些日常事务。

12月21日:大雾。有一些云彩。大量苏军坦克部队对于我们左侧的友军(赛克什白堡那端)展开攻击,并取得深度突破。我们这里还是静悄悄的。中午我横穿赛克什白堡去到军部,该城外围还牢牢地把握在我军手中。很多部队开始撤退,尤其是匈牙利军。对方对该城实施了大规模空袭,德军战斗机也频繁出现与敌机缠斗。我在军部汇报了情况,然后又完成了一些公文手续工作。在18时天黑的时候回到了营里。第1装甲师的指挥官在24时打电话要求我们准备好在6时在纳达斯拉丹尼(赛克什白堡方向)发动反击。距离在40公里左右,天漆黑一片,立刻让全营准备起来。

12月22日:坦克在1时出动,营部在4时出发。我们应该在纳达斯拉丹尼(城堡)和霍普特中校会合,但是到了那里却找不到他人。我们在一个寒冷,肮脏的房间里等着(整个城堡塞满了人)。到了进攻预计开始的时间6时还是没看到人影。霍普特在差不多中午的时候才到。讨论的结果是:进攻乌希达,夺回这个刚刚失去的村庄。他给了我7辆Ⅳ号坦克,前往萨尔科齐,在那里和差不多200名步兵会合,然后发动对乌希达的进攻。地形很糟糕,葡萄田、房屋、谷仓不利于我们发挥。对方的反坦克炮和迫击炮火力很猛。尽管如此,我们还是成功地突入该村。我的主炮被对方76.2毫米反坦克炮击毁。我们一共消灭了8—10门反坦克炮和数量众多的迫击炮和重机枪。我的虎式里有5辆在交战中损坏。天黑前我们占领了村庄的2/3,然后在黑暗中攻占剩下的1/3,和在东面的一个小战斗群建立了联系。大部分虎式留在乌希达过夜,由罗利克少尉指挥,消灭了不少苏军,其他的虎式退到1公里外的一个小农庄里(利维亚-普兹塔)。我晚上乘坐装甲车在农庄和霍普特位于纳达斯拉丹尼的指挥部之间跑了几个来回,精疲力竭。

12月23日:在纳达斯拉丹尼休息到2时。经常被各种关于补给、维修问题的电话吵醒。

在乌希达附近肃清苏军的行动中,1辆虎式被76.2毫米反坦克炮击中,焚烧殆尽。准备迎接对方的反扑,赛塞克什白堡已经开始疏散。我们在晚上的时候也稍稍后退了一些,但还防守着乌希达。我手里除了虎式以外,还有8辆Ⅴ号坦克以及7辆Ⅳ号坦克,一起共享我们的补给资源。3辆虎式和4辆Ⅳ号坦克

借给了我们的邻居布拉德上校使用。所有的部队都被打散使用，我的虎式返回维修厂去修理主炮。

19时从第Ⅲ装甲军传来消息，本营要随第1装甲师撤退到菲儿瓦索哥，在那里配合第4骑兵旅朝南进攻。真是疯狂的调动！我们将虎式撤到纳达斯拉丹尼，这样原来第1装甲师的防线上就只剩下几个薄弱的支撑点了，战线崩溃随时可能发生。我和霍普特中校告别，他还真是个不错的人。在22时部队出发。

12月24日：经过一晚上的行军，在2时到达菲儿瓦索哥（城堡），在那里碰到了战斗群指挥官魏曼中校（第23装甲师）。预计当天早晨在第4骑兵旅的辖区范围内发动反击。我手里有8辆虎式，其中2辆有伤。我让乘员们在菲儿瓦索哥的农舍边上睡一会儿。苏军的"缝纫机"满天乱飞，不断投下炸弹，但一点都没伤到我们。

我开着大众车前往魏曼布置在萨尔科齐的指挥部去讨论作战计划，之后回到菲儿瓦索哥城堡，我们营的指挥部也设立好了。

胡乱睡了一会儿，坦克于6时30分启动。我在8时乘坐装甲车去萨尔科齐，那里简直乱成一团。苏军的炮弹，迫击炮弹和火箭弹纷纷落下。当事情都落实好之后，我开车回到自己的指挥部，结果发现一大堆人（补给连、修理连、回收排）在等着我，太多事情了，特别是在目前危险的局势下，要将受损的虎式想办法转移到后方去。百忙之中，我们和几个办事人员还是小小庆祝了一下节日，分享了一些小点心，之后又开车去萨尔科齐。拉姆波少尉已经击毁了7辆坦克。本来是一场反击的，最后却变成了防守，苏军忽然发起了大规模的进攻，萨尔科齐再次被对方炮火所笼罩。我碰到第6装甲团的团长少校舒伦堡伯爵。苏联人把圣诞节的气氛全毁了！19时再次回到菲儿瓦索哥。完成了几件公文，吃了一点东西，又听了戈培尔的圣诞讲话，直接成功地将我催眠了。苏军"缝纫机"晚上依然准时来扔了炸弹。

12月25日：落霜，无雪，俄空军活跃。军部从菲儿瓦索哥撤退，我们跟随第23装甲师战斗（依然属于魏曼战斗群）。目前双方战线还是比较稳定，魏曼战斗群在萨尔科齐以北地区活动，前往第23装甲师讨论战斗计划（师部有时在村子里，有时又在城堡里，指挥官是冯·拉多维茨将军，不是很愉快），之后又拜访了少校舒伦堡伯爵的指挥部。苏军不停地用172毫米重炮轰击。我们的虎式周围也不断地落下火炮或者迫击炮的炮弹，最后我终于开着我的大众车离开了这里。

霜冻，晴朗，"缝纫机"到了晚上就变得活跃起来，扔炸弹。我们消灭了2辆苏军坦克，防空炮车击落一架伊尔-2。

第6章　匈牙利、奥地利和捷克斯洛伐克

12月26日：晚上非常平静。公务。在第23装甲师，15时开大众车前往恰克拜雷尼，去和第6装甲团和第4骑兵旅指挥官碰头，碰到了少校舒伦堡伯爵和罗利克。大雾弥漫开来，突然枪声大作，警报也响了起来，车辆和马匹到处乱跑。苏联人来了！因为那里军官够多（包括一个机械化营作为预备队在那里），我没什么可做的，因此继续开往下一个村庄。告诉那里的高炮营准备好作战，对方会从东面过来。厚厚的雾像棉花一样弥漫在我们周围，太可怕了。之后回到菲儿瓦索哥的第23装甲师那里。几乎听不到什么第4骑兵旅的消息，我们也做了一下战斗准备。

当晚准备在恰克拜雷尼发动一次反击，但最后被取消了，因为整个战线受到苏军压力过大，稍微后撤了一点。大雾，温度到了零下。

12月27日：大雾，霜冻，不是非常冷。和少校舒伦堡伯爵在师部，我们有5辆虎式在他的辖区内作战。苏军172毫米重炮继续逞威。

处理了一些琐事。

前线被对方压迫后移（布达佩斯被围城了），我十分担心我们散落在各地的损坏车辆（虎式、装甲车、防空炮车），第23装甲师的处境也是一样。虎式今天消灭了2辆T-34。

12月28日：在第23装甲师那里完成一些公务。在索利德和第6装甲团2营营长福格特上尉（在新鲁平就是老战友）谈了一会儿。

继续受到172毫米重炮的洗礼。

我们的虎式消灭了2辆T-34和3门反坦克炮。当我在福格特那里的时候，一个电话追了过来，告诉我503营再次配属给第4骑兵旅，具体情况请和在莫尔的重装甲营指挥官利特麦斯特·普雷滕贝格伯爵联系。

我前往莫尔，和普雷滕贝格以及绍尔中校（骑兵团团长）碰了个头。夜晚在对方炮火陪伴下入眠。

12月29日：7点30分开车前往莫尔。营部经过博道伊克转移到巴林卡（这时苏军的火箭炮已经开始覆盖菲儿瓦索哥了）。我在莫尔碰到普雷滕贝格伯爵，这时我们有3辆虎式在那里作战（其他的都已经和损坏的虎式一起转移到后方了）。苏军大量步兵在重炮平射的掩护下对村庄发起进攻。我们的虎式藏在莫尔西面作为预备队。我穿过山区回到巴林卡，这地方景色不错，阳光也好，好美的一幅画面。去第23装甲师完成一些公务。

12月30日：早上开车去杜达（第1修理排），然后去了泽尔克（我们的一些车辆在那里的车站等待装车）。在那之后穿过巴空尼森林（非常漂亮的地方，路边有古堡的废墟，漫山的大树，唯一糟糕的是雾气还是很重）前往瓦尔萨

尼，工程排正在那里为我们的2辆虎式搭建一个装运平台，这2辆受损的虎式是之前从莫尔疏散出来的。

随后我去了第Ⅲ装甲军那里向参谋韦伯施达特中校汇报了情况，拜访了军需官。再次穿越巴空尼森林，在晚上回到巴林卡。晚上接到电话让我前往第1骑兵军报告，我们隶属关系改到了该军。

12月31日：6时30分醒来，7时30分出发前往位于泽尔克的第1骑兵军，向其指挥官哈特内克将军报到。我们被用作该军的预备队，转移到苏尔。

之后回到杜达：和第1修理排讨论了下一步计划，之后去找第Ⅲ装甲军解决如何安置我们修理排的问题。在回苏尔的路上找第23装甲师军需官安排了一下补给工作，然后又去阿卡附近的山区去找第4骑兵旅。路况糟透了，我最后几公里只能步行。天下着雪。在旅部等了几个小时，当时约我过来的旅长霍斯特将军正巧不在，我和在那里担任值班军官的冯·森登少尉聊了一会儿。最后霍斯特将军在17时回到了旅部，他给我留下了很好的印象（橡叶勋饰获得者），终于喝到了真正的好咖啡。穿过山区回到在苏尔的指挥部，发现参谋和军官们都在那里。晚餐后，发表了一段简短的讲话，庆祝了一下，在24时收听了"元首讲话"。

1945年1月1日：苏军一早就发起了猛烈的火炮和火箭弹袭击，并延续了很长时间，俄重兵对莫尔以北地区发动了进攻。

处理了一下个人卫生，换了新的内衣。

赶到苏尔去安排新的营地。回到巴林卡吃了晚饭后，然后把东西搬到苏尔。

15时去第Ⅲ装甲军找他们的参谋确认了一下修理排转移后的新驻地安排。

18时和营里的军官在苏尔碰头，共进晚餐。

冯·罗森中尉带领4辆虎式在莫尔交战，其中1辆由于发动机问题在晚上被拖离火线（非常困难）。同时他又获得了2辆新修好的虎式，晚上维修厂又完成了3辆虎式的修复工作。

苏尔的营房简直是天堂（有电灯和床铺）。

1月2日：早上和第1修理排经过杜达到了泽尔克的第1骑兵军那里，然后到了瓦尔萨尼（之前那两辆虎式已经装上车了）。

去找第Ⅲ装甲军的军需官确认了燃料的供给，之后回到苏尔，事情很多，见了不少军官。

今天冯·罗森带了3辆虎式作战，结果不错。晚上忙着看邮件。

1月3日：5辆虎式今天到了基斯贝。早上经过阿卡到了费尔索多波斯，我们的虎式已经在那里战斗了。霍斯特将军的第4骑兵旅也到了那里。下午回到

第6章 匈牙利、奥地利和捷克斯洛伐克

苏尔，处理公文和邮件。

1月4日：早晨去查看了补给连和他们的火车，和他们交谈了一会儿，又看了看他们的营地。中午和魏冈一起。

下午去了一趟第1修理排，然后到了苏尔。公务繁忙，之后在巴空尼索姆巴特勒看了一部电影和新闻纪录片，在那里我从第Ⅲ装甲军的军官那里听说我们现在转为隶属于"统帅堂"装甲军。

今天有13辆虎式作战。

1月5日：去第Ⅲ装甲军准备要回2辆借去的防空炮车，但之后花了好几个小时讨论7日的进攻计划，使得我没时间去找参谋汇谈炮车的事情。

查看了第1修理排。

回到苏尔，简单吃了午餐后，去了泽尔克，我们又被分给了第4骑兵旅。

回到苏尔，忙公文琐事。去阿卡找第4骑兵旅的指挥官讨论了一下作战计划。晚餐和参谋一起在当地一家馆子吃，一直到23时才结束，我开车回去。路况实在太糟糕，我不得不打开车灯，立刻被"缝纫机"发现并骚扰了一下。

1月6日：为准备进攻开了很多会，之后去第Ⅲ装甲军把防空炮车要了回来。古德里安今天也在那里，回来准备朝东南方向前进。

晚上坦克都集结到巴空尼索姆，我则一个人开车先回到菲儿瓦索哥去找第23装甲师。我被命令去找到普雷滕贝格，并于第二天一起出发，但却没能找到他。斯大林管风琴很准时地开始关照菲儿瓦索哥。我于24时回到了巴空尼索姆。

1月7日：5时醒来。6时出发，路上大堵塞。我乘坐的装甲车只能到达菲儿瓦索哥，在那里找到普雷滕贝格讨论行动协调。坦克在11时30分出现，作战行动于11时40分慢慢展开。我和普雷滕贝格进驻到博巴拉村，在那里指挥对扎莫利的进攻。营里一半的部队朝北移动，我跟着南边那组行动。对方的反坦克火力非常猛，我们1辆虎式被击毁（车长阵亡）。天黑得比往常要早，扎莫利没能被拿下。

我们在博巴拉周围布置警戒。这时候收到命令，要我们去北边和普雷滕贝格会和，因此我们在夜里立刻出发。

补给还没送上来。在菲尔普斯塔等了几个小时，然后和冯·罗森中尉前往马戈雅拉马斯，在那里找到了补给连。这个晚上就这么过去了。

1月8日：7时到达拉雅。普雷滕贝格和北面那组人马都在那里。但是11时收到命令，所有人回到博巴拉，继续朝南进攻。

整个早晨不断遭到苏军炮击。

我们又开回了博巴拉。结果刚到那里又接到一个第4骑兵旅的口信，军里

要我们再回拉雅，只好又前往拉雅。和霍斯特将军打了好些个电话想弄清楚状况。天快黑的时候，看到一些车辆在接近拉雅村，最后发现是友军的装甲车。除了不断的火炮和迫击炮声外，局势显得很平静。我碰到了第41骑兵团的罗扬中校，他也是我的老朋友了。目前他负责防守拉雅以南不远处的一处构筑有碉堡的阵地，这里不仅有和军里的直线电话，还可以安稳地睡个暖和觉。

雪下得不停，还落雹子。

1月9日：9时得到警报，本营要立刻和第23装甲师会合，真是一团糟。进攻目标是阿索普斯塔（已经是一座废墟了），我乘坐装甲车赶回营里，给23装甲师打了个电话，他们说我们应该还是隶属第4骑兵旅，和他们没关系。我只好又给第1骑兵军打电话：原来是让我们1个连给第4骑兵旅，其他部队分给第23装甲师。因此，我们营又被拆散了。1连在皮普格拉斯少尉的指挥下继续跟着第4骑兵旅，今天击毁了7辆对方坦克。

我们从阿索普斯塔往南推进（没带多少步兵）到萨尔科齐，将对方驱赶到适合我们装甲部队作战的地区，然后朝东进攻一个酒庄。一支第23装甲师的空军野战部队的步兵跟着我们一起行动。苏军挤满了村外挖的一条战壕，这是一个新到的机械化军，很顽强。我们坦克直接压了上去，疯狂地朝一切目标开火，苏军也用各种武器还击。跟随我们的步兵躲在后面一步不敢向前，我跳出坦克把这帮人往前赶到离苏军战壕还有50米的地方，仍然在我们坦克后面！真是懦夫的行为。

步兵的损失确实很大。当我的虎式压制住对方火力的时候，我大吼一声："冲啊！"率先往前，冲想带动那帮步兵前进，但却发现只有我一个人冲在前面，那群步兵依然匍匐在原地一动不动。在2个小时后，我终于在3名得力的下士和1挺机枪的帮助下击垮了战壕里的苏军，俘虏了300人！战壕里最后躺着差不多100名或死或伤的对方。我押送对方伤兵和俘虏前往萨尔科齐，并和步兵营营长欧米歇恩聊了聊。在我走后，冯·罗森中尉带着部队进入了酒庄（没有任何抵抗），随后把防线转交给步兵后，所有坦克部队回到阿索普斯塔。完成了补给工作后，晚上就睡在了坦克里。冰雹一直下。今天打到了100只野兔！

1月10日：好冷的一个晚上。早上去马戈雅拉马斯会见了胡克少校。为一些维护工作。

中午收到了下午进攻扎莫利的命令，但是由于根本没有时间准备，无法执行。为了准备明天一早对菲尔索普斯塔的进攻开了一个漫长的作战会议。

这天晚上非常冷，被冻得有点抽筋。

1月11日：4时45分醒来，做好准备，我们担任魏曼战斗群的先锋部队。

第6章　匈牙利、奥地利和捷克斯洛伐克

地开始解冻，又变成了稀泥。部队集结后于6时出发。进攻最后于6时40分打响，我们很快就将有重武器支援的对方步兵赶出了他们的阵地。接下来是和对方坦克部队展开的数小时激战（对方中包括装备95毫米火炮的约瑟夫·斯大林坦克）（译者注：斯大林系列坦克只有85毫米和122毫米口径两种，疑是作者笔误）。我们彻底损失了3辆虎式（包括我左右的2辆虎式），有另外7辆受到了不同程度的损伤（其中1辆被炸弹命中），所以当天出动的13辆虎式中只有3辆全身而退。

不管代价多大，我们最后成功地占领了目标高地。我们身后的扎莫利村也被占领（但是普雷滕贝格伯爵战斗中受伤，而他的副官更是阵亡了）。敌大量空军一直不停地空袭。我自己的副官海尔莱因少尉在牵引1辆虎式时也被炸弹碎片击中负伤。我和另外2辆坦克继续进攻，直到天黑才撤回。

有1辆虎式在对方阵地前面趴窝了，要想把它救回来可是个非常艰难的任务。1辆虎式前面先绑好牵引绳冲了过去。在对方炮火下，2名乘员爬出虎式，1人将牵引绳的另外一端绑在被困虎式车尾的牵引钩上后跑回自己的坦克，另外1人要爬入无人的那辆虎式，将其发动机和变速箱的连接松开。之后在其他2辆虎式的掩护下，将这辆虎式1厘米1厘米地从敌人眼皮底下拉了回来。

我们奉命撤退到本方战线后方，瓢泼大雨。晚上住在阿索普斯塔，由于屋顶都坏了，雨水将里面所有的角落都淋得透湿，没有草垫。我开着大众车到菲尔索普斯塔给旅里和军里各打了个电话。大家都祝贺我们今天取得的丰硕战果：击毁21辆苏军坦克及自行火炮，还有超过20门反坦克炮，1辆斯大林管风琴和3架飞机（是由我左翼的几辆虎式趁他们还没起飞时，在地面摧毁的，我战斗中都没注意到这事），还有大量对方人员。但我们日子也不轻松，特别是对修理连来说，很多时候要在对方炮火威胁下回收本方受损坦克。

我直到午夜才回到阿索普斯塔。

1月12日：早上回到博道伊克。福林格少尉带着修理连刚修好的3辆虎式在阿索普斯塔组成了一个小规模的战斗群。

在博道伊克洗澡换了衣服，这里条件就是好啊。下午见到霍斯特将军时也被他称赞了一番。因为昨天成功的作战，我们战斗群可以从阿索普斯塔转移到马戈雅拉马斯。

1月13日：早晨去第Ⅲ装甲军找参谋们汇报了一下战况，下午在维修厂检查。之后从14时至22时一直在忙公文。几天没弄已经堆积得和山一样高了。晚上参加了旅里林肯巴赫少尉的颁勋仪式。

1月14日：早上和营里的军官开会。午餐，然后去拜会魏曼中校。之后回

到旅里参加了林肯巴赫少尉的活动，以及给冯·罗森中尉颁发金质德意志十字勋章。将战斗报告写好了。

大地开始解冻，晚上却更冷了，下霜。

1月15日：处理公文。中午去到第Ⅲ装甲军，和值班军官聊了聊，回来继续处理公务。天很冷，地下结了黑冰，晚上很冷冽。

1月16日：天气不错，但还是很冷。

查看了待在马戈雅拉马斯的福林格战斗群，颁发了几枚一级铁十字勋章。之后去到第23装甲师（在菲儿瓦索哥），我们现在隶属该师指挥。各种公务、理发、洗澡、写信。

1月17日：多云，寒冷，安静。中午和福林格少尉一起，然后去了第23装甲师，开了一个关于明天作战任务的会议。我们将向赛克什白堡发动攻击，而更大规模的攻势将在该城以东地区展开，我们将和第23装甲团和其步兵一起行动。

晚上住在博道伊克，为罗利克少尉庆祝生日。

20时30分，部队前进到马戈雅拉马斯，在那里和第23装甲团1营指挥官库雅岑斯基开了个会。

1月18日：4时30分，从马戈雅拉马斯出发。8辆虎式进入马吉特村的进攻阵地中。6时45分投入战斗，在穿越友军防线后，由工兵协助穿越了一片雷区。对方重炮火力很猛烈，但是步兵已经开始溃散。在艰难地穿过一条岸堤松软的溪流后，遭到了四面八方袭来的火力，真是艰苦的一天。很快，我的4辆虎式就无法动弹了，只能由别的虎式互相帮忙拖了回来。我座车的炮管被击中，丧失了战斗能力，但是我们依然待在前线鼓舞士气。跟着我们一起前进的黑豹现在只剩下了2辆，那些跟随我们行动的Ⅳ号坦克和突击炮损失惨重。我们摧毁了对方7辆坦克和10门反坦克炮，对方的重火力今天特别的猛烈。快到傍晚的时候，对方在我们左侧发动了一次反击，我们前往协助作战。

天黑后，我们奉命撤退，步兵跟进上来把守阵地。2辆虎式留在防线上提供必要的火力支援，我们大部队撤回马戈雅拉马斯。

这天把大家都整得精疲力竭。我前往第23装甲师参加了一个短会，将军对我们表示感谢。之后回到马戈雅拉马斯，累死了，睡觉。

1月19日：堆积如山的文案工作，邮件。晚上前往在菲儿瓦索哥的第23装甲师。对赛克什白堡的进攻很顺利。国防军通报的内容很令人沮丧，苏联人已经到了德国的边境。

1月20日：早上下了大雪。在菲儿瓦索哥治病，我的肩膀疼得不行。

第6章 匈牙利、奥地利和捷克斯洛伐克

国防军通报了很严重的战局发展：苏军已经侵入东普鲁士和西里西亚，他们同样还攻入了瓦特高。看来事态已经难以收拾了。

晚上库雅岑斯基上尉（第23装甲团1营营长）和我们共进晚餐。

1月21日：8时15分，第23装甲师发来警报：发现"约瑟夫·斯大林重型坦克"，但是早上并没有别的消息传来。下午去找第4骑兵旅的霍斯特将军，他正在考虑如何将匈牙利军的坦克编入他的部队中去。

国防军通报：苏军到达托恩，看来德国很快就要全部失守了。

处理公文和邮件。

1月22日：8时和库雅岑斯基上尉（第23装甲师）在一起。第1装甲师今天要突入赛克什白堡，我们的任务是往东包抄，兜住撤退的对方。我们带着9辆虎式和几辆黑豹以及Ⅳ号坦克就出发了。我们在萨尔科齐脱离了德军防线，在冲破苏军防线后，占领了古拉村，在那里消灭了不少门反坦克炮。随后朝南沿着一条狭长的洼地前进。果然和计划一样，我们直接杀入了撤退中的苏军队列中，一口气消灭了7门自行火炮，2辆坦克和差不多15门反坦克炮。在我们火力全开的时候，苏军尖叫着逃散了。我们在晚上时到达从赛克什白堡往东北方向走的一条公路上，这时突然遭到大量苏军坦克的袭击，大群的匈牙利士兵看到我们如获救星，纷纷聚拢过来。由于缺乏弹药，我们只是被动地守到对方退去。由于道路糟糕和对方猛烈的炮火，补给没有能够送上来，冯·罗森中尉指挥剩下的5辆虎式到了第二天早上。

1月23日：我在重重困难下将补给队拉了上来，直到5时才返回马戈雅拉马斯。师里打电话让我们一大早要进驻赛克什白堡。短短睡了几个小时后，就前往正在马戈雅拉马斯的第4骑兵旅旅部做简报。

下午我到了赛克什白堡。城市被破坏得很严重。苏联人占据该城的时候，无恶不作。

1月24日：早晨待在军部。我们重新被指派给第4骑兵旅，率部队回到马戈雅拉马斯。

查看了一下维修厂，然后去赛克什白堡取了一些东西。

海尔莱因少尉今天离开了部队。

回到马戈雅拉马斯的部队后，立刻和第4骑兵旅开了个关于明天进攻的会议。匈牙利坦克被派给我指挥。这只有带来更多的麻烦，我花了整晚的时间去帮他们解决车辆、武器和翻译的问题，他们的军官很幼稚，士兵没有斗志。这也能上战场？

1月25日：我们只有在拜尔少尉指挥下的5辆虎式参与了进攻。我在5时和

战斗群到达扎莫利，进攻已经打响。苏军的火力和疯了一样。虎式的参战直接瓦解了苏军的防守，阵地一个接一个地丢了。2辆虎式由于对方炮火和地雷受损，压上雷区的那辆两条履带都脱落了。鲁贝尔少尉一直忙到晚上才把这些虎式回收了，大雪在一定程度上也帮了我们安全撤离。晚上回到扎莫利，又是一天很艰难的战斗。

我在扎莫利只找到一个糟糕的土豆窖容身，但是经过我们用地毯家具装点后，就显得还是挺舒服的。霍斯特将军在路的另外一头找了一个地下室做指挥部。整个村子都被炮火轰平了。

1月26日：昨天占领的地区由于其他地方失利而不得不放弃。苏军继续轰击扎莫利。

我们在抢修了一下那辆履带都脱落的虎式后，带着剩下的部队转移到博巴拉村。早晨发动了一场小规模的进攻，出动了3辆虎式和几辆匈牙利军的Ⅳ号坦克。第23装甲师在我们右侧并肩进攻，但没有取得什么进展。尽管匈牙利步兵没有配合得那么好，但我们这个战斗群进攻得很顺利。战斗一直持续到晚上，天开始下雨。我和指挥这场战斗的绍尔中尉一直待在一起。由于对方弹如雨下，他的指挥部设在一个土豆窖里。我们的3辆虎式在经过一天的苦战后，也不得不撤回来修整一下，整个战斗群也就跟着撤退了。22时回到村里。我带着几辆虎式前往拉雅村，昨天我们费了九牛二虎之力才救回来的那辆虎式在半路上居然掉入了一个大弹坑中。大雨慢慢地变成了暴雪。抢救工作没法进行，地面已经结冰，太滑了。我暂时放弃了努力。全部人员返回马戈雅拉马斯，已经是2时了。

1月27日：暴雪，很大的冰雹，天寒地冻，所有的路都结了冰。我乘坐装甲车好不容易才赶到了第Ⅲ装甲军军部。

此时本营真的到了山穷水尽的时候，这天1辆完好的虎式也没有了。我晚上接到命令要求转移到莫哈去，又处在第4骑兵旅整个防区的中央位置。

国防军通报令人震惊：苏军已经到达上西里西亚，过了波森，直逼奥德河。

1月28日：寒冷。

仍旧待在马戈雅拉马斯，非常平静。我准备写信，但突然想到这些收信人可能都已经在苏联人到来前逃难去了。去了第Ⅲ装甲军军部和在菲儿瓦索哥的修理排。

我们仍然隶属第4骑兵旅。这天晚上我们有了5辆修好的虎式，所以又准备尝试去回收那辆掉在拉雅村附近的弹坑里的虎式。工兵排在昨晚已经开始将弹坑炸出了一条斜坡，但老天不帮忙，又开始带来了暴风雪。勇敢的工兵们奋斗

第6章　匈牙利、奥地利和捷克斯洛伐克

到4时，终于成功地将这辆虎式救了出来。除此之外，我们将4辆瘫痪的匈牙利军Ⅳ号坦克一起从扎莫利送到了修理排那里。

1月29日：狂暴的冰雪似乎要将一切冻结。我乘坐装甲车费了很大劲才到达萨尔科齐去查看正在维修中的虎式。重骑兵营也在那里，其营长是松塔克上尉。我们查看了一下，从这里到第4骑兵旅的道路中缺少可以承载虎式重量的桥梁，所以只能从北边绕路过去。回到菲儿瓦索哥，本来想自己先跑到骑兵旅那边一趟，但一想到外面冰雪交加，还是算了。暴雪已经到了看不清楚前面人影的地步。想象一下德国东部的难民就是要在这样的天气里也不能停下逃亡的脚步！苏联人突击得太快了。

下午我去了一趟第Ⅲ装甲军军部和修理排，然后回到马戈雅拉马斯。我的装甲车在路上也侧滑到坑里，后来当暴雪最厉害的时候，还差点撞到旁边的小山丘上。回到营地后，在屋子里生火，总算舒服了。

1月30日：暴雪收敛了一点。下午，部队前往萨尔科齐，晚上听"元首讲话"。

1月31日：早晨去萨尔科齐，第4骑兵旅的重装营和我们的9辆虎式集结在那里。我们的大众车在路上被困在大雪中，所以最后一段路只能是步行前进。苏军在各处的进攻都投入了重兵。突然我接到旅里的电话：苏军在多处取得突破，虎式必须和重骑兵营立刻反攻，以夺回古拉村作为有限目标。

我指挥虎式越过葡萄田，先到达萨尔科齐以东，在那里掉头南下。苏军不仅火炮和迫击炮火力猛烈，还有数不清的反坦克炮和坦克火力。我们在古拉村正面无法取得突破，我因此将4辆虎式调往左侧，准备先攻占对方盘踞的214高地。我们在一些掷弹兵的协助下取得了不错的进展。苏军坦克抵抗得很顽强，在被我们击毁数辆之后，剩下的开始撤退。掷弹兵占据了苏军新构筑的阵地。我的1辆虎式被95毫米炮弹击穿炮塔，2人受了重伤。我们右边的库珀少尉率领3辆虎式在这时也成功突入古拉村，但是协同作战的少量步兵很快被苏军干掉。这时天已经完全黑了，冰雨让人寒澈入骨。对方开始趁夜摸上来，我们提高了警惕。

2月1日：这真是个地狱般的夜晚，战斗没有停止过。库珀少尉在重新集结了一批步兵后，再次杀入村中。我的座车在早晨从东面也扑向村子。皮普格拉斯少尉带着2辆虎式据守214高地。我们最终占领了古拉村，但是大量苏军在村子以东的方向盘踞着。旅部通过无线电命令我将所有能用的坦克全部搜罗起来，赶往南面的166高地支援，大量苏军坦克（据说有50辆）正朝那里进攻。除了皮普格拉斯少尉的坦克还需要继续留守214高地以外，我手边也就3辆虎式了，立刻带着这点家当往南驶去。但就在这个时候，库珀少尉的1辆坦克履带

断了（压雷了？），必须要在战火下抢修它。第2辆虎式的发动机温度依然达到100摄氏度，必须要返回检修了。第3辆虎式离开村子没多久就压上了地雷，瘫痪在那里。最后只有我一辆车上了，我只好通过无线电让皮普格拉斯少尉赶来救火。

我在路边的土墙上观察到了苏军有20—25辆坦克。在我首发命中后，引发了苏军坦克车队的骚乱，但很快他们的火力就彻底笼罩了我们这车，行走装置严重受损，无法动弹。我冒着炮火爬到车外，发现底盘由于一个承重轮被打坏，卡住了履带。在我把它清理掉后，坦克又能开动了。皮普格拉斯少尉终于带着他的2辆虎式赶到了。他立刻消灭了3辆对方坦克，其他坦克见势不妙，朝南逃走了。我的虎式返回维修，路上必须要非常小心防止履带脱落。我下午待在松塔克的指挥部，皮普格拉斯少尉继续与对方在前线交战。

1辆虎式在古拉村外面陷入了沼泽地中。当晚上放弃古拉村的时候，只好把它炸毁了。我又回了一趟萨尔科齐，希望可以有更多的虎式被抢修好。但直到2时才有2辆修好，这太晚了。不过它们依然到前线提供了火力支援，可以让其他坦克先回去检修一下。所有乘员都精疲力竭。

我穿过菲儿瓦索哥到达伊斯考圣捷尔吉，他们向我祝贺今天的成就（击毁17辆坦克和自行火炮）。我在23时才回到营地，倒头便睡。

苏军今天已经兵临屈希林。

2月2日：终于有了片刻清静。和第4骑兵旅的指挥官在一起，处理公文，作战报告。给拜尔少尉颁发了金质德意志十字勋章。

17时，我和布朗特中尉、吉勒少尉乘车前往苏尔，巴克豪森中尉邀请大家一起吃晚饭。雾很大，前往菲儿瓦索哥的公路被积雪挤压得很狭窄。匈牙利难民挤满了道路，朝相反的方向撤退，有几辆匈牙利军的Ⅳ号坦克也混在其中，好些是被拖拽的。我们在一个地方被堵了1个小时，费了好大劲才让那些不懂德语的匈牙利人明白我们要干吗。最后到20时30分才到达苏尔。食物很不错，伴有美酒，愉快的夜晚。我们谁都不愿意想自己在德国东部老家的亲人。24时返回营地，在2时到达。

2月3日：早晨去伊斯考圣捷尔吉的一座巴洛克风格的小古堡里拜访了巴本海姆伯爵。这位博学的伯爵把他的小城堡塞满了珍贵的古代兵器和书籍，他准备在苏联人过来时和自己的心爱之物共存亡。

今天5辆虎式参与了战斗。福林格少尉率领这个战斗组和刚赶来的党卫军第5"维京"装甲师发动联合进攻。战斗在11时30分打响，我和福林格少尉保持无线电联系。不过实际上战斗算是苏联人率先发起的，而且是从数个地点同

第6章　匈牙利、奥地利和捷克斯洛伐克

时发起。我到旅部去了解了一下整个战场的局势，同时注意听无线电里关于我那个战斗群的消息。多亏虎式的威力，我们在晚上又夺回了古拉村，并缴获5门重型反坦克炮。麻烦的是，虎式晚上还要留在阵地里提供掩护（轮流回来进行补给）。雾非常重，你几乎都看不到伸在脸前的手。

2月4日：和福林格交换了一下情报。雾消散后，苏军坦克在黎明时分对古拉村发动反击。虎式消灭了8辆坦克并占据了村南面的高地，又消灭了5门反坦克炮。

太阳很好。俄空军非常活跃，不断投下炸弹，一枚投在萨尔科齐的炸弹炸到了我们的修理排。

晚上我们将虎式撤离火线，回到了萨尔科齐，暂时栖身在被炸成废墟的房子里。

2月5日：今天没有任务。我又去了一趟伊斯考圣捷尔吉，然后发现本营又被指派给党卫军第4装甲军，我立刻前往他们那里建立了联系。由于天气开始转暖，路面开始解冻，变得非常泥泞，雨和雾把问题变得更麻烦了。终于有时间处理公文。晚上在伊斯考圣捷尔吉城堡看了电影《楞茨马戏团》。

2月6日：文案工作。下雨。晚上在城堡看了电影。

2月7日：春天到了，但前线只有炮火。坦克没有作战，主要忙着修理。

2月8日：依旧很平静，大雾潮湿。

下午去伊诺塔党卫军第4装甲军那里汇报情况，我们得到命令要转移到别的地区去。

晚上在第4骑兵旅那里。

2月9日：局势很平静，天气温和。晚上传来了转移的命令：前去装车，目的地未知！

2月10日：局势平静。和第4骑兵旅的霍斯特将军告别，还有罗彦中校、松塔克上尉，他们都对我们的离开表示难过。

公务。

2月11日：早晨到了莫尔，虎式在那里装车，随后前往基斯贝查看修理厂，受损的虎式要开始用火车往后方转移了。我的大众车在路上不知道怎么搞掉了一个轮子，还好没出其他什么乱子。到达基斯贝后，我看到火车站站长正在那里指挥装车。看看一切都进展得很顺利，我继而前往巴空尼索姆巴特勒查看补给连（中饭和魏冈上尉一起吃，谈论了装车的问题），之后去了第6集团军指挥部（找作战军官和部队转移负责军官）。我们沿着多瑙河穿过科马罗姆、杰尔（Győr），到达了北面的诺伊豪瑟。从那里往东到舒拉尼（Nagysurány）都

是"统帅堂"装甲军的防区。晚上在一个巨大的食糖工厂里的军官俱乐部吃到了美味的烤兔。晚上和哈戈麦斯特少尉、吉勒少尉挤在访客宿舍里。

2月12日：早上与参谋长冯·普拉托中校愉快地讨论了新的战斗任务（消灭苏军赫龙桥头堡），与总指挥克莱曼将军共进午餐。之后经过诺伊豪瑟前往位于胡尔巴诺沃的"最高德意志骑士团"师，我们将要并肩作战。晚上和装甲猎兵营营长斯洛特上尉住一起。

2月13日：我的生日。搬到了位于苏茨的新营地。这里的营地还可以，其他地方的都是肮脏不堪。当地牧师可以说一口流利的德语。开车前往库特查看敌情，前线从库特的北面一直往南延伸到城市的东郊。仔细研究了一下地形，我趴在一个草垛上观察的视野特别清楚。我们准备从这里在2月17日晚发动对对方桥头堡的攻势。地面开始变得非常松软。当地人邀请我们一起吃午饭，煎鸡蛋和酸黄瓜。

之后回到苏茨。本营的第一列火车到达，将部队卸在佩贝特，其他火车会一个接一个地到达。海尔莱因少尉和罗利克少尉回来销假。全营给我送上了生日问候，当然还有生日蛋糕。我们玩得很愉快，干掉了一瓶香槟。

晚上到"最高德意志骑士团"师那里。路上积水严重，夜很黑。根据侦察的结果开作战准备会议：如果沿着库特往东条件不错的公路进攻，有可能会被苏军准备完善的雷区和反坦克阵地候个正着。我们可以考虑从北面的丘陵绕到对方侧翼，那个方向不太适合坦克行动，反而可以打敌人一个出其不意。师部同意了这个作战计划。我离开时是22时，到了23时才到达苏茨。我把营里已经到达苏茨的军官召集在一起，一起喝咖啡，聊到1时。

2月14日：我带着海尔莱因少尉和福林格少尉早上前往库特，探查了一下计划中的行进路线。道路开始泥泞起来。苏联人那边没什么动静。

斯洛特上尉过来探讨作战中如何协作，我们工兵去库特先准备修筑一条足够结实的道路。

2月15日：忙于公文。我带着营里的军官去了德军防线，和守卫在那里的掷弹兵研究如何协同作战。之后连长会和每名车长单独布置各自在战斗中的角色，并且安排好隐蔽进入出发阵地的路线。

2月16日：天气很好，野外已经很泥泞了。

9时到达福尔，准备和掷弹兵们开个会。14时和"最高德意志骑士团"师师部开会。

19时回到苏茨和营里的军官开会并吃晚饭。

2月17日：2时起床。坦克、装甲车在2时30分出发，前往库特以北地区

第6章 匈牙利、奥地利和捷克斯洛伐克

(编者注：我记得有22辆虎式，每连有6—7辆以及2辆指挥型虎式)。因为天黑，而且灯火管制，前进的道路不顺畅。山路有点陡峭，对虎式的发动机是一个巨大的挑战，幸运的是没有1辆虎式抛锚。

我们爬上坡后，因为早就熟悉了这里的情况，很快摆开了战斗队形（2个连分列左右，第3个连殿后）。在这里要想区分出方向来也不是件容易的事情。在本方进行炮火准备时，我们开始穿过步兵把守的阵地，朝对方冲去。当我们到达对方阵地前，他们好像一下子活了过来，猛烈的反击炮火使得跟随我们进攻的"最高德意志骑士团"的掷弹兵们遭受了惨重的人员损失。皮普格拉斯少尉的座车在穿越过一道对方战壕后，被困在了一个雷区里。我让营属工兵搭乘着半履带装甲运兵车以最快的速度赶上来，火速给我们清理出通道。我边上的1辆虎式被命中起火，照亮了周围的战场，将我们暴露给苏军，成为绝好的靶子。

当我的座车越过第二道苏军战壕时，督促躲在我们车后的掷弹兵们继续进攻。一枚近距离发射的反坦克炮弹命中了我的炮塔，当时我脑袋正伸在外面以便观察战场，结果一堆碎片砸到了我的后脑勺。瞬间我的鲜血就流得到处都是，耳机也被血浸透，就快要丧失神志。我仅仅来得及用无线电通知由海尔莱因少尉接替指挥。我的虎式后退了一段距离，将我转移到医护装甲车上后撤。我被送到一个设在酒窖里的手术室进行了处理。外科医生从我身上取出碎片后，包扎好，随后将我用轿车送到福尔（在那里简短和师部交代了一下）。我随后自己拿东西压着伤口，躺着被送到了补给连所在的塔多斯柯德，我让魏冈上尉火速赶到前线指挥全营作战，之后我又被送到普雷斯堡，下午在那里接受了空军的骨科专家做的手术。真是糟透了，那晚在麻醉药的帮助下，我才得以入睡。

2月18日：情况总算可以接受，我脑袋有点疼，开始发烧。

2月19—24日：恢复得很快。冯·罗森中尉在2月20日也被送到了医院（2月17日晚手臂严重受伤，肘关节处断裂，译者注：根据前文冯·罗森中尉的回忆，这伤应该就是20日的结果，而并非上尉记录的17日）。他被安排和我一个病房，我从他那里听说了那晚的战斗，后来海尔莱因少尉指挥得很好，取得不错的战果。

当虎式捣毁苏军的重炮阵地后，对方的抵抗崩溃了。整个赫龙桥头堡在1天半里被摧毁，这也挽救了我们左侧的一个党卫军师进攻受阻的困局。2月23日我可以离开病床在周围活动一下筋骨。每天基本上都有空袭警报（美军轰炸机前往维也纳的必经之路），苏军轰炸机不时也会光顾一下普雷斯堡。

2月25日：尽管我脑袋还缠着绷带，医生建议我继续住院，我还是执意离开了医院。我打了几个电话找不到人，因此搭火车到了塔多斯柯德，正巧补给连在搞一个生日派对，我参加完之后，搭上了汉赛军士长的车。

2月26日：回到舒拉尼向军部汇报。然后回到苏茨，本营在成功扫灭赫龙桥头堡后回到这里。这天比较平静，做一些日常维护工作。

2月27日至3月6日：本营继续待在苏茨。虎式的修复工作进展得比较顺利。完成了数量疯狂的文案工作。泥沼季节又来了。路面完全不堪使用。我们几乎被困在了这里，只有驾驶半履带摩托这样的装备才可以行动（另外由于油料匮乏，禁止随便开车）。周围的道路在经历了党卫军的撤退后，更加糟糕。从3月3日起，我们隶属第4装甲团指挥。

3月4日的国防军通讯中报道说苏联人占领了波美拉尼亚中部，我的家乡蔡特里茨（Zeitlitz）也被占领。

3月6日营里的军官开了一个会议。由于补给开始变得不稳定（位于科马罗姆的油库被美军炸毁），现在油料短缺得很厉害。中午得知要在7日转移到北面的维尔贝利。

3月7日：收到我在慕尼黑的弟妹赫塔·贝努特的一张明信片，她是2月20日寄出的。她写到我兄弟威尔弗里德在施塔加德受了重伤，被疏散出来；我母亲在蔡特里茨时，髋关节受了重伤。她及时逃了出来么？

本营经过诺伊豪瑟到达维尔贝利，和第4装甲团会合。我们发现这座小城相当的干净，居然电力供应还算正常。

3月8日至3月24日：3月8日忙着处理公文。3月9日和营里的军官去周围查看地形，天很冷，第二天继续熟悉地形。之后得知科马罗姆失守。

慢慢地春天来了，温暖美丽的日子。

德国西线的局面危急万分，赛克什白堡的局势也很悬。现在的虎式数量还有31辆，我们的补给能力也下降了相应的程度，我们再也不会恢复以前的强大了。

终于收到了我妻子和妹妹分别在2月18日和23日发来的邮件。她们现在都到了勃兰登堡—梅克伦堡—吕根一带，还是没有我母亲和其他在蔡特里茨亲人的消息。我兄弟威尔弗里德（瞎了一只眼睛）到了蒙斯特。

期间有过好几个生日派对，春天似乎真的来了。我们这边的前线比较安静，但你能明显感觉到苏军实力一直在加强，从赛克什白堡和科马罗姆传来的都是坏消息。第13装甲师师长贝克上校来访。3月22日，1连搞了个不错的聚会，我们所有军官进行了沙盘推演（贝克上校也在），都感觉有点初夏的味道

第6章　匈牙利、奥地利和捷克斯洛伐克

了。据说苏军在3月23日会发动进攻，但到了3月24日还没动静。

3月25日：苏军沿着整个赫龙河发动全面进攻。苏军很快就在西岸建立了数个桥头堡，并迅速扩大。我们营试图发动一些反击，但是由于没有别的部队支援，根本没有效果。

3月26日：我们在早晨回到托胡尔（Toehoel），这里正在进行激烈的防御战。上级要求我们发动反击，可是对那个对方已经在我们左右到处都是，并且推进到维尔贝利的情况下，这种所谓的反击实在有点自欺欺人。我命令待在维尔贝利的补给连先行疏散。

3月27日：晚上得到命令，部队要从托胡尔退到维尔贝利。当防线开始崩溃时，我们虎式还在维尔贝利东郊坚守。但根据现实的考虑，我撤退了一部分虎式去保护补给连和在诺伊特拉的维修场。虎式在这天里牢牢地守住了维尔贝利东郊。对方因为不清楚虚实，并没有敢硬吃我们。我方步兵开始分成小组朝西退去。我晚上带着营部人员和数辆虎式先退到卡拉茨（Kalasz）准备新的防线。福林格少尉在当晚被弹片击中阵亡，他当时正在维尔贝利指挥虎式作战。

我们对这么好的战友去世感到很难过。我命令所有在维尔贝利的虎式撤到卡拉茨。

3月28日：撤退到诺伊特拉，修理连已经在昨天撤离这里。很明显，已经没有完整的防线了。我们当天尽了全力守住了诺伊特拉，苏联人对于虎式把守的据点还是不愿意轻易来碰的。他们的习惯性动作是撤退，然后从左右绕道而过。

我去到军部讨论局势。指挥官不断要求我和其他部队在诺伊特拉发动反击，在他的地图上满是那些事实上已经被打散的部队。我告诉他实际上除了虎式以外，已经没有任何其他部队在那附近了，而且虎式因为连续作战没有维护也快完蛋了。实际上他能够看到他所谓的"其他部队"正从他指挥所外面忙着后撤。他仍然强调我在骗他，因为其他部队指挥官告诉他部队还在前线。我立刻表示，如果我说的是假的，他可以马上解除我的职务。第13装甲师师长贝克上校证明我说的是真的。将军沉默了一会儿，同意放弃"反击"。我晚上在诺伊特拉公路边的一所肮脏的小屋过了一夜。我通过无线电督促维修厂赶紧修好在诺伊特拉损坏的虎式，同时找到补给连一定要去支援在前线的虎式。

3月29日：虎式最终撤离了诺伊特拉。苏军在南北两面跨过我们。修理连成功地在对方炮火下完成了虎式的回收，我跟在虎式的后面离开了这座城市。苏军的火炮和火箭炮无情地摧毁了这座小城。到处是断壁残垣，几乎不见人影。

俄空军在我们撤退时不断地骚扰，我们只得不时地躲到路边的壕沟里去。

因为很多虎式只能被拖着前进，我们撤退的速度很慢。晚上和修理连一起，睡了几个小时。

3月30日：早晨到了军部。我们同意将受损严重的虎式和修理场的重型装备用火车撤往西部。全靠修理连连长的功劳，才完成了这项艰巨的任务。其他受损不算严重的虎式（大约12辆）在前线抢修。

苏军到处都是。在维也纳南部，他们也已经侵入帝国境内。西线也彻底崩溃，德国完蛋了。

我们别无选择，只能且战且退，这可以让尽可能多的德军和平民（主要是妇女和儿童）逃往西部。这些可怜的平民很多还是从东部德国疏散过来的。我们的战士完全明白此刻战斗的意义，保持着高度的纪律性和战斗意志。补给连的表现也令人称赞，在这种情况下还能继续搜罗油料（从废弃的油站里），和88毫米炮弹（用高炮使用的炮弹改装）。必须要提一句的是，他们在"后方"也会随时碰到突入的苏军。

更令人惊讶的是，修理连甚至还给我们搞到了新的迈巴赫发动机，要知道弗里德里希港市附近已经到处游荡着法国来的外籍劳工了，而且那些南德来的战友也没有一个因为在故乡附近执勤而开小差，太了不起了。

3月31日：本营在巴伯城堡附近用仅剩的虎式构成一个防御阵地，苏军在这一天都没有能够突破这里。

4月1日：复活节。整天都在特尔纳瓦（Tyrnau）市里和以南地区作战。除了我们把守该城的东部外，我看到大量撤退中的德军步兵已经没有人指挥了。当我发现苏军开始包抄特尔纳瓦后，命令虎式撤退。穿过市区时，也要不时地和苏军小股部队作战。幸运的是没有1辆坦克掉队。离开该城后，我们前往小喀尔巴阡山。

4月2日：苏军继续进攻。和之前一样，还是只有我们在前线孤军奋战。当时碰到一支刚建立的机械化连，装备着双管重机枪，由一名少尉率领。我立刻把他们招揽过来，这样的实力对我们是非常大的帮助。我们可以暂时挡住苏军的进攻了。

我的指挥所设在附近的一座教堂里，当晚就睡在那里。

4月3日：当天在纳达斯附近爆发激战。面对虎式和装甲车协力防御，苏军又采取了从侧翼跨过我们的战术。因此我将营部后撤了2公里，设在一片树林里。晚上我们给坦克补充了燃料，修复了损害。

4月4日：早晨虎式和装甲车依然在纳达斯坚守。我从军部听到的消息是对方已经在我们右侧往西面突进到普雷斯堡，真是一团糟啊。

第6章　匈牙利、奥地利和捷克斯洛伐克

根据无线电命令，虎式沿着公路撤退到阿普菲尔多夫。一辆被重型反坦克炮击中过的虎式又陷入了旁边的泥潭里，只能被炸毁了。营里剩下的部队在阿普菲尔多夫东面摆下阵势准备迎敌。对方的炮火慢慢地近了，俄空军也加入了战斗，地面部队倒也没有追得太紧。到了晚上我们得到命令，要沿着公路继续朝西撤退。

4月5日：战斗部队把守着从阿普菲尔多夫往西的公路。中午得到无线电命令，要尽快朝西南方向撤退，在施罗斯贝格集结。苏军有可能从南面突破那里。当我们赶到时，果然看到了苏军的先头部队。我们成功地将对方拦住，尽管手里只剩下4辆虎式了。晚上冒着对方猛烈的炮火，继续坚守该地。

4月6日：整天都在对方不断的炮击中度过，无线电里提到过来支援的德军步兵依旧连影子都没有。大部分德军在昨天夜里都先撤退了。我站在坦克外面的时候，背部被一小片迫击炮炮弹的碎片击伤。晚上得到命令转移到一个叫作诺沃多尔的农庄，在那里休息了几个小时。2辆虎式在转移途中运气不佳，由于机械故障抛锚了。我们得抢在苏军到来前把这2辆坦克拖走，忙了一晚上终于成功了！

4月7日：对方继续全线施压。我把每2辆虎式配上一些防空炮车编为1组，共2组分别控制2条撤退的路线。我用无线电指挥，并不时地开车查看两边的情况。我们有整整一队防空炮车被1门反坦克炮干掉！真是累死了。晚上我得到命令，把剩下的部队带到胡里茨（Hulicz）去，在那里守卫玛奇河边的一处桥头堡。

4月8日：终于可以小睡一会儿，并洗漱一下。仅剩的几辆虎式还在胡里茨村东面发动了几次规模较小的反攻。苏军对地攻击机袭击了胡里茨。阳光明媚，晚上寒彻入骨。紧急处理了堆积的公文。

4月9日：仍在胡里茨。对方在炮火准备后，出动了大量部队对胡里茨桥头堡发动进攻，幸运的是几辆刚维修好的虎式正好赶到，就靠着不多的几辆虎式在白天抵挡住了苏军的进攻。晚上我们奉命撤到玛奇河西岸属于鲁登堡的朗斯托夫（Lanstorf）。

4月10日：我们早晨到达了朗斯托夫。春天的气候真是令人舒服。军部设在艾斯克鲁普（Eisgrub），一座类似列支敦士登那边一样的城堡里。修理，睡觉。苏军在夜里开始渡过玛奇河，朝鲁登堡这边袭来。

4月11日：晚上我在第13装甲师参加了一个会议，计划要在鲁登堡打一场保卫战。黎明时分，因为苏军从南面的朗茨霍夫发动进攻，虎式被命令前往迎敌。苏军凶猛的火力超出想象，我当时坐在一辆大众车里指挥战斗，真是惊心

动魄。苏联人一共投入了11辆坦克。1辆虎式被击中全毁，其他的虎式消灭了10辆对方坦克。当晚虎式停留在那里继续警戒。

4月12日：早上得到命令，本营从朗斯托夫转移到齐斯特斯霍夫，那边似乎又吃紧了。2辆虎式留在鲁登堡协助防守，其他虎式在一路上都由于机械故障而抛锚，最后甚至没有1辆虎式赶到齐斯特斯霍夫。我们根据"元首"的命令要为了保卫油田，战斗到最后一滴血。开采设备其实已经被破坏了，大部分技术人员也逃离了那里。对于一个没有坦克或者其他重武器的"装甲营"来说，这个命令实在是太讽刺了。

4月13日：经过和军部请示，我们并没有在那里流掉最后一滴血。我现在主要烦心的事情就是如何把受损的坦克转移并修好。多亏后勤的努力，整个工作进行得还算顺利。整个前线现在是摇摇欲坠，我们在鲁登堡的战斗部队今天过得非常艰难。一支强大的苏军发动了进攻，在被敲掉16辆坦克后暂停进攻。我晚上去到修理连查看情况。在不停地转移之后，还能够继续发挥功能，真是了不起的战友。现在他们驻扎在贝尔根（靠近尼克斯堡）。洗漱，睡觉。

4月14日：战线仍然被压缩后退。我们的虎式仍然是旧伤刚好，新伤又来。非常令人失望！晚上部队从齐斯腾多夫转移到维尔福多夫。

4月15日：本营进入到第357步兵师的阵地协助防御，但我们现在的实力只剩下防空炮车了，第357步兵师实际上也只剩下一些残兵败将。我带着装甲车和2队防空炮车守卫拉森堡。敌人的迫击炮弹如雨下。我晚上才到达新的位于老霍夫莱恩的指挥部。

4月16日：今天比较平静。几辆防空炮车参与了小规模的战斗，保护撤退的路口。今天早上我手里总算又有了4辆修好的虎式。军部没有命令它们行动，因此大家今天享受了一下老霍夫莱恩的好天气。

晚上突然接到命令，维尔福多夫那边出了状况，苏军从右翼大举突破，我们夜里立刻朝那边赶。

4月17日：几辆虎式和防空炮车参与了维尔福多夫和胡贝斯多夫的保卫战。猛烈的苏军炮火，但只有一些试探性的进攻。我们晚上留在村里，补给送了上来。

4月18日：军部要求本营早点向埃德贝格转移，苏军几乎与我们齐头并进。1辆虎式在维尔福多夫抛锚，成功回收。

4月19日：军部命令本营从埃德贝格继续朝北转移。对方在小哈德斯多夫和坡伊斯多夫出动装甲部队，我将部队分为2组分别迎敌，自己则乘坐装甲车。战斗很激烈，但我们还是毫发无损地消灭了13辆苏军坦克，打退了进攻。

第6章　匈牙利、奥地利和捷克斯洛伐克

晚上我们穿过燃烧中的哈德斯多夫，继续西撤。

4月20日：军部命令本营朝西边的福林-老卢普斯多夫转移，沿路消灭了追赶我们的2辆苏军坦克。我们在晚上到达了老卢普斯多夫，对方已经对这里发动了炮击。晚上一枚苏军火箭弹不巧击中了我们指挥所的房子，情况非常糟糕。我们与第13装甲师打电话讨论下一步计划。

4月21日：疯狂的一天！早晨雾很重，我给在我们后方4公里处的第13装甲师打电话，突然间听到听筒里传来惊恐的叫声："苏联人来了。"随着一阵枪响，猛烈的碰撞声，一切归于寂静。我到了晚上才知道一支有25辆坦克和一些骑兵的苏军趁着大雾从我们右侧渗透到后方，在摧毁了师部后，继续朝西前进。同时还有一支苏军部队从我们北边发起进攻，我只是从路上一名掉队的通讯兵那里听到了这些只言片语。我立刻通知大家做好战斗准备，共有5辆虎式，带上装甲车后我们一起朝西追击对方。

我在路上还搜罗到几件别的武器增强实力，比如在一个村子里发现的一辆装备105毫米火炮的野蜂自行火炮，之后又碰到了3辆刚修好正往前线赶的虎式。真是一场疯狂的竞速赛。在开过了几公里后，我发现公路的右边有苏军坦克的迹象。苏军看到有虎式之后，一阵狂奔，最后被一条河（泰雅河）拦住去路，随机排成刺猬阵形躲在一片树林后准备做最后一搏。我让虎式先摆开阵势，监视对方的动向。

我让左手边的2辆虎式慢慢接近那片树林。对方立刻射来95毫米炮弹。双方开始交火。军部要求我们立刻消灭对方。我感觉在这片开阔地上直接交火没太多便宜可赚。正在我思量的时候，苏军的坦克和骑兵开始朝东突围，这立马变成了一场追击战。

有一些苏军开始朝东徒步逃离。我们在米特霍夫村外消灭了10辆苏军坦克，在接下来的追击中又消灭了8辆，本方无一伤亡。苏军残余部队在穿过德军防线时，又被反坦克炮干掉2辆。我用装甲车和轻型坦克对付苏军步兵，他们很快放弃了抵抗，做了俘虏。

尽管我们取得了一场不错的胜利，但是整个战线被压迫后撤到拉河一带。晚上我们营宿在拉河边上。林肯巴赫少尉在今天因为头部中弹牺牲了。

4月22日：营部转移到拉河西南面的茨维恩多夫，虎式驻扎在斯特罗恩多夫。2辆虎式组成了一个更小的战斗组在北边活动，敌人今天没有进攻。我写了一封推荐授予林肯巴赫少尉骑士十字勋章的信件交到军部。

4月23日：待在茨维恩多夫。虎式仍旧待在昨天的位置上。4月天气还是有点寒冷。

4月24日：待在茨维恩多夫。没什么特别的事情，公文。

4月25日：仍旧在茨维恩多夫。我到军部得到了新的命令：将本营转移到左翼的索肖。我们在晚上到了那里，环境不错，当地人也很友好。我晚上去阿什梅利茨找贝克上校。

4月26日：在索肖尔。一组虎式在南面的乌尔岑斯霍芬，另外一组在我们前面的沃斯梯茨。后面那组今天击毁了1辆对方坦克。

4月27日至4月30日：我们仍旧待在索肖尔。对方对沃斯梯茨发动了数轮进攻，虎式坚决地打退了进攻，战斗中消灭了6辆对方坦克。战斗群晚上还为了破灭一次苏军的突破而出动，大部分战线都守住了，遗憾的是2名最好的车长在战斗中丧生了：科尼斯普上士（金质德意志十字勋章获得者）和斯柯达上士（一级铁十字勋章）。

柏林保卫战接近了尾声。

5月1日：希特勒在柏林自杀了。我的兄弟亚辛在柏林的冯·豪恩希尔德将军（von Hauenschildt）那里担任一名参谋。

我下午和副官带着相关材料前往"统帅堂"装甲军那里处理申请骑士十字勋章的事务。因为联系不上陆军总部，所以只能靠自己做决定了。与克莱曼将军以及其他一些参谋开会。

5月2日：和营里的军官们讨论希特勒之死，注意到他的继承人是海军元帅邓尼茨。军部的副官和我们在一起。

5月3日至6日：这几天真是令人难忘。本营在索肖尔的前线比较平静，我开始将所有的文件和档案销毁，相信这些东西就要没用了。

修理连还在加紧维修虎式。军部通报苏军很有可能在我们这段防线发动进攻。我们大约12辆虎式分散在"统帅堂"军需要防守的50公里正面的各处要隘上。营部参谋通过中波电台和前线的战斗群保持联系，获取战场的情况。

整个西线（包括意大利）已经投降了。美军正朝北面的布拉格突进，我们很担心自己没法及时赶到美占区。

5月7日：苏军在今天发起了以往未有过的猛烈空袭。防线迅速土崩瓦解，尽管我们的虎式还在努力作战，一共消灭了16辆坦克，12辆自行火炮，7门火炮以及1架飞机。苏军依旧高速前进，分割包围我们的阵地。我开着大众车到处查看，避免部队完全失散。我第一次看到苏军出动多达30架以上的轰炸机来对付一个村庄。撤退的道路塞满了人，这也是苏军轰炸机和攻击机的绝好目标，可悲的是德国空军完全消失了。

到了晚上，我们迅速放弃了索肖尔，过去几天阵亡的战友被埋葬在那里。

第6章 匈牙利、奥地利和捷克斯洛伐克

整体来说，到处都在撤退，只有几个零星的战斗群稍微阻碍了一下苏军的进攻。营部夹杂在慢如蜗牛的撤退公路上。

5月8日：一早我们到达了施德罗威茨（Schidrowitz），成功地和"统帅堂"装甲军取得了联系。没有新的命令，那就继续朝西撤退吧，方向：百威。希望能被美军俘虏。战斗群要尽可能地阻止对方沿着公路追击我们，再也不需要修理损坏的坦克了。军部对前线发生的一切了解并不比我多，我起码还和很多战斗部队时刻保持着联系。我命令（通过无线电和传令兵）所有战斗部队不惜一切代价立刻朝百威以西撤退。

一辆搭载着苏军步兵的斯大林重型坦克正行驶在被占领的德国城市里。

503重装甲营在南方集团军群的最后战斗

(作者：阿尔弗雷德·鲁贝尔)

在1944年到1945年相交之际，已经没有人真的相信德国可以坚持更久，避免有史以来最糟糕的战败，军事上已经完全无法阻挡盟军从东西两面攻入德国。苏军在东普鲁士的尼莫斯多夫的所作所为，足以让人清醒地认识到落入苏联人手里的后果。盟军宣称只接受德国无条件投降，并要占领德国全境。有些人还抱着西方盟国会很快和苏联分手，然后和国防军并肩在东线抵抗苏军的想法。尽管这只是一种幻想，但落入苏联人手里的情景让人不寒而栗，这足以激励所有东线部队战斗到最后一刻。

回到营里

1944年12月8日，在克拉普尼茨（Krampnitz，波茨坦附近）的装甲兵军官学校，那天我站在拉岑门那里等着。之前我由于疟疾缺席落下的课程终于结束了，我早在1944年4月就离开了503营。

一辆正离开学校操场的巴士装着大约另外30个候补军官，并将要带上我们到波茨坦火车站。在那里会分别赶往自己要去报到的预备役部队，接下来会有另外8周的培训等着这些专业军人，而我们这些从一线部队抽调过来的学员会被直接派到前线去。我希望之前答应战友要回去的诺言可以实现，但我现在仍然只是站在拉岑门。已经是寒冬时分，因为没有暖气，巴士车窗被冻结在一起。一名佩戴着骑士十字勋章的装甲兵少校这时打开了车门，喊到我的名字，让我上车。我乖乖地坐到后面的座位上，这时候仔细一看，原来这名少校是我的老长官弗洛姆少校。我立马站了起来，走过去向他敬礼，少校给我回礼。在一车人面前把我担任帕德博恩第500预备役营少尉的委任书递给我，同时他告诉我很快可以回到503营去。那时候部队差不多在匈牙利的赛克什白堡作战。

第6章　匈牙利、奥地利和捷克斯洛伐克

我很高兴在这里可以看到老上司，他也正在去新职务的路上——担任装甲兵学校的战术教官。当然我更高兴的是获得了晋升，并且被派回了503营。

到达帕德博恩的时候，离圣诞节和新年只有几天了。之后我花了不少时间在路上前往东普鲁士的老家看望家人，结果发现他们已经逃难去了。我最后在萨克森找到了他们，但已经误了我去维也纳人员中转站的日期，我紧赶慢赶终于在1月3日到达了维也纳，稍微晚了几天，谁也没提我迟到的事情。所有的办事人员几乎都是奥地利人，大家都理解到了1945年1月时没什么人会那么渴望回到前线。调度人员安排得很奇怪，每天晚上都要换旅馆，而且档次越来越差。

我想早日回到503营去，但人员中转站的办事员根本没法找到503营现在所处的位置，其实那时我们还不知道503营已经更名为"统帅堂"装甲营了。我在维也纳闲逛的时候，忽然看到了1辆营里的卡车。我立刻拦住了这辆车，询问503营在哪里。这辆卡车正从仓库将虎式用的配件拉往修理连。我怎么能浪费这个机会，马上搭上了这车，终于在1月6日回到了营里。我被任命为3连2排排长，虽然我其实更想回到我一开始离开的1连去。

1945年1月时，营里只有10辆虎式可用，另外有8辆需要小修，所以原先的连和排形同虚设。实际上将所有战斗部队组成了一个战斗群，因此我实际上回到了"我的"1连。这感觉真不错，但是这样的安排也使得军官和士兵之间的界限模糊。之前我在军官学校学习时，他们告诉我要注意保持和以前战友的距离，但我不认同这一做法。我只是被晋升到另一军衔，承担不同的任务而已，为什么要和战友产生距离呢？如果我们当时不是互相尊重、亲密无间的话，我也不敢在这里写下这样的话，毕竟很多亲历者都能做证呢。

本营在1945年1月至2月

1944年12月中开始至1945年2月整个防线的重点在于南方集团军群（沃勒）下辖的第6集团军（巴尔克）负责的匈牙利西部。马利诺夫斯基的第二乌克兰方面军的战略设想是略过斯洛伐克的山区，通过匈牙利东部的平原后，主力攻占布达佩斯后，直捣维也纳。国防军当时在多瑙河湾、布达佩斯、韦伦采湖、巴空尼森林、巴拉顿湖、赫龙河之间作为阻击战场。我们营虽然在这年开始正式隶属"统帅堂"装甲军，但实际上还是伴随第3装甲军和第1骑兵军（哈特内克）作战。

布达佩斯被包围后，我们在1945年1月从西南方向穿过赛克什白堡以及扎莫利方向集结了包括第1装甲师在内的强大装甲部队想要解围，但没有成功。想要给布达佩斯减轻压力的一系列作战都没有成功，因此布达佩斯"堡垒"剩下的日子其实屈指可数了。在多瑙河的北面，苏军在赫龙河下游建立了一个桥头堡，从那里威胁到科马罗姆的油田。

我们乘坐火车到达科马罗姆的北面。在1945年2月17日发动了消灭赫龙桥头堡的作战。当时归"最高德意志骑士团"掷弹兵师指挥，该师是奥地利一支有着光荣历史传统的部队。党卫军第12"希特勒青年团"装甲师在我们北面行动，2月23日粉碎了这个桥头堡。这是我们营最后一次真正的"进攻"作战，只要人员和装备损失轻微就算成功了。

营长负伤后于2月26日返回营里。3连的连长中尉冯·罗森男爵也在同一天受伤，后来就再也没有回来。福林格少尉负责1连，冯·埃希-施特赖贝上尉负责2连，库珀少尉负责3连。1945年2月剩下的只有一些沿着喀尔巴阡山脉的零星战斗。

1945年1月25日第二次扎莫利之战

在该地区的一系列战斗中（详见营长的日记），我认为扎莫利之战特别值得回味。尽管这场战斗无关大局，但是却有好几个原因让我特别感兴趣。《国防军公报》在1945年1月25日是这么报道的："在匈牙利，我们的进攻部队突破了对方在韦伦采湖和多瑙河之间布置的强大反坦克阵地后，一直前进到瓦里地区……"

我们当时归霍斯特少将的第4骑兵旅指挥。在1月25日早晨，我们和第5骑兵团对扎莫利发动了进攻。战斗群指挥官是普雷滕贝格伯爵。前一天晚上23时，他把所有车长召集到一起听他布置战斗计划。拜尔少尉率领3辆虎式参与进攻。我发现他的思路非常清楚，很少有这样贴合当时当地情况的作战计划。

普雷滕贝格是个很有说服力的人。他知道怎么简短但又清晰地布置任务，令人印象深刻。在和与会者一起讨论后，计划的轮廓就非常清楚了。

天非常冷，我估计到了零下14摄氏度。这两周地面上积了足有20—30厘米厚的雪，必须时刻保持发动机、传动轴和电瓶是热的。需要面对的不仅是对方反坦克炮的威胁，在这样的雪地里埋雷也变得更加容易，更加隐蔽。

这也正是我们后来有一次遇到的。对方一圈76.2毫米反坦克炮在玉米田里隐蔽得很好。我们试图从侧面进攻时，直接闯入了雷区，两条履带都被炸断了。苏联人使用地雷绝对是大师级的水平，制作地雷的材料都是很便宜的，比如木头盒子或者硬板纸，没用到一点金属。他们对于埋雷是丝毫不吝啬人力的。地雷对坦克来说简直是噩梦一般，尽管虎式的大敌主要是反坦克炮和坦克，但面对地雷也是束手无策。没有及时侦察是我的错，我学到了苦涩的一课。好吧，我们还是先回到扎莫利之战来……

我们在听完战斗计划后，将坦克开入出发阵地，等待定于7时打响的战斗。永远不要低估你的敌人。如果认为对方是蠢货的话，一般都是你已经犯错了。反坦克火力和雷区阻挡了我们前进的道路。苏联人在晚上将反坦克炮往前布置了，并且在周围埋下大量地雷。如果我们冷静地想想苏军的处境，他们会这么行动简直太自然不过了。在冬夜里进行战前移动所发出的噪声可以传得很远，苏联人当然会发现我们有所企图。如果我们没法隐藏自己的计划，那也最好是在战斗开始前不久再进入出发阵地，或者是换一个进攻方向也好。反坦克炮和地雷不能随心所欲地移动，只有坦克可以调动，但对方坦克根本无法对我们造成威胁。虎式的指挥官应该要明白这个道理，或者还有一个办法就是一小支部队在正面吸引他们的注意力，大队从远一点的地方迂回。

被困在雷区的虎式成了苏军绝好的目标，履带坏掉的虎式只能被动挨打。我们努力让对方也付出高昂的代价，用88毫米L71火炮和伊万的76.2毫米反坦克炮对射。能看到对方在1 000米的距离上有4—5门反坦克炮。

驾驶员在战斗中受伤，炮塔还没问题。当我们发射出炮弹时，发现声音不太对，我通过车长指挥塔观察外面的情况，惊讶地发现我们的主炮已经完全变了形，炮管像是一株绽放的椰子树一样。我们发射前没有注意到炮管被对方炮弹击中损坏，刚才打出去的炮弹直接炸膛了。

我们的处境非常糟糕，只能弃车了。但是在敌人凶猛的火力面前，出去只能是送死。我不记得到底等了多久，忽然间发现对方炮弹不再砸在车身了。天开始下起了大雪，可视度不超过50米远。我们趁机带着伤员逃出来，送到后方。

当晚我们成功地把受损的虎式回收了。在修好履带后，其又能行动了。但是老天似乎一定要给我们一个教训，这辆虎式之后滑落到一个炸弹坑中，结果又花了好几天的工夫才把它救出来。

本营在1945年3月

3月初我们转移到匈牙利和斯洛伐克之间的维尔贝利。这段时间比较平静，我们开始常规的训练科目，连里着重培训如何进行反坦克作战，军官们则进行战术培训。我们这些年轻军官一开始没有太重视这活动，比如在少将贝克博士主讲的计划课上迟到。但是有一堂课上，营长问到我们知不知道那些匈牙利地名前缀比如"Kis"和"Nagy"是什么意思时，一个人回答道"Nem tudom"——我不知道！上尉冯·迪斯特-科贝尔博士似乎对在公开场合这样漫不经心的表现很不高兴。

我们待在维尔贝利的日子里给艾里希·福林格庆祝了他的生日。没多久，他就在战斗中阵亡了。我们给还在普雷斯堡养伤的理查德·冯·罗森寄了张卡片，庆祝他获得金质德意志十字勋章。赫尔穆特·林赛将3连在3月取得的成就用素描表现出来，放在一本书里一起寄给了冯·罗森作为礼物。

苏联人在这个月月底沿着赫龙河发动了一系列进攻，守必固的信念在蜂拥而来的对方面前也不得不低头了。我们撤回了维尔贝利，在城东布置防线守了2天。因为没有炮火支援，德军只能且战且退。苏军步兵顽强地渗透进我们的防线，出现在虎式的前后左右，很难被阻止。另外，弹药也不够用了。尽管我们火力精准，但穿着棕色军服的他们还是前仆后继。他们已经到了我们的后方，就要渡过我们希望可以凭险而守的赫龙河。在苏军最终占领大桥，切断我们退路前，我命令部队撤退。失去现有阵地后，我们要在西面构筑新的狙击阵地。

维尔贝利的战斗表明现在防线基本上已经崩溃，无论是军还是师一级别，都无法真正地掌控军队了。无论是敌方还是本方的局势都一无所知，战争变成了独立小部队的自保行动。

本营在1945年4月

本营分为数个小战斗组在小喀尔巴阡山地区继续战斗，每个人都只能靠自己。营长尽全力把分散的部队联系在一起，还有最基本的指挥。营长也不断地和上级单位替我们争取权利。因为我们的隶属关系经常改变，所以这工作有多难，可想而知。当时我担任营里的参谋军官，因此知道营长是多么地努力在保护我们。我们有时候会24小时见不到他，但他是全心全力，一刻不停地在工作，要知道他比我们这些年轻军官要大整整10岁。我对他的尽职尽责充满尊敬。

4月快到复活节的时候，我被派到尼克斯堡准备新的营部。可能上头的意思是找个地方让我们把各战斗组搜罗到一起，重新组成一支靠得住的强力部队。但是苏军穿越小喀尔巴阡山的速度超超了我们的预期，他们很快就推进到

第6章　匈牙利、奥地利和捷克斯洛伐克

了齐斯特斯霍夫油田地区。整个4月都在苦战中度过。我们取得了一些战斗的胜利，但这对苏军的突进没有影响，很快他们就到达了维也纳南郊。

月底的时候，"统帅堂"装甲军让我们营前往布吕恩附近的索肖，几辆虎式修好后重新投入战斗。第2乌克兰方面军在赫龙桥头堡之战中也损失不小，暂时无力发动更大规模的进攻，同时他们也遇上了补给难题，当然这种平静也意味着更大的战斗就快来了。根据整个局势来看，战争结束离我们应该只剩几天了吧。谁都不知道会有什么样的命运等着我们呢。一个荒唐的想法浮现出来：享受战争吧，和平后更恐怖！

战争结束了

我们在索肖的平静日子一直持续到5月7日。战争好像不存在一样。我们的10—12辆虎式建立了阵地，还在努力挡住对方。2名经验丰富的车长科尼斯佩尔和斯柯达在4月底的战斗中阵亡。

战后拍摄的一幅照片。画面里是谢尔曼坦克和SU-76自行火炮的残骸，这是于1945年4月19日在小哈德斯多夫的战斗中被击毁的苏军部队的坦克。

强大的苏军在5月7日大举进攻。我们完全无力抵抗，只能撤退。尚未被占领的地区差不多就剩下捷克斯洛伐克的西部了。苏军还在该国的东部地区，美军应该到达了波西米亚森林。我们和其他部队的士兵以及平民一起朝西撤退。目标很明确：得到美军的庇护。苏军这时也没那么急着突进。我们一枪不发，一连走了两天穿越捷克斯洛伐克。5月9日我们已经到达了百威以西的波西米亚森林里。战争结束了！

我们营分成了2组人马。其中400至500人带着车辆一起撤退。坦克基本上都自行摧毁了。因为很多脆弱的桥梁根本不允许虎式通过。另外一群人分成若干个小组，由各自的长官指挥。我们一时无法通知到所有人部队解散的命令。同样，由于信息不畅，我们并不清楚美军会把俘虏交给苏军的打算，或者说低估了这种可能性。

营长在到达百威以西20公里的多布鲁彻村时亲自宣布了部队解散。我们要渗透过美军的封锁线，最好的办法就是分成小股队伍穿越波西米亚森林和巴伐利亚森林。只能希望不要被抓到送给苏军了。一部分人获得了成功，另外往南走的大约400人被美军俘虏后收容在瓦良尔，最后还是交给了苏联人。美军这种行为使得这批人饱尝了多年的艰辛战俘生活。

我后来分析了在当时的情况下到底是将部队分散成小组，靠各自走出去，还是凝聚在一起共渡难关更好，最后的结论还是营长的决定是唯一正确的。我们尽管让哈格麦斯特少尉的侦察排努力去寻找并警告本营的战友注意避开瓦良尔，但还是有很多人没有躲过成为苏军战俘的命运。

本营直到最后一刻依然秩序井然，并没有分崩离析。解散时分发了配给，宣布晋升，返还个人作战档案，交换联系地址，指路（当时手里已经没有地图了），最后互相告别。

我们感觉怎样？

这个结局一点也不令人惊讶，只是不知道最后一刻的时间和地点而已，因此结束的时候大家都很平静。心里想的只有一个事情：尽可能地走到巴伐利亚，那样别人就很难识别我们到底是从东线还是西线逃回来的了，最重要的就是不要在边境被俘。这是我战争中的最后一个任务，而且按照计划圆满完成了。

在米特霍夫的装甲战：1945.4.21

（作者：阿尔弗雷德·鲁贝尔，2008）

苏军在1945年4月中出人意料地迅速拿下维也纳后，其第6坦克近卫集团军腾出了手来。

苏军指挥部决定把这一力量投入到朝北驱逐德军第8集团军，目标直指捷克地区，因此他们和"统帅堂"装甲军展开了正面交战。

隶属于该军的503（FHH）装甲营将仅有的5—10辆虎王投入到"统帅堂"装甲军所守卫的大约50公里宽的防线上，以2—3辆一组支援作战。

当时的任务就是稳固塔亚河（Thaya）与玛奇河（March）之间地带的防守态势，这一状态成功地持续到苏军于1945年5月7日发起大规模进攻为止。

奥地利（战后）视角的过程

奥地利联邦陆军对于在他们军区范围内发生的这场战斗非常重视，并对此有详细的描述。

米斯特巴赫/下奥地利（Mistelbach/Niederoestereich）的第3侦察营副营长弗朗茨·乔丹（Franz Jordan）少尉对这场由一支营级苏军装甲部队在某晚突破德军薄弱防线而引起的战斗特别感兴趣。他的著作《1945年4月下奥地利东北部的战斗》（April 1945–Die Kaempfe im nordoestlichen Niederoesterreich）详细描述了这场由俄第9近卫军（机械化）组织的称得上完美的进攻过程，以及其结果——成功的突破并没有取得决定性的结果。

维也纳特蕾西亚军事学院（Die Theresianische Milita erakademie in Wien）

从军事理论以及历史教训来看，指挥必须要有轻重缓急之分。腓特烈大帝早就说过："谁什么都想得到，肯定是什么都得不到。"无论在德国国防军还是联邦国防军时代，都遵循着"有的放矢"（Fuehren mit Auftrag）的理念，奥地利联邦陆军也将"明确目标"（Klares Ziel）作为一个重要的指挥原则。意思是说在军事行动之前，必须要明确自己的目标是什么，不能左思右顾。

奥地利并入第三帝国的这七年一直是它自身历史中有所空白的一段时期。由特蕾西亚女王建立的位于维也纳新城的军事学院教官却会选择503（FHH）装甲营在这里进行的战果显著的战斗作为经典战例讲解。德军的这场区域性的胜利完全符合奥军"明确目标"的要求，而这在前几个月直接"听令高层"的情况下是罕见的，更加证明了"有的放矢"和"随机应变"的正确性，需要给前线指挥官充分的授权。无独有偶的是，德国蒙斯特装甲兵学院的教官同样选择了这场战斗作为战例进行研究，并在军官培训课上引用。我对该战也做了一点研究，因为其对我们战争末期的结果起到了非常直接的影响。到底是战是逃，也是当时的两种可能，当然我们肯定选择了前者。我们和苏军战至最后一刻，就是希望美军能尽快地占领奥地利和捷克，而不是苏军来占领。

但是这只是一个幻想。

为了说明我们为什么要在战争即将结束的时候还要进行这样的战斗，我摘录了一些关于《1945年拉河平原坦克战/米特霍夫之战》的内容，可以很好地还原整个战斗的过程。

明确目标

目标必须要求手里有足够的资源去完成它。

除了有足够的资源，还要求在时间上和空间上都有可达成的条件。

整个指挥原则必须要满足以下几个方面：

目标方面

- 确立目标，这个目标对实现结果起到决定性作用
- 要有大局观

综合作用
- 投入所有资源
- 实力，空间和时间必须为了同一个目标协调好

目标可达成性
- 目标必须是现在手里的实力可以达成的
- 成功可能性预估（目标和手段必须是相对称的）

坚持性
- 目标必须用耐心和实力去完成
- 利用所有的机会和条件
- 用可达成的目标鼓舞自己

目标灵活性
- 如果要陷入僵局并导致失败的话，可以设立新的目标

历史背景

1945年3月德军在匈牙利及斯洛伐克地区进行对苏军的阻击战。苏军2个方面军（第2和第3乌克兰方面军）在"解放"了罗马尼亚后，准备一路横扫匈牙利、斯洛伐克，占领维也纳和布拉格。4月初，战火烧到了奥地利。

在失去匈牙利的最后一块油田后，奥地利的齐斯特斯霍夫（Zistersdorf）地区是帝国内的最后一片油田了，因此也是苏军的战略目标之一。

当德军从匈牙利和斯洛伐克边打边撤时，高层指示在奥地利依托玛奇河设立防线。因此第8集团军于4月5日开始在奥地利平原以西的玛奇河构筑防线。对方先锋开始出现在边境几公里外，在玛奇河地区的战斗于4月全面展开。

大致情况

玛奇防线由第8集团军负责（以南直到维也纳的地段由第6装甲集团军负责）。

在4月的第3周，也就是1945年4月12日至19日之间，占领维也纳后的俄第6坦克近卫集团军投入大约100辆坦克以及800辆军用车辆对该防线发动进攻。"统帅堂"装甲军的部分部队集结在米斯特尔巴赫（Mistelbach）进行防

T-34/85坦克纵队载着苏军。照片1945年4月摄于奥地利的米斯特尔巴赫地区。

一辆在米斯特尔巴赫地区被自爆的虎王坦克，照片摄于1945年4月20日。

第6章 匈牙利、奥地利和捷克斯洛伐克

一队约瑟夫·斯大林Ⅱ型重型坦克在1945年春季穿越林区。

1995年在查看过去的米特霍夫战场：阿尔弗雷德·鲁贝尔正在给一群奥地利军事爱好者指出击毁这辆T-34/85的方向。

这辆坦克的残骸至今还留在该地，只是让人不得不赞叹自然力的伟大，一棵粗壮的树从车身中间长了出来。

在图像中模拟当时击毁T-34/85的那辆虎式的位置。

守,但没能挡住对方的攻势。

第8集团军在4月21日通报,对方主力正以塔亚河畔的拉镇(Laa an der Thaya)为目标,正沿着鲍姆加藤(Baumgarten)—乌戈恩多夫(Ungerndorf)—施塔茨(Staatz)一线全面发起进攻,当天一共击毁了41辆苏军坦克。

4月22日已经可以宣告苏军的突破企图被打退了。

战斗过程

1945年4月21日早晨,苏军(应该是第9机械化近卫军)大约20辆坦克搭载着步兵趁着天还没亮,在晨雾的掩护下从阿尔特鲁普多夫(Altruppersdorf)突破。

苏军在占领第13装甲师(现在是"统帅堂"第2装甲师)在科廷诺伊希德(Kottingneusiedl)的师部后,继续朝西挺进。

驻守在科廷诺伊希德的503重装甲营营长冯·迪斯特-科贝尔上尉收到警报,立刻将部队集结起来,其实也就是3辆虎王,朝西追击苏军部队。

他在一个村庄里做了一个停顿,得到几辆黄蜂自行火炮和另外3辆刚从修理厂出来的虎王加强他的实力。部队集结完毕后高速开上了前往诺伊多夫(Neudorf)的公路。在快到该地西边路口的时候,迪斯特-科贝尔上尉让部队停下来排成战斗队形,命令营副鲁贝尔少尉进行战斗侦察,搞清楚苏军坦克在村里的位置。坦克做好了战斗准备,朝西北方向行驶过去。鲁贝尔少尉突然发现有T-34和约瑟夫·斯大林Ⅰ型重型坦克的履带痕迹。他立刻通过无线电联系迪斯特-科贝尔上尉,但却联系不上。他判断苏军差不多有1个营不到的装甲部队,呈一路纵队开过来,到达后成一字展开。

鲁贝尔在公路和朝向东面洛特森湖霍夫(Rothenseehof)铁路的交叉口位置越过铁路线,随后成锲形战斗队形。他沿着履带痕迹继续向北行驶,占据了米特霍夫以北的位置。在下午突然遭到苏军的火力袭击。苏军坦克在大约1 000米至1 500米的距离外,当时正从米特霍夫往外面的树林里开。因为正面冲不出来,苏军坦克撤回了村里,依靠一座大厂房摆成了防守阵型。鲁贝尔少尉在村外准备等其他虎式到来后再对苏军发起进攻。

迪斯特-科贝尔上尉到达米特霍夫后,让赶来的虎式占据了鲁贝尔少尉右边的位置。突然苏军朝东面的树林里冲去。一场激烈的坦克混战立刻展开,虎王如同打靶那样消灭苏军坦克。503营在一点损失也没有的情况下击毁了10辆对方坦克,之后又追击消灭了另外8辆。剩下的苏军坦克在逃走的时候被德军防线上的反坦克炮了结了。米特霍夫坦克围猎战就这样结束了。

回顾

当我们在编写1990年版营史时，米特霍夫之战并没有被我们收录。

原因是当时这样的战斗在战争中越来越频繁，倒并没有在我们的记忆里留下特别的印象。直到奥地利同行在1992年和我们联系提供了新的视角，才让我们开始重新重视起这场发生在1945年4月21日的战斗。我和奥地利同行重新回到当年的战场，和当年的见证者谈话，查看坦克的残骸，这一切让我沉没很久的回忆一下子又都回来了。在我们营击毁的大约1 600辆坦克中，米特霍夫之战中这样被打靶一样被歼灭是最特别的。乔丹少尉对这样的进程表示疑问，因此我们将残骸的位置以及当年还是孩子的见证者回忆做了比对后，证实了我的说法。为了更好地帮助大家理解这场战斗，我们引用蒙斯特装甲兵学院教官在1994年写的材料："我们互相警戒着前进，距离300米远的树林里有坦克火力袭来。我们确定了对方的位置并消灭了他们，然后肃清了整个农庄。不清楚的是对方在下午为什么在村庄里待着，毫无作为。"

经过对地图的研判和访问当地人，我们确定塔亚河这边不适合坦克行动。

我们当时布置1辆虎式在南面，防止对方万一有增援部队赶上来打我们一个措手不及。另外2辆虎式防守北面。

我们等着营长把其他坦克带来，等到有5至6辆虎式时，就可以发起进攻了。

等待真是很无聊。

我爬上一垛干草，看到有大约20辆T-34/85占据了一片灌木丛，一些朝着我们，一些朝着东面。有一小片距离在1 400米左右的山丘阻挡住了他们直接看到我们的视线。整个战场地形上没有多少遮挡。我终于和营长联系上了，向他汇报了这些情况。

2个小时待在那里无所事事让我们受够了！一定要做点什么把苏军坦克轰出来。

我们想到了"E2000"型弹药的飞行轨迹有5米高，足够越过那个山丘，可以间接击中苏军坦克，起码可以将他们搞得不得安生。我们派了1名车长爬上干草垛担任炮火观测员，负责矫正射击方向。

炮手根据观测员的指令："2 000"调整炮位，目标是停在那里的1辆T-34/85。第1枚炮弹没能越过山丘，第2枚炮弹成功地落在对方坦克边。他们一阵骚动，立刻开动了坦克，将正面朝向炮弹射过来的方向，因为山丘挡住了我们的

第6章　匈牙利、奥地利和捷克斯洛伐克

炮口火焰，对方对我们的位置还是没搞清楚。在又做了调整之后，第4枚炮弹击中了那辆T-34/85，在烈焰燃起来之后很快爆炸了。这时营长带着另外的2辆虎式赶到了米特霍夫，占据了射击阵位。突然间，对方就疯了似的一窝蜂全部冲出来，朝东面逃去。在1 500米没有遮挡的距离上，这些将侧面暴露出来的对方坦克被我们轻松搞定10辆，其他8辆被别的反坦克武器消灭。

在战争混乱的最后几周中，我们也无法发挥全部的战斗力。我们夹杂在溃退的部队和逃难的民众之间，边打边往波西米亚森林里撤退。之前部队以营或者以连为单位的战术这时都根本无法组织起来了，现在唯一要做的就是"不丢一人"，并对突发情况作出反应。在1945年4月21日的米特霍夫装甲战和之后直到1945年5月7日苏军发起大规模进攻前的一系列在捷克的战斗都和我们以往所经历的那些完全不一样。

2名补给连的奥地利人驾驶员奉命回到位于奥地利的一座油站去领一些燃料。他们很勇敢地成功将燃料送到了营里，而本来他们的指挥官其实是想让他们找个借口"回家"的。另外备件组的一辆卡车奉命去取虎王的发动机做备用，结果回来的路被封锁，需要特别通行证才能通过，而我们根本不知情。

车上的2名士兵最后被当作逃兵在路边被枪决。

在1945年5月9日的时候我们营只剩下2辆可用的虎王。

我指挥的这2辆坦克被堵塞在一个几公里长的由汽车、战斗车辆、马车和行人组成的混乱队伍里，大家都在往西朝着百威前进。又出现了新情况，一座伏尔塔瓦河上面的桥梁被捷克抵抗组织控制了，队伍前进的道路受阻。

我的122号虎式炮手汉斯·维尔什在他的日记里写下了当时的情况：

"1945年5月9日：在百威。捷克人拦住了德军，我们开了过去。指挥官鲁贝尔少尉下车去和捷克人谈判。捷克人扔掉了手里的武器，我们开过桥。在最后一枚炮弹发射后，将坦克开进了沼泽地，最后1辆虎王也从营里除籍了。"

维尔希没有提到的是：我们最后一枚炮弹其实是打向了捷克人，他们当时占据了一门88毫米高射炮向逃难的队伍射击。

队伍很快就分成数股逃入波西米亚森林，希望可以在美军的保护下避免落入苏军之手。

失去坦克后的我沿着百威向西的路线追上我们营西撤的队伍。

当我向1名拿着冲锋枪的德军上士问路时，他拿枪指着我说："少尉先生，你想今天在这里像英雄一样战死么？"

这是1945年5月10日。

故地重游

1945年5月9日德军全面投降。尽管散落在捷克的第8集团军还拥有大量的坦克、车辆和各式武器,整个战争机器还是戛然而止。

士兵们躲入波西米亚森林,希望交好运,可以得到美军的保护。但美苏早就协商一致,德军东线的作战部队成员必须交给苏军,所以那只是德军一厢情愿的幻想罢了。

德军投降的条款里规定我们在1945年5月9日0时开始就不允许再移动,也不允许毁坏武器设备,在被俘时不允许有任何抵抗行为。

很少有人按照这个要求做,有部分原因也是因为这些条款当时并没有传达到我们这里。在5月9日那天我们的队伍里还剩下2辆虎王——213号(车长未知)和我的112号(炮手维尔希),朝着波西米亚森林前进,山势也越来越陡。在百威西南15公里处的布洛(Broh),一座不坚固的桥梁挡住了我们继续前进的道路,到了放弃虎王的最后时刻了。

因为缺少炸药,我们只能将虎王开进路边的沼泽里以免被对方俘获。

不久之前我拿到一本捷克人出版的《1945年5月的捷克——轴心国和盟军的地面行动》(Mai 1945 in Tschechien-Landoperationen der Achsenmaechte und der alliierten Streitkraefte)。我们很惊讶地在这本书里看到了我们1945年抛弃在布洛的那两辆虎王的照片。捷克人自从1945年起就不断尝试将这两辆虎式拖拽出来。

我们很希望能看到图片的注释,但是很遗憾的是书上并没有写。很明显捷克人应该是把虎王回炉重新炼铁了,要不然70吨重的庞然大物怎么可能没有留下一点关于下落的线索呢?

第6章　匈牙利、奥地利和捷克斯洛伐克

一张威风凛凛的虎Ⅰ照片，坦克上右边的那位是戈特霍德·伍德里希。

第 7 章

尾声

第7章 尾声

503重装甲营的最后一刻

（作者：诺德温·冯·迪斯特-科贝尔博士和他人合作）

4月底捷克的米库洛夫以西，我们在继续战斗，虽然战争已经输掉了。苏军势不可挡地杀向柏林。布拉格以西的捷克斯洛伐克地区，事实上直到东南部的巴尔干半岛的亚得里亚海沿岸全部在苏军的手里。西线的盟军也抵达了易北河，整个德国只剩下屈指可数的几个包围圈中的德军还在挣扎。当苏军朝西狂飙而去时，英美联军却非常谨慎地慢慢蠕动。这时德军在捷克斯洛伐克有2个集团军群，即中央集团军群（舍尔纳）和南方集团军群（沃勒），此时均精疲力竭，但是在优秀的指挥官下面依然是一支完整的力量。

我们营此时有差不多12—15辆虎式还能作战，以这些虎式为中心，加入各式各样其他单位的散兵构成了数个规模不大的战斗群。只要跟在虎式后面，他们就能获得安全感和继续战斗的勇气。上面传达的命令是：慢慢地退往德国边境，如有必要实施阻击战，确保尽可能多的德国军人和平民能从苏联人手里逃出来。

当时的情况比较混乱，部队指挥官只能根据自己的猜测制定行动方案，无线电传来的消息往往互相矛盾，把人搞得更加糊涂。我们得知美俄已经达成一致，所有第6和第8集团军的士兵就算被美军俘虏也会转交苏军，这使得大家明白只有奋战到底一条路可走了。整个大局势就是这样。

503营在1945年4月25日的情况如下：

营部人员从茨温根贝格（Zwingenberg）转移到索肖尔（Socherl）。我们这些战斗部队，包括虎式和防空火炮被分散在统帅堂装甲军的整个正面上，基本上处在被动应付的局面。在我们前面是苏联人，背后是美国人，后者正穿过波西米亚森林朝东挺进，在两者之间还有捷克斯洛伐克游击队和弗拉索夫的部队——这支俄罗斯叛军对我们的态度变得越来越有敌意，他们现在想靠攻击德国人取得苏军的宽恕。唯一对我们真心友好的只有当地的德裔居民了。

索肖尔在这期间有些平静得不寻常，营部在那里一直待到了5月7日。尽管苏军对该地发动了一些进攻，但规模都不大，我们3个战斗群终于有了喘息的间隙。不幸的是，我在1连的好兄弟库特·科尼斯佩尔（Kurt Knispel）在这段期间阵亡了。1941年在列宁格勒时，他是我的炮手，他取得的最终战果达到了惊人的162个，很可能是国防军里面最成功的坦克王牌。3连的斯柯达上士也于这一阶段作战中阵亡。

索肖尔平静得好像战争完全不存在。营长准备了一顿晚饭招待大家，我们顺便庆祝了汉斯·冯·哈戈麦斯特少尉的生日。之后我们按照和平时期的习惯请了一名牧师来主持斯柯达上士的葬礼，他最后安息在这里的乡村公共墓地里，一些当地人也参加了整个仪式。

苏联人在5月7日发动了新一轮进攻。苏军的空军发动了迄今为止最为猛烈的进攻，使得我们在战场上的移动非常困难。我们边打边退，使得苏军想撕裂防线或者包抄我们的打算不能得手。除了后卫部队保持和苏军的接触外，其他部队加紧朝着西边的百威后撤，德国国境是我们的终极目标。整个德军的军纪开始了涣散。长长的行军队列夹杂着难民，只能慢慢地挪动，交通管制形同虚设。

我们得知了国防军最高统帅部已经和盟军达成了无条件投降的协议。根据这一协议，所有德国武装部队停止一切作战行动，武器、设备和记录都不允许销毁，如果不遵守会有惩罚措施。我们没有任何理由待在这里等苏联人到来。

现在美军应该到达了德国战前的国境线上，也就是波西米亚森林和巴伐利亚森林的交界处，但是我们并没有那一区域的地图。我们不相信或者说不愿意相信美国人会把我们交给苏联人，因此"向西去"是我们的口号和支撑我们的信念。5月9日的黎明终于到来。我们在离开索肖尔2天后，克服了糟糕的交通，大步地朝后撤退了150公里。我们在百威附近被困住了，当地的捷克斯洛伐克游击队已经全面武装起来并试图阻挡我们继续西撤。我们手边还剩2辆虎王，尽管捷克人那边有德制88毫米高射炮，他们也不愿意真的拼命。我们再度踏上旅程。1连的汉斯·威尔什在日记里这么记录道：

5月9日：百威。捷克人不允许德军通过，我们必须继续前进。指挥官鲁贝尔少尉下了车，走向捷克人。我们跟在他身后，捷克人最后扔下了武器离开了。我们将坦克里的最后一枚炮弹也发射掉，然后将坦克开进了沼泽。整个营失去了最后的虎式。

第一批美国人出现在百威，这里距离波西米亚森林还有70公里，也就是说边境还有那么远。有传言说德军在波西米亚森林里的瓦良尔设立了集结站，这

第7章　尾声

听起来很靠谱，那里已经在美国人的控制中，到了那里可以免于落入苏联人之手，但是事情并没有这样发展。营长冯·迪斯特-科贝尔博士在他的私人日记里这样写道：

5月9日—10日：我们马不停蹄地撤往百威，营部和一个战斗群把守住西去的长蛇一般队列的末尾。路上很容易发生交通堵塞，苏联人没有出现在我们的身后真是个奇迹。德军的车辆不守秩序地从路边往队伍里乱穿，和南边战斗群的无线电联系也中断了。

在撤退途中，碰到了另外几支战斗群。为了防止阻塞撤退的道路，一辆发生严重机械故障的虎式被推到路边炸毁。我们留下了1辆重型牵引车以备不测之需。大群逃难的百姓拎着行李或者推着小车，夹杂在滚滚车流里穿行。在其中我们看到有数百名从纳粹政治学校"送回家"的14岁左右的男孩子，他们穿着制服，背着巨大的行军包整齐地走着。我们尽可能地让更多的老幼妇孺坐上车，尽管这些车早就超载了。我们的重型牵引车上坐满了妇女和儿童，以及他们的行李，这些人都是当时从德国西部疏散过来的。令人遗憾的是，在我们前面的很多车辆根本不愿意让这些步行逃难的人搭顺风车。

我们经过了1座有火车站的小镇，经过铁道的路口被封住了。我们看到一列火车满载休假归来的德军从德国开过来停在这里。这些人下了火车，塞满了整个车站两边，茫茫然不知道怎么回事。其中反应快的幸运儿赶紧搭上我们的车，踏上回程的路。

当夜晚来临的时候，我们接近了百威。在离城东几公里的地方整个队伍停了下来。我从摩托车传令兵那里听说百威的捷克人从城中德国守军手里夺下了几门88毫米反坦克炮，并据此不允许我们通过。我命令手里的2辆虎式前去解决问题。他们通过车流，走到了城边。在经过几轮交火后，他们直接冲向了捷克人的火炮阵地，捷克人立马落荒而逃，通往城市的道路被再次打开。我们剩下的虎式散落在长长的行军队伍里，他们可以确保整个路线的通畅。

我们以步行速度继续朝西挪动，最后的2辆虎式跟在身边。这时候2辆统帅堂装甲军的车辆赶上了我们。他们开过来的速度很快，就好像在旷野里开一样。我认出其中一人是军部的一名军官，他告诉我他和克莱曼将军正赶往我们前面的美军指挥部，去商谈整个军的投降事宜。

我们怀着复杂的心情继续前进。这时候美军的装甲车辆（我们看到的第一批黑人士兵）出现在我们的面前。在11时，刚见过的那名军部军官开着一辆挎斗摩托经过我们，我赶紧把他拦了下来。随后得知克莱曼将军一到那里就被逮捕，美军不接受任何谈判，因为我们在划定的苏联人势力范围，美国人不会插

219

手，不可能接受我们的投降。所有的部队必须原地待命，并将武器搜集好上缴，然后等待苏联人来收容我们。美军在前方还设立了三道卡口，避免我们强行闯关，任何被美军俘虏的人还是会被交给苏军。

我们明白自己的命运已经很难改变。我坐着连里摩托传令兵的车在纵队里找到本营的人。我命令所有单位立刻右转，尽可能地带着车辆一起走，然后在旁边树林的空地里集合。差不多1个小时后，营里剩下的400—450人聚拢起来（3个战斗连、1个补给连和几个维修分队以及营部人员），其中有10—12名军官。

我简短地和大家做了告别，将手里的铁十字勋章颁发出去，公布了批准的晋升请求和嘉奖。最后将我的计划告诉了大家：整个营需要解散成5—12人的小分队，在把所有车辆销毁后（最后2辆虎式在旁边被炸毁了），剩下的人就只有靠自己的本事穿过波西米亚森林，朝着西南方向的巴伐利亚前进了。千万要避开有人的地方，也要避免被美军俘获，因为他们很有可能会把我们交给苏军！就算到了巴伐利亚，你也要装成你是在5月8日之前到达的！

这就是我给本营的最后一道命令。大家互相道别，这么多年鲜血汗水凝结起来的战友之情令人不舍。

每个人都分到了一个行李袋。几天前，补给连的兄弟们在一座废弃的空军营地里找到了这些袋子。除此以外，每个人还得到了一条新鲜出炉的大面包和一大罐黄油作为应急口粮。营部将士兵证分发给大家，其中统统注明1945年5月9日退役，并将晋升之类的信息做了最后的更新。我和所有军官又单独做了一次告别，他们随后和各自连里的每一名战士握手告别。大部分车辆都在周围的树林里被我们破坏了，剩下的几辆在载着我们又向西南行进了几公里后也被抛弃了。整个清理工作在17时完成。

我参加了一个10人小组（我的副官，海尔莱因中尉，一名坦克乘员，几名传令兵和营部的军士）开始了最后的穿越森林之旅。我们手里的装备有：一张波西米亚森林的地图（可惜的是大比例的！），我们的背包，一把手枪，一个指南针（这个非常重要，因为我们要避着公路和小道走）。晚上很清冷，走了一夜。

5月11—12日：茂密的森林变得陡峭起来。因为我们连林中小道都要避得远远的，所以行进速度非常慢。在晚上我们有时候穿越道路的时候会碰到美军，他们会朝我们藏身的树丛里疯狂地扫射一阵，但却不敢走过来搜查。装甲车开着大灯在公路上不断巡逻，也许这就是我们之前听说过的美军封锁线中的一道吧！我们瞅准时机，一个一个地越过公路。随着山越爬越高，我们也可以

第7章 尾声

在白天赶路了。那里的树木也稀疏些,举目远望可以看到山里有其他好几股德军都在朝西南方向移动。

在三椅山（Dreisessel）附近我们碰到了另一组营部的战友,但很快又各奔东西了。我们看到有一些小组还带着马匹,在那里没有休息多久,就继续上路了。在入夜后,我们穿越了美军的一条主要补给线,就看到车辆川流不息,其中夹杂着德军的医疗队和装满德军战俘的卡车。我瞅准一个机会打开一辆停在路边的德国救护车的车门,想找个人问问路上的情况,结果我直接和里面一名押运此车的美国黑人军士大眼瞪小眼了。我立刻把车门猛地撞上他的脸,然后逃进了黑暗之中。

按照指南针的指示,我们走上了一条树木茂密的山脊,可以看到两侧的山谷云雾缭绕。在雾中,我们越过几道梯田,经过大约200米烂泥地后,走上了一条平整的很好的小道。这是莫尔道（Moldau,伏尔塔瓦河的德语称呼）大堤,意味着我们接近了美军的第二道封锁线。美军的巡逻车不停地从附近经过,但浓雾使得他们没能发现我们。

我们穿过大坝,找了一些木头准备扎一个木筏来渡过库区。这时候几名士兵从雾里钻了出来,他们看到200米外的地上停着一条船,如果想把这条船拽到水里的话,需要起码30个人。我们跑了过去,大家齐心协力居然成功地搬动了船,要知道我们这组人里还有2名是国防军妇女志愿者（Wehrmachthelferinnen）呢。当美军巡逻车开过去之后,大家使出吃奶的劲把船抬过大坝,推入水里。在很快地渡过去之后,2个人把船划了回去,方便后来的人还能用到。

又跨过一条公路后,我们看到了铁道和几座由美国哨兵把守的火车站,我们立马又钻回了波西米亚森林中。大雾真是救了很多人。

在爬山路上休息了一会儿后,我们拖着疲惫的身躯继续前进,这时候真是精疲力竭了。必须要铭记的是这天我们终于爬过了三椅山!我们必须不断地互相鼓劲,才能够不放弃这痛苦的旅程。在当晚我们穿过一道山脊时,发现了一条登山者常用的小径。旁边竖着的两块牌子一个写了个大大的字母"C",另一个是大大的字母"D",我们到达了捷克和德国的国境线!尽管前面还有几道山梁,我们一下子浑身又充满了力量,一点时间也不浪费地开始朝着巴伐利亚下山。当太阳升起后,我们躺在了德国的土地上,呼呼大睡了几个小时。

5月13日:11时,在一片开阔的山地上,我们碰到了第一座房子。我们小心地溜进了磨坊,发现里面是德国人!我们在海德米勒（Haidmuehle）穿越了国境线。热咖啡和面包卷让我们精神焕发。磨坊主一家警告我们美军就在附近,每小时巡逻一圈。另外还告诉我们美军在弗赖温（Freyung）设立了大型战

耶克尔下士给自己的314号虎式取名"安娜莉斯"（Anneliese）。图片中的战车正在匈牙利的萨尔科齐做保养。看得出来刚下过大雪。

1945年1月中旬：站在虎式前面的是罗茨、布尔、施达特鲍尔、尼曼和耶克尔。这是仅剩的2辆保时捷炮塔虎式之一。

寒冷和积雪让保养工作非常困难。虎式本身也涂上了雪地迷彩。

第7章 尾声

由于缺乏别的伪装手段，这辆314号虎式身上堆满了木条，履带和伪装网。雪基本上化了。

因为从赛克什白堡往赫龙桥头堡之间的公路桥梁无法承受虎式的重量，所以不得不再次用火车运输。途中并没有更换窄履带，而是直接开上了运输车架。

131号虎式通过斜坡直接开上车架，准备往赫龙桥头堡转移。

1945年4月22日2辆T-34/85在一个匈牙利村庄里被击中后烧毁。

1连的霍斯特·尤尔根，摄于1945年5月停战后。

左边的哈戈麦斯特少尉在1945年春季正在分享一名战友的家书。

第7章 尾声

1945年春季100号虎式的乘员合影。左起为：费舍尔代理下士、格拉斯下士、贝尔格下士、弗兰茨-威廉·洛赫曼下士。

1945年2月在巴拉顿湖边上的赛克什白堡。

虎王的炮塔被命中，炮手顶上的装甲板被撕开，所幸炮弹在外面爆炸了。

1连的赫尔伯特·波姆下士于1945年3月14日在斯洛伐克的维尔贝利进行手榴弹训练时出了事故死亡。这张照片是给他进行葬礼时所摄的，离战争结束只剩下几周时间。

1945年5月停战后，一些人在奥地利的圣瓦伦丁合影。尽管前途不明，但他们还是没有丢掉笑容。

第7章 尾声

战后在匈牙利西部的坦克残骸。这里是一辆维修豹,可惜这类坦克装备得太少,否则可以回收更多的虎式。

泰雅河畔的拉镇在1945年夏成了坦克墓地。图中大量的坦克残骸见证了1945年春季在这里发生的激烈战斗。

残骸被整齐地搜集起来。图中可以看到谢尔曼、SU-85、T-34/85和黑豹。

227

俘收容营，同时把沿着多瑙河走到代根多夫（Deggendorf）的路指给我们看。在通过一路的种种自然的或者美军阻挠的困难后，我们终于步行到了那里。大家告别之后，各自继续朝散布在德国的终点进发。

本营大约120名成员最后成功回到了自己家或者投靠到了亲友。有一些幸运儿在被美军或者英军俘虏后，并没有被转交给苏军。一些被捷克人或者直接被苏联人抓住的战友则进了苏联战俘营。大部分战友（400人左右，12名军官）被美军俘虏后，关押在茨维瑟尔（Zwiesel）战俘营，他们没能走到巴伐利亚。大部分人因为疲惫和饥饿而找有人居住的地方，去敲门，这样很快就落入了美军之手。大部分人并不真的相信美国人会把他们交给苏联人。

这400人在茨维瑟尔先被美国人检查了，待了14天后，他们被装上卡车朝西开。但之后经过一条岔路穿过巴伐利亚森林，直接来到了捷克的皮尔森（Pilsen），在那里被转交给苏联人。这条消息是一名在转运途中从车上跳下后，躲入森林的下士带回德国的，而那些留在卡车上的人面对的则是很多年苏联战俘营的生活，大部分人都没能活下来。

阿尔弗雷德·鲁贝尔的报告

在多布鲁彻村（Dobrusch）外的森林里，指挥官做了最后的讲话，解散队伍后，每个人就对自己的命运负责了。营长给大家的建议是组成尽可能小的队伍，步行穿越美军的封锁线。对于坦克手来说，离开了坦克进行长途步行还真不是个容易的事。不幸的是，没有多少人听从营长的建议。他们在往西的路上被美军逮捕了，而为粗心付出的代价是在苏军战俘营的漫漫岁月。

我带着一小群士兵步行撤退。我轻装上阵，随身只带了干粮、望远镜、地图、指南针和手枪。当晚上降临的时候，天还有些微光，我看到了第一道封锁线——南北走向的普拉哈季采（Prachatitz）至克里斯蒂安贝格（Christianberg）公路。我们在路边的公墓里耐心等到了天完全黑下来，仔细记住了美军巡逻哨的数量和位置。这些美国人也丝毫没有"为难"我们，每次巡逻都开着大灯，生怕别人看不到。而在哨位上，他们大声喧哗。我们排成一列，用完美的步兵战术动作偷偷越过公路。糟糕的是路对面是一道围墙，我们还得憋足劲，一口气跳过那1米多高的障碍物。整个过程也不是那么的一帆风顺，我们差点撞上了一名美军巡逻兵。当时他比我们还要惊慌，花了好半天才找到机枪的扳机，等他朝我们逃离的方向射空弹夹的时候，我们早跑得没影了。逃向自由的第一关就这么幸运地过了，但我在黑暗里往前跑时倒霉地被一根树枝挂倒，干粮和望远镜都在我摔倒的时候丢失了。我们小组也逐渐走散了,3 连的波勒还和我在一起,因为他看起来很年轻,大家都叫他"波比"。

那晚我们躲在一棵云杉下过夜,可真是寒冷的一个晚上啊。除了我们深黑色的装甲兵制服外,没有别的御寒衣物。在索肖尔那段平静日子里,我读过史蒂夫特写的《密林》,现在我有机会亲身感受他所描述的波西米亚森林了。我们不但要翻越海拔高达 1 100 米的库班尼山(Kubany),还要不时地趟过没膝的泥浆池。但是身处密林的我们其实还是比较安全的,那些美国人是极不情愿离开他们的吉普和公路的。我们的胃终于开始抗议了,好在即使在这深山老林里,也不时有一些小农庄愿意接纳我们。一天,我们溜进了一个村庄,发现已经到了布赫瑙(Buchenau)附近的茨韦塞(Zwiesek)。

在林间小路上走了足足 100 公里后,我们需要休整一下。这一组人一路上也吸收了一些有地图或者指南针的士兵。这个小村子里现在挤满了各式各样的难民,我们藏在里面不容易被发现。在 × 伯爵的城堡里,我们脱下军装,换上了便装。每当美军巡逻队经过村子时,就有人通风报信,让我们暂时到附近的森林里避一避。

我们在那里大概待到了 5 月中,然后继续踏上回家的旅途。如果想要在路上可以顺利地行动,我们需要拿到盟军核发的退役军人证书,否则很有可能被作为战俘抓起来。我的目的地是汉诺威。

因为这组人开始变得太庞大而且更加草率了,我和波勒单独向西往雷根斯堡走去,他想去施韦青根投靠他父母。在路上我们碰到一群之前因为要躲避空袭被疏散到农村去的少年,他们还有护卫陪伴。因为"波比"波勒穿着短裤的样子和这些少年要是混在一起完全分辨不出来,所以我劝他加入这组人可以多走一段安全的路。他听从了这个意见,尽管心情有些沉重,但是在 6 月底终于安全顺利地到家了。

我的下一站是施塔夫尔施泰因(Staffelstein),那也是汉斯·冯·哈戈麦斯特的家乡。我希望在那里能碰到他,这一段路途我是一个人走的。

一个主要的问题是食物。当时在巴伐利亚森林里,多瑙河和雷根之间挤满了国防军退役军人,难民和重置人员(这些人是战争期间的战俘或者是东线来的强制劳工)。联合国难民署和美军负责妥善照顾重置人员,但另外 2 组人则只能靠当地老百姓接济了。我必须要说在我整个旅途中,无时无刻不感受到别人的热心帮助。当地政府也会给我们这些旅人分发食物券,足够我们买一天所需的食物了。我当时身无分文,全靠别人的帮助才能坚持下来。我唯一可靠的补给就是别人友善地邀请我分享一顿热餐。

战后投降：德军向一支美军缴械。

在尼特瑙（Nittenau）附近的一座好客的农庄里，我们差点落入一场灾难。之前我们刚刚享受了一顿大餐——熏猪肉加面条，还有李子作为甜点。因为在树林走了很远的路，我放松了警惕性，这时一辆美军吉普车就像从地里突然钻出来一样，出现在我5米远的地方。

他们朝我挥手，让我走过去。我立刻跳入路边的渠沟里，然后躲入附近的灌木丛中。我动作非常快，美国人没料到我会这么干，根本来不及拿武器。

我终于又安全了。那天开始得很完美，却可能以悲剧收场。后来我们了解到，很多新轮换到欧洲战场的美军新兵为了弥补没有上战场去完成"他们那部分的使命"，疯狂地想抓获德军俘虏，甚至还为此展开竞赛。

森林终于到了尽头。在距离下一片树林之间是一条有坡度的草地，上面布满了闪光的鹅卵石。在200—300米外是一条公路。我在快走出树林大约还有100米的时候，听到了引擎声和口哨声。原来是之前那拨美军又回来了，这次车上已经载有2名德军俘虏了。尽管他们车上的50口径（12.7毫米）重机枪已经对准了我，我还是毫不犹豫地朝森林里跑去，就听到子弹从身边穿过，我的左耳也被打破了。当我终于找到掩体躲起来后，赶紧用我的多用途衣服（同时是手帕、围巾、防蚊帐、遮阳篷——现在是绷带）将我受伤的耳朵简单包扎了

第7章 尾声

一下。我算想明白了，我不能在6年的浴血奋战后，死在一个只是以扣动扳机为乐的美军枪下。

美军在魏登（Weiden）、安贝格（Amberg）和格拉芬沃尔（Grafenwhr）设立了投降军人集中营。除非是第6或者第8集团军的士兵会被遣返外，其他德军俘虏首先会被收容在这些投降军人集中营。只要不是党卫军成员、高级党务工作者或者是高级军官，你就可以在几天内获得一张退役证书。我一开始不确定"统帅堂"装甲军会被算到哪一类组织里去，但问了几个完成手续的军人后，我决定主动去魏登投降。我的判断是对的，4天后，我就得到了我的"证件"。对我来说，这下战争是真的结束了。

一名503重装甲营老兵的回忆·V

（作者：弗兰茨-威廉·洛赫曼博士）

最后的行动

我们的7辆虎王被装上了火车。拉姆波少尉带着我们这些人前往奥地利，但却没人知道最后的终点在哪里。在雷茨（Retz）火车站，我们听说舍尔纳也投降了。我们很高兴营长给我们配了一部大众水陆两用车。我们计划通过小路到达瓦良尔（Wallern），在那里正式解散本营。

雷茨那里停了不少辆运载补给品的火车。我们在经过一番搜寻后，给自己装满了丢弃的干粮、香烟、背包、鞋子、内裤和其他很多实用的东西。我们还发现了一车厢空军用褐黄色连体衣，赶忙把这衣服套在我们的黑色制服外面。随后我们向目的地进发，看看剩下的汽油能带我们走多远。慢慢地，虎式1辆1辆被废弃，然后引爆。撑到倒数第二个的是我们100号虎式。正当我们准备炸毁它时，发现路边停着1辆冷却系统坏掉的卡车，所以一帮人先做好了爆破虎式的准备，另一帮人忙着要把卡车修好，其他人先乘坐最后1辆虎王继续后撤。

在卡车修好前，苏军步兵已经逼近了我们。拉姆波少尉带着人乘坐那辆大众水陆两用车去阻截苏军，给大家争取点时间。卡车终于修好了。我们将100号虎式炸毁，然后开着卡车去追先撤的那部分人。在炸毁虎王之前，我们把汽油先抽了出来，不仅装满了卡车的油箱，还多了好几桶，但最后的虎王也就坚持了一会儿，也被我们炸毁了。

朝向百威

一路走得很慢。卡车的冷却系统漏水漏得厉害，我们每隔5公里就要来倒腾一下它。在乡村里，捷克人用鲜花欢迎我们，结果发现他们把我们错当作是

232

第7章 尾声

美国人。我们到了一个到处挤满人的地方,无论是从哪个方向来的战友都告诉我们他们碰到了苏联人。一群开指挥车的空军军官告诉我们百威已经被美国人占领了。我们决定就去那里。我们"搞到"了另外1辆卡车,准备和空军军官一起前往百威。我们现在这群人里面有几名步兵,2名摩托车传令兵和几名骑自行车的士兵。

没过多久,我们在林间小道上遭到了枪击。因此我们决定分成小组,消灭路上碰到的一切障碍。我们发现袭击者是捷克游击队,很快将他们击退。随后我们走了一个晚上,只走支路。苏军占据了所有的重要路口。我们逐渐意识到在百威等待我们的不一定是美国人,我们这支"我们要回德国家"战斗群很快就分崩离析了。来自503营的老兵们准备团结在一起直到安全为止,因此继续乘坐卡车往西前进,路上特别小心,并尽可能避开一切路口和村庄。第二天我们碰到了一名开着吉普的法国军官,他把我们带到了驻扎在摩拉维亚的美军那里。

我们被关押在一个简陋的有围墙的牢营里。有一名2连的成员不顾我们的警告想逃出去,结果被击伤送进了医院。我们很快意识到美军要离开这个地方,他们只是在等待苏军前来接管,而且会把我们交给苏军。如果是这样,那我们只有逃跑一条路了。在午夜前,我们开始了越狱。一切都像钟表那样精确地运行,美军只开了几枪。我们营逃出来的有大约30人。我们非常确信可以成功回到德国,拉姆波少尉也在一起。我还记得3连有3名伙伴也在,有魏格尔上士、赛德尔上士和斯比克曼下士。

在上半夜,我和100号虎式的乘员组带路。我只能靠星星指路,手里的1:300000比例尺地图只能给我个大概方向,特别是在密林深处几乎没什么用。下半夜斯比克曼下士来带路,我则回到了队伍的末尾。行进速度慢了下来,领头的不时要停下来考虑到底走哪条道。一般在这个时候,我们就会停下来坐一会儿。我真是快累死了,几乎有3天3夜没合眼,所以我一下子就睡着了,而队伍再次前进时并没有注意到我没跟上。

当天亮的时候,我醒了过来,很快就明白了自己的处境。我走到了一个美国人占领的村庄外面,那里有一座公墓,因为还是很累,所以白天在那里找了个地方又睡了一觉。我判断得很对,美国人不会在那地方巡逻。当夜晚来临时,我吃了点肉干补充一下能量,又研究了一番地图。我想先渡过"冷"伏尔塔瓦河,然后再渡过"热"伏尔塔瓦河,随后穿过波西米亚森林,到达德国境内的巴伐利亚森林,在差不多茨韦塞和格拉丰瑙之间越过国境线,之后我准备去纽伦堡。

1945年春季的气候非常好。我给自己设下的时间比较宽松,一般都是昼伏夜出。在渡过伏尔塔瓦河时花费了我不少时间，因为美军在西岸布置了非常多的岗哨，还有吉普车巡逻队穿梭其间。我终于瞅准时机，在一个晚上成功渡过了这条河。到达巴伐利亚森林后，我白天走路，避开有人住的地方，不时地会有当地人告诉我人烟稀少的小路或者美军的行踪。

美军实际上只在公路上巡逻。他们非常谨慎，相信在丛林里真有"狼人"抵抗组织。实际上，是我变成了某种狼。狼是非常小心的一种野兽，它们成群的时候极具威胁，但也正是因为这样，容易被猎人盯上一网打尽，因此我从来不和那些成群的士兵结伴而行。感觉他们过于鲁莽，经常轻率地进入村庄和人联系，而我只在必要的情况下会去找村民要食物，整个路途中基本上能保证食物获取。

有天晚上我走进树林边一个颇有规模的粮仓，在它后面有一条田间小径，我准备在这华丽的"酒店"过夜。当然为了准备好退路，我先把几块围墙板弄松了，这样逃走也容易。一夜无事，到了第二天一早，一支美军巡逻队沿着那条田间小径经过这里。2名美军走进粮仓进行检查，所幸的是他们完全是敷衍了事。如果我当时惊慌地从后院逃出去的话，就会丢失全部家当。

通过这个事情，我意识到沿着边境线走不是最好的选择。我转向多瑙河，沿着河的北岸，在山里走，与通往雷根斯堡的公路保持一段距离。

沃斯是我第一个想要到达的城镇，这里到处都是美国人。我听当地人说美国人在雷根斯堡设立了一个战俘营来收容投降的德军，而且最好的消息是美国人不会把在雷根斯堡附近俘获的德军交给苏联人。我找了户人家借宿一晚，再次洗上热水澡真是太棒了。

我决定不去雷根斯堡，直接沿着纽伦堡—维尔茨堡的方向朝北走，但是在多瑙河谷我因为迷路，居然3次穿越了同一道山脊。我改变了主意，还是去雷根斯堡吧。我从一些老兵那里听说他们已经从雷根斯堡的战俘营拿到了退役证书，更加坚定了我的信心。在雷根斯堡我遇到了一处美军宪兵设立的身份证检查点，当我把士兵证拿出来的时候，美国兵都有点吃惊。他们把我带到了一处关押德军战俘的营地，在那里没有高墙，只是拿铁丝网围起来的若干地域，让德军按照征兵入伍的军区对号入座。我在2天后接受了询问，剃光了头发，并被没收了所有的勋章。第二天，我们被集合起来颁发了退役证书。

"自动被捕"

我作为前20个被点名的人并没来得及高兴多久，我们被开车带往一处不知

第7章 尾声

名的营地。慢慢我发现情况不妙，我们被当作政治可疑的犯人。我没弄明白为什么我会被归到这类人里。到了第3天，一下子又涌入了200名战俘，把营地塞得满满的。对大部分人来说，也都处在审查期间。

我从新来的这些人那里得知，一家德国医院被美军征用了，他们准备在那里对我们进行更详细的甄别。在之后的审讯中，2名前武装党卫军的士兵被发现了，因此对其他人的审讯也更加仔细。

1天后我们又被卡车运到位于格拉芬沃尔用铁丝网围绕起来的训练场，我很快以翻译的角色忙碌起来。又过了2天，我听说那个关押了200名士兵的医院（也被称为禁闭营）又要进行一场新的筛查。之前的问卷有问题，他们需要重新做一遍。

当他们重新做题的时候，我也偷偷加入了，这次我很小心地填写了一遍。如果继续填写之前的名字和汉堡作为我的居住地，肯定又会被怀疑。所以我这次填了哥廷根作为居住地。我后背的一条还没愈合的伤疤可以很好地给我做证——我正在医院治疗肺部的重伤。

这次我很轻易地通过了审查，我被允许退役，并被用卡车运到了埃尔福特。因为苏联人随时可能接管该城，我急忙转移到了艾森纳赫（Eisennach），随后又到达了维拉河（Werra）。当我到达埃施韦格（Eschwege）后，第一件要做的事情就是去寻找理查德·施瓦茨曼的家，可惜他还没回来。后来我得知我们那组其他人都遭遇了不幸。

我睡过头那晚，其他战友后来在其他地方也睡觉了。虽然他们布置了哨兵，但还是对周围出没的捷克游击队太掉以轻心。一个美军营得到捷克人的线报后，拦住了前面的道路，将他们全部俘虏，随后交给了苏联人。只有很少几个人后来逃了出来，其他人要在苏联战俘营经受常年的煎熬。理查德·施瓦茨曼和我的装填手

赫尔曼·赛德尔和弗兰茨-威廉·洛赫曼在战后第一次重逢。

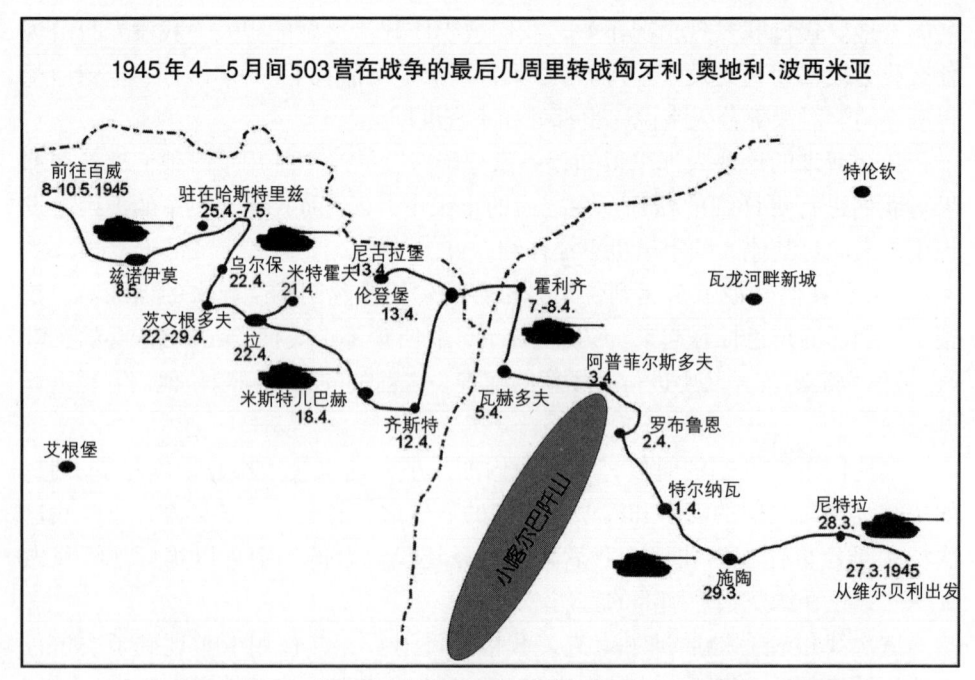

1945年4—5月间503营在战争的最后几周里转战匈牙利、奥地利、波西米亚。

沃尔夫冈·斯贝金都是过了不少年才从苏联战俘营里被放回来。而我的炮手汉纳斯·贝尔格虽然活过了战争，但却因为一起事故死在了苏联。

我于1945年7月1日回到了汉堡家里。我很快就找到了503营的老战友——营部的汉斯-约根·哈斯少尉和格鲁特赛上士，还有我们连的卡尔-恩斯特·库赫代理下士。为了搜寻那些阵亡和失踪者的下落，我和很多本连及其他连的战友们都取得了联系。

那些一同战斗的日子凝结起了我们营持续至今的兄弟之情。除了每年全营的聚会之外，我们1连的老兵还会每年另外再聚一次，大部分人都会带着他们的妻子一起参加。我们见面的原因不是因为怀念过去或者是军国主义思想，这么做的原因仅仅是因为我们同甘共苦过。我们之所以可以在战争中幸存下来，是因为兄弟们就在身边给我们无私的帮助。我们一点也不向往战争，历史旋涡无情地将我们卷入了那场灾难。

不要告诉我战争是多么的伟大，战争是最大的不幸。不要说什么战争是政治另一种形式的延续，听起来似乎很好听，政治和战争都只不过是权力的工具，而我们都被权力耍弄了。

第7章　尾声

503重装甲营人员损失情况

（作者：阿尔弗雷德·鲁贝尔，2008更新版）

德国陆军（党卫军除外）总共有251个师，651万人（1944年统计），到战争结束有大约202万人阵亡或者失踪。

在战争结束之后的损失以及在战俘营死亡的人数只能是大概估计了，一般认为在150万—200万人之间。

我们营1、2、3连的阵亡和失踪人数已经统计好了。上面提到的陆军战损比例会作为我们推算营里其他单位损失的参考。在1945年1月1日进行的关于1944年12月人员统计数字如下：

28人　　　军官（损失大约43%）
5人　　　　职员（非战斗人员）
279人　　　军士（损失大约26%）
598人　　　士兵（损失大约20%）
31人　　　　志愿辅助人员
941人　　　现有人数
13人　　　　缺编人数（1名军官及12名志愿辅助人员）
954人　　　满编应有人数

在战争末期每个装甲连应有人数88人。

1连　　81人阵亡或失踪　=92%损失
2连　　69人阵亡或失踪　=78%损失（截至1944年12月31日）
3连　　56人阵亡或失踪　=64%损失
　　　总计　　206人

其他各连（营部直属连、补给连和修理连）满编人数（不含志愿辅助人员）应有646人，他们的损失稍微轻一点，大约为50%即323人。因此所有的损失如下：

  206人   装甲连（统计人数）
  323人   其他各连（估计人数）
  总共即为529人阵亡或失踪。

  按照我们营910人（不含志愿辅助人员）来算，损失率在58%，整个陆军的损失在31%左右。因为本营常年在战斗最激烈的地方，这个比例应该还是比较合情合理的。
  其他原因的人员损失（受伤、生病和其他情况）可见下表：

503营人员变动情况（1943.6.1—1944.12.31，不完全统计）

时间段	死亡	受伤	失踪	生病	其他	总共	行动
1943.6.1—6.30	—	—	—	7	4	11	哈尔科夫集团军预备队
1943.7.1—7.31	25	68	1	11	2	107	城堡行动
1943.8.1—8.31	7	22	—	32		61	哈尔科夫战役
1943.9.1—9.30	7	22	14	—	2	45	哈尔科夫以西阻击战
1943.10.1—10.31	3	10	—	13	2	28	基辅周围战斗
1943.11.1—11.30	3	7	—	11	—	21	第聂伯河以西阻击战
1943.12.1—12.31	5	7	—	21	2	35	第聂伯河以西阻击战
1944.1.1—1.31	10	13	3	17	—	43	贝克装甲团，切尔卡瑟
1944.2.1—2.29	4	8	—	12	4	28	贝克装甲团，切尔卡瑟
1944.7.1—7.31	26	18	31	29	—	104	诺曼底防御战
1944.10.1—10.31	6	16	2	23	—	47	多瑙河东西两面防御战
1944.11.1—11.30	5	11	—	9	—	25	多瑙河东西两面防御战
1944.12.1—12.31	4	8	—	17	1	30	多瑙河东西两面防御战
	105		51			585	

  平均下来每月损失45人（从一共17个月里取作战的13个月核算），陆军估算其他损失一般为阵亡人数的5倍。根据每月损失45人来看，我们营3年里共损失了差不多1 500人。在我们营，其他损失为死亡人数的差不多3倍的样子，低于陆军的平均水平。

238

第7章 尾声

普罗列塔尔斯克的一处阵亡士兵墓地，拍摄于1943年1月。

当然这个数字还要减去补充和伤病归队人数，营里差不多每年会走一半的人，但那些归队者比例也不低。

通过档案、回忆和很多信息来源比对，1连和3连直到战争结束后才对损失大概做了估算，而2连是唯一一个有正式统计数据的，其在1944年圣诞节完成了一个关于直到1944年12月31日的损失报告。

尽管通过各种信息进行纠正，但最后出来的结果依然不能说是完全准确的。尤其是除了特殊的个例外，我们对苏联战俘营的消息一无所知，我们估计差不多有1/3的战友即300人落难。

我们曾经向德国红十字会和国防军信息管理处询问过这方面的信息，但很明显他们没有兴趣也没有能力去完成这方面的工作。在研究过程中我发现了3个有关统计的问题，在此与大家一起分享一下：

（1）大部分装甲兵乘员都是死在坦克外的。

（2）德军（含党卫军）从开战到1944年12月31日共有711万士兵，而逃兵一共是1 408名，比例只有0.02%，而我们营一名逃兵也没有。因此任何对德军可靠程度的怀疑都是站不住脚的，并且是与历史事实相违背的。

（3）我们发现1连阵亡81人（92%），要远远高于另外两个连。是因为1连指挥上出了问题还是参加的战斗特别艰难？一个部分的原因是在1944年1月12

日，其补给排的成员被游击队俘获后死亡。

阵亡和失踪者名单

503营（后改称"统帅堂"装甲营）1连（战地邮政编码 21 346）

	军官	军士	士兵	总数
编制	4	46	38	88
损失	7	27	47	81

以下按照该连从建立（1942年5月4日）开始直到解散（1945年5月10日）经历的战斗顺序完整收录了人员的数量和名单。当然根据其他来源还有一些冲突待考据。其中11名失踪者根据我们经验来看一般都在战斗中阵亡了。

编号	军衔	名字	地点	时间	备注
马内奇河和顿河下游					
1	下士	布雷斯	斯塔夫罗波尔	1943.01.06	
2	少尉	梅勒	韦斯利	1943.01.09	葬于普罗列塔尔斯克
3	下士	舍勒	韦斯利	1943.01.09	葬于普罗列塔尔斯克
4	下士	格利瓦尔德	巴然尼克	1943.01.14	葬于罗斯托夫
5	下士	丢尔里希	叶卡特林诺卡	1943.01.18	134号Ⅲ型坦克
6	上等兵	布克	叶卡特林诺卡	1943.01.18	134号Ⅲ型坦克 葬于罗斯托夫
罗斯托夫					
7	少尉	冯·科贝尔	萨巴提尼	1943.02.09	
8	代理下士	毛	萨巴提尼	1943.02.09	
第15集体农庄					
9	下士	舒尔茨		1943.02.10	
10	代理下士	波比欣		1943.02.10	
米乌斯					
11	下士	敦克尔		1943.02	乘坐Ⅲ型坦克穿越米乌斯河时由于冰面破裂，坦克沉底而被淹死。3月打捞出来并被葬于普罗克斯科耶
12	代理下士	格罗瑙		1943.02	同上
13	上等兵	舒尔特		1943.02	同上
14	二等兵	格罗斯曼		1943.02	同上

续表

编号	军衔	名字	地点	时间	备注
别尔哥罗德（城堡行动）					
15	少尉	耶梅拉特	米哈伊洛夫卡	1943.07.05	
16	上等兵	卡内克	可茹科夫	1943.07.12	车长特斯默
17	代理下士	贝耶	可茹科夫	1943.07.12	车长特斯默
梅拉法以南之战					
18	下士	诺依曼		1943.09.02	
19	上士	雷曼		1943.09.02	
20	代理下士	克鲁格	诺沃亚	1943.09.07	
21	上等兵	约克威尔	同上	1943.09.07	
22	上等兵	霍恩贝格		1943.09.08	
格林斯克地区					
23	上等兵	丹克特		1943.11.28	114号虎式，车长鲁贝尔
24	下士	托莫		1943.12.10	
帕里施地区					
25	下士	里普		1943.11	受伤
	下士	里普		1944年春	死于德国国内医院
26	下士	莱茨克		1943.11	
施梅林卡地区					
27	下士	奥尔斯		1943.01.12	被游击队杀害，葬于施梅林卡
28	代理下士	海德			
29	上等兵	明克			
30	上等兵	巴顿			
31	上等兵	丢巴			
32	上等兵	米内克			
33	上等兵	维森法特			
文尼查地区					
34	中尉	阿达梅克		1944.01.24	葬于文尼查
35	代理下士	库宾		1944.01.28	同上
奥拉托夫地区					
36	上等兵	布尔格		1944.01.31	
37	代理下士	沃曼		1944.02.01	
38	代理下士	奥普		1944.02.01	车祸
普罗斯库罗夫地区					
39	上等兵	施梅尔	菲多基	1944.03.09	113号虎式
40	二等兵	施耐德	同上	1944.03.09	

续表

编号	军衔	名字	地点	时间	备注
41	军士长	埃尔德曼		1944.03.09	
42	中尉	罗伊特曼	弗里德里希沃卡	1944.03.10	被游击队击毙
43	代理下士	克劳斯	同上	1944.03.10	同上
图斯特地区
44	下士	冯·波利斯		1944.03.15	
45	下士	里彻		同上	
46	二等兵	福德布吕格		同上	
47	二等兵	不知名		同上	炮手
斯卡拉特地区
48	下士	鲍辛格		1944.03.15	121号虎式（车长鲍辛格）全部乘员失踪
49	二等兵	H·舒尔茨		同上	同上
50	代理下士	斯帕克		同上	同上
51	代理下士	韦德勒		同上	同上
52	代理下士	福莱特		同上	同上
卡缅涅茨-波多利斯基地区
53	代理下士	齐默曼		1944.03	失踪
54	代理下士	布吕克		1944.03	失踪
55	代理下士	蒙觉		1944.03	失踪
捷尔诺波尔地区
56	代理下士	格吕特		1944.04	在米特迈尔战斗群中阵亡
57	代理下士	维尔纳		1944.04	同上
奥尔德鲁夫训练场
58	下士	奥斯纳	哥塔	1944.06	铁路运输时事故
诺曼底
59	军士长	芬得萨克		1944.08.15	在诺曼底阵亡，大约在卡昂，法莱斯附近
60	少尉	施罗德		1944.07.18	同上
61	上等兵	古柯		1944.07.19	同上
62	上士	福格特		1944.07.28	同上
63	代理下士	马拉特		1944.07.25	同上
64	上士	舒茨		1944.08.07	同上
匈牙利
65	军士长	马库斯	索尔诺克	1944.10.21	
66	下士	施尔克	索尔诺克	1944.10.21	

第7章 尾声

续表

编号	军衔	名字	地点	时间	备注
67	上等兵	梅斯	索尔诺克	1944.10.27	
68	代理下士	波恩	波尔加尔迪	1944.12.08	
69	代理下士	瓦格纳	波尔加尔迪	1944.12.08	
70	代理下士	波姆	波尔加尔迪	1944.12.08	
71	上士	库克拉	帕贝	1945.01.11	第9行，15号墓
72	下士	霍普纳	扎莫利	1945.01.11	
73	代理下士	瓦尔特	扎莫利	1945.01.11	
74	代理下士	沃辛	扎莫利	1945.01.11	
维尔贝利地区					
75	下士	H·波姆	维尔贝利	1945.03.14	训练中意外伤亡
76	下士	施卡斯基	维尔贝利	1945.03.25	
77	上等兵	劳森贝格	维尔贝利	1945.03.25	
78	少尉	福林格	维尔贝利	1945.03.27	
79	?	?	维尔贝利	1945.03	卡车驾驶员，手榴弹事故
布吕恩地区					
80	上士	柯尼斯普		1945.04.29	葬于乌堡（今捷克维尔博维克）
维也纳以北地区					
81	总军士长	施密特	齐斯特斯霍夫	1945.05	葬于齐斯特斯霍夫

资料来源：- 1950年洛赫曼/鲁贝尔整理
- 该连成员的日记
- 冯·科贝尔少尉的日记
- 维尔希日记

一个德军无名士兵集体墓，很多德军士兵的归宿就是这样。

阵亡和失踪者名单

503营（后改称"统帅堂"装甲营）2连（战地邮政编码22 402）

	军官	军士	士兵	总数
编制	4	46	38	88
损失	3	23	43	69（截至1944年底）

以下统计是该连于1944年圣诞节的公文里统计的数字，应该是完全准确的。没有包括1945年1月1日至5月10日间的损失。1连在这一期间的损失是11人，3连是3人，我们可以据此推算2连的损失也在此范围之内。

编号	军衔	名字	地点	时间	备注
1	中尉	弗里德里希·卡尔·扎布尔	苏联		阵亡
2	少尉	维尔纳·崔索夫			阵亡
3	总军士长	卡尔·哈姆里希			阵亡
4	总军士长	鲍尔·鲁夫特			阵亡
5	军士长	阿尔伯特·波尔舍			阵亡
6	上士	弗朗茨·海宁			阵亡
7	上士	彼得·海恩			阵亡
8	上士	约瑟夫·普鲁姆			阵亡
9	下士	瓦尔特·贝伦斯			阵亡
10	下士	卡尔·德吕克			阵亡
11	下士	阿尔伯特·克拉特			阵亡
12	下士	马克斯·那赫鲍尔			阵亡
13	下士	瓦尔德玛·兰普			阵亡
14	下士	鲁迪·施利克			阵亡
15	下士	博恩哈特·施密特			阵亡
16	代理下士	鲍尔·克莱因			阵亡
17	代理下士	洛塔·乌茨			阵亡
18	上等兵	汉斯·贝克曼			阵亡
19	上等兵	艾里希·本特勒			阵亡
20	上等兵	赫尔穆特·博格			阵亡
21	上等兵	霍斯特·布拉茨			阵亡
22	上等兵	哈利·丹纳			阵亡
23	上等兵	瓦尔特·贝尔根			阵亡
24	上等兵	汉斯·海因			阵亡

第7章　尾声

续表

编号	军衔	名字	地点	时间	备注
25	上等兵	汉斯·胡内克			阵亡
26	上等兵	弗里德里希·科尼希			阵亡
27	上等兵	格哈德·莱希			阵亡
28	上等兵	马克斯·施罗德			阵亡
29	上等兵	海因茨·特腾伯恩			阵亡
30	上等兵	海因里希·威利拉德			阵亡
31	二等兵	阿尔弗雷德·克纳普			阵亡
32	二等兵	威利·鲍瑟韦恩			阵亡
33	二等兵	君特·施特雷茨			阵亡
34	代理下士	弗里茨·巴尔	法国		阵亡
35	代理下士	君特·德格洛夫			阵亡
36	代理下士	诺贝特·拉贝			阵亡
37	少尉	瓦尔特·比勒菲尔德	匈牙利		阵亡
38	上等兵	沃尔夫冈·芬克			阵亡
39	上等兵	欧根·瓦尔			阵亡
40	上等兵	鲍尔·布兰克			事故死亡
41	上等兵	布鲁诺·雷柏特			阵亡
42	上等兵	艾里希·鲍沃尔			阵亡
43	二等兵	约瑟夫·皮茨			阵亡
44	下士	约瑟夫·贝克	苏联		失踪
45	下士	瓦伦丁·迪里			阵亡
46	下士	伯恩哈特·格德			阵亡
47	下士	约翰·凯勒			阵亡
48	下士	瓦尔特·希伯特			阵亡
49	代理下士	海因茨·贝克			阵亡
50	下士	君特·施罗克			阵亡
51	下士	赫尔穆特·布兰特			阵亡
52	下士	维尔纳·贝姆			阵亡
53	上等兵	希尔玛·德林格			阵亡
54	上等兵	埃克哈德·佩西			阵亡
55	上等兵	汉斯·鲍尔森			阵亡
56	上等兵	亨利·劳尔夫			阵亡
57	上等兵	罗伯特·施托贝			阵亡
58	二等兵	阿尔弗雷德·巴茨			阵亡
59	二等兵	迪特·波姆			阵亡

续表

编号	军衔	名字	地点	时间	备注
60	二等兵	奥古斯特·海克曼			阵亡
61	军士长	瓦尔特·库茨那	法国		失踪
62	下士	古斯塔夫·达姆拉克斯			阵亡
63	下士	奥托·梅塞			阵亡
64	下士	君特·诺瓦奇			阵亡
65	下士	赫伯特·帕克宁			阵亡
66	代理下士	马克斯·梅耶			阵亡
67	二等兵	埃米尔·穆尔			阵亡
68	代理下士	伯恩哈特·格尔茨	苏联		在战俘营死亡
69	二等兵	弗朗茨·贝森哈特			阵亡

阵亡和失踪者名单

503营（后改称"统帅堂"装甲营）3连（战地邮政编码 30 628）

	军官	军士	士兵	总数
编制	4	46	38	88
损失	2	22（?）	32（?）	56

以下名单是根据海因里希·霍夫曼的整理和尼曼以及冯·罗森日记综合而来，军衔部分不完整。

编号	军衔	名字	地点	时间	备注
1		弗里茨·查恩	伊洛瓦基	1943.01.08	
2	军士长	乔治·葛瑞尔斯		1943.01.08	驾驶Ⅲ型坦克
3	下士	瓦尔特·昆泽	奥瑟斯基		奥瑟斯基
4	下士	维尔纳·约根森			奥瑟斯基
5	下士	卡尔·里普舍尔			奥瑟斯基
6	下士	西格蒙·伦梅尔			奥瑟斯基
7	少尉	陶博特博士	奥瑟斯基	1943.01.09	
8		海因·巴舍克	米乌斯地域	1943.02.21	
9		阿尔弗雷德·布伦斯维克	米乌斯地域	1943.02.21	
10	上士	海因茨·伍德利希	克鲁托依—洛格	1943.07.06	塔罗沃
11		阿达波特·艾斯勒	克鲁托依—洛格	1943.07.06	塔罗沃

第7章 尾声

续表

编号	军衔	名字	地点	时间	备注
12	下士	恩斯特·阿格勒	巴特拉特斯卡娅	1943.07.06	塔罗沃
13	下士	赫伯特·佩慈卡	巴特拉特斯卡娅	1943.07.06	塔罗沃
14		罗伯特·施泰宁格	巴特拉特斯卡娅	1943.07.06	塔罗沃
15	上等兵	威廉·施丢勒	巴特拉特斯卡娅	1943.07.06	塔罗沃
16		阿尔布雷西特·施密特	米亚索德沃	1943.07.08	塔罗沃
17	下士	海因茨·克拉斯	沙诺	1943.07.11	塔罗沃
18	军士长	卡尔·特罗格	韦尔奇尼	1943.07.15	塔罗沃
19	下士	彼得·米德勒	雅克勒科	1943.07.21	塔罗沃
20	上等兵	约翰·皮希勒	塔罗沃	1943.07.23	塔罗沃
21		赫伯特·比利西	马克思摩卡	1943.08.20	
22		海因茨·里德尔	沙罗卡	1943.08.30	
23		海因里希·雷加特	格鲁博夫	1943.08.31	
24		彼得·席令	格鲁博夫	1943.08.31	
25		阿尔弗雷德·维尔	格鲁博夫	1943.09.02	
26	下士	弗朗茨·福尔麦斯特		1943.09	
27	军士长	绍尔比尔	哈尔科夫	1943.09.18	欧彭尔野战医院
28		弗朗茨·罗特	?	1943.09.04	
29		鲍尔·拉内	别罗索卡	1943.11.24	
30	少尉	康拉德·魏纳特	?	1943.12.01	
31		里奥·舒伯特	文尼查	1944.01.30	
32		彼得·波特彻尔	切瑟诺卡	1944.02.17	鲁班尼
33	下士	汉斯·里彻尔	弗兰克卡	1944.02.21	
34		瓦尔特·霍恩	切诺维茨	1944.03.26	
35	下士	库特·洛特曼	茨罗塔	1944.03.30	特奥波尔卡
法国					
36	下士	格伯哈德·多尔克	马尼维尔	1944.07.18	
37		海因茨·布伦德克	马尼维尔	1944.07.18	
38		乔治·艾伯特	马尼维尔	1944.07.18	
39		乔治·辛特皮希勒	马尼维尔	1944.07.18	
40		安顿·耶格	马尼维尔	1944.07.18	
41	下士	劳尔夫·马特斯	马尼维尔	1944.07.18	
42	上等兵	约瑟夫·谬林	马尼维尔	1944.07.18	
43		威利·彼得斯	马尼维尔	1944.07.18	
44		约瑟夫·普考尼克	马尼维尔	1944.07.18	
45		库特·拉德斯多克	马尼维尔	1944.07.18	

续表

编号	军衔	名字	地点	时间	备注
46		卡尔·海因茨·舒尔特	马尼维尔	1944.07.18	
47		威利·舒斯特	马尼维尔	1944.07.18	
48		霍斯特·托恩	马尼维尔	1944.07.18	
49	下士	彼得·韦斯特豪森	马尼维尔	1944.07.18	
50	军士长	恩斯特·伯尔曼	在前往埃斯泰尔奈的火车上	1944.08.12	
51	下士	恩斯特·威尔海姆	埃斯泰尔奈	1944.08.12	
52	上士	约瑟夫·韦兰	赛利	1944.08.26	
53	上士	克劳斯·里克	赛利以北	1944.08.28	
54	上等兵	西古尔特·布伦克	里尔	1944.08.31	
55	上士	尤斯图斯·伯恩舍尔	死在野战医院中	1944.12.10	
匈牙利					
56	一等兵	阿尔丰斯·查	亚斯贝雷尼	1944.11.01	
57	上士	海因茨·盖特纳	帕贝	1945.01.07	第9行，2号墓
58	代理下士	尼古拉斯·劳尔		1945.02.22	塔多斯柯德
捷克斯洛伐克					
59	上士	海因里希·斯柯达		1945.04.30	沃斯梯茨
被俘					
1		海因茨·布生		不详	
2		爱多华·菲讷	叶雷茨战俘营	1946.06.14	
3		弗里德里希·巴特		不详	

阵亡者墓地

1990年开始，德国战亡者善后民众联盟（Volksbund Deutsche Kriegsgraeberfuersorge）可以在前苏联加盟共和国境内寻找德军二战阵亡者的遗骸。我们给这个总部位于凯塞尔的组织一张503营206名阵亡者的清单，希望他们可以找到那些战友被埋葬的地点，并且是否可能迁回故土。

再回忆一下：我们营在1945年1月1日应该有28名军官，279名军士以及598名士兵，即总共905人。到1945年5月1日，我们阵亡了12名军官（43%），72名军士（26%）和112名士兵（20%）。3个装甲连总共损失206人。3个连满编是360人，差不多是营里总人数的1/3。营部、补给连和修理连一共有差不多530人。我们并没有掌握他们的损失情况，所以用装甲连的损失情况来估算。差不多营里一半的人被苏联俘虏了，那之后的损失情况就不清楚了。

第7章 尾声

到2004年为止，206名战死者里有88人的遗骸被找到并迁入公共墓地，我们因此也可以掌握他们最后安息的地点。这个数字到今天为止增加到91个，分布在25座公墓里，19个在东欧，6个在西欧。

民众联盟根据我们营在东欧的主战场是乌克兰和俄罗斯西部这一情况，估计不会再有更多的发现了，战俘营中死亡情况例外。他们到2007年为止共发现了80万个墓地，并且将零散的遗骸都妥善安置到了公共墓地，因此"探明503营阵亡者"的行动告一段落。我们虽然和那些阵亡者家属失去了联系，但还是可以将阵亡者名单交给国防军信息管理处以及民众联盟去查询，我在后面也附上这个名单以示纪念。每年我们还会在蒙斯特装甲兵学院的荣誉堂里奉上花圈，纪念装甲部队的战死者。2008年5月，民众联盟组织去基辅陵园（13名阵亡者）以及哈尔科夫陵园（12名阵亡者），我们带去了花圈祭祀逝去的战友。

公墓	国家	1连	2连	3连	总共
1. 波韦	法国		1		1
2. 布尔顿	法国		1	1	2
3. 布吕恩	捷克	1			1
4. 布达厄尔什	匈牙利	2	2	1	5
5. 香槟	法国			3	3
6. 哈尔科夫	乌克兰	4	4	4	12
7. 德蓝瑟	捷克？	1			1（迁往下奥地利）
8. 基辅	乌克兰	8	2	3	13
9. 基洛夫格勒	乌克兰	2	1	1	4
10. 科坡沃	苏联	1			1
11. 库尔斯克	苏联	2	3	4	9
12. 拉康布	法国		5	6	11
13. 纳多利斯-威尔基	波兰		1		1（西里西亚）
14. 诺耶斯	法国			1	1
15. 帕贝	匈牙利	1		1	2
16. 波尔加尔迪	匈牙利	1			1
17. 波特里齐	乌克兰	1		2	3
18. 普热梅希尔	波兰		2		2
19. 洛社卡	苏联	3	2	1	6
20. 索洛古勃卡	苏联		1		1
21. 圣迪尔	法国	1			1
22. 赛克什白堡	匈牙利	4			4

续表

公墓	国家	1连	2连	3连	总共
23.瓦热茨	斯洛伐克	1		2	3
24.弗拉布莱	斯洛伐克	2			2
25.克奥提科夫	波兰			1	1
		35	25	31	91

503营1连阵亡者墓地（2007年统计）

	姓名	墓地
1	阿达梅克	基辅
2	伯恩	波尔加尔迪，没有移动，还留在当地
3	巴顿	基辅
4	波姆	瓦热茨
5	布克	洛社卡
6	敦克尔	科坡沃
7	芬得萨克	圣迪尔
8	福林格	瓦热茨
9	格利瓦尔德	洛社卡
10	格罗斯曼	洛社卡
11	格吕特威尔	波特里齐
12	霍普纳	赛克什白堡
13	霍恩贝格	哈尔科夫
14	耶梅拉特	库尔斯克
15	约克威尔	哈尔科夫
16	卡内克	库尔斯克
17	冯·科贝尔	葬于卡美诺罗尼，迁墓还未完成
18	柯尼斯普	布吕恩
19	库宾	基辅
20	库克拉	帕贝
21	雷曼	哈尔科夫
22	莱茨克	基洛夫格勒
23	马库斯	布达厄尔什
24	毛	特沃诺，迁墓
25	梅斯	布达厄尔什
26	明克	基辅
27	奥尔斯	基辅
28	诺依曼	哈尔科夫

第7章　尾声

续表

	姓名	墓地
29	劳森贝格	瓦热茨
30	罗伊特曼	特沃诺附近，墓位不清楚
31	里普	基洛夫格勒
32	施密特	德蓝瑟
33	托莫	基辅
34	瓦尔特	赛克什白堡
35	瓦格纳	赛克什白堡
36	维森法特	基辅
37	乌尔曼	基辅
38	沃辛	赛克什白堡

503营2连阵亡者墓地（2004年统计）

	姓名	墓地
1	贝尔	拉康布
2	巴茨	库尔斯克
3	贝克曼	基辅
4	贝克	拉康布
5	本特勒	波特里齐
6	贝伦斯	洛社卡
7	博格	哈尔科夫
8	崔索夫	基洛夫格勒
9	达姆拉克斯	拉康布
10	德格洛夫	拉康布
11	格德	普热梅希尔
12	克莱因	哈尔科夫
13	库茨那	布尔顿
14	梅塞	波韦
15	诺瓦克	拉康布
16	勒伯特	库尔斯克
17	波沃尔	库尔斯克
18	鲁费特	洛社卡
19	舍特里希	基辅
20	乌兹	哈尔科夫
21	瓦尔	布达厄尔什
22	威利拉德	哈尔科夫

续表

	姓名	墓地
23	扎贝尔	纳多利斯-威尔基

2007年增补

	姓名	墓地
24	比勒菲尔德	布达厄尔什

503营3连阵亡者墓地（2004年统计）

	姓名	墓地
1	比利西	哈尔科夫
2	布伦克	布尔顿
3	伯恩舍尔	瓦热茨
4	伯尔曼	香槟
5	多尔克	拉康布
6	盖特纳	帕贝
7	雷加特	哈尔科夫
8	马特斯	拉康布
9	谬里希	拉康布
10	皮希勒	库尔斯克
11	里克	香槟
12	劳尔	瓦热茨
13	里彻尔	基辅
14	洛特	基辅
15	席令	哈尔科夫
16	施密特	库尔斯克
17	舒伯特	基辅
18	舒尔特	拉康布
19	斯柯达	布吕恩
20	舒斯特	拉康布
21	特罗格	库尔斯克
22	维尔	哈尔科夫
23	魏纳特	基洛夫格勒
24	威尔海姆	诺耶斯
25	韦兰	香槟
26	伍德里希	库尔斯克
27	查	布达厄尔什

第7章 尾声

续表

2007年增补

姓名	墓地
28 鲁梅尔	洛社卡

503营营部和补给连阵亡者墓地（2007年统计）

至今不明的是：

希尔玛·德林格，1915年2月28日生，上等兵
1944年3月23日在波兰克奥提科夫阵亡。

没有更详细的信息。

在整个寻找墓地的过程中遵循一个原则就是"尽量少地惊动逝者"。一旦发现阵亡将士的遗骸需要收容，我们会和当地政府联系一处公墓，然后在迁葬完成后，确保逝者的名字登记在公墓的名册上。

海因茨·盖特纳在帕贝（匈牙利）的坟墓，摄于2005年。

在库尔斯克公墓敬献花圈，这个503营的花圈由柏林警卫营的一名士兵和一名乌克兰士兵共同抬着献给亡者。

253

悼念逝者

> 逝者，被遗忘的话，就又死了一次

我们努力想把人员损失、阵亡、在野战医院里或在被俘期间去世人员的名单都搜集齐，但这个愿望只是部分完成了。在我们营差不多1 000名战士中有500多人再也没有回到故乡。这些人大部分都被匆匆掩埋或者是没能活着离开战俘营。

我们最后只搜集到了209人的名字，通过德国战亡者善后民众联盟的协助，我们弄清楚了91名战友的最终命运，他们的坟墓分布在25个阵亡士兵公墓中，6个在西欧，19个在东欧。如果没什么意外的话，这组数字到现在没有变化。

装甲部队于1961年在蒙斯特装甲兵学院树立了一块纪念碑，每一支装甲部队都将自己的徽章勒石放在其周围。自从那时起，每年的民众哀悼日上，联邦国防军就会在这里举行隆重的悼念仪式，给那些阵亡的装甲兵先辈敬献花圈。

我们这些营里幸存下来的老兵也会在敬献花圈的时候，一起追思一下以前的战友，这成了一个非常有象征性的活动。我们所知的阵亡战友大部分埋葬在4个国外的墓地：基辅13名，哈尔科夫12名，拉康布（La Cambe）11名和库尔斯克9名。德国战亡者善后民众联盟每年会安排在这几个墓地里更换一个带有503标志缎带的花圈。我们已经年老，无法亲身去到那里悼念逝者。2008年在哈尔科夫开始举行了敬献花圈仪式，2009年在库尔斯克，2010年在拉康布以及2011年在基辅。

> 战争不是他们想要的，却夺去了他们年轻的生命。
> 他们怀着坚贞的信仰为之牺牲的祖国，
> 却怀疑他们的忠诚。
> 而他们士兵的天职却被当作了个人的罪责。

第7章 尾声

位于白俄罗斯库尔斯克的士兵公墓。

位于诺曼底的拉康布士兵公墓。

位于乌克兰的哈尔科夫士兵公墓。

位于乌克兰的基辅的士兵公墓。

2007年民众哀悼日上,行进的军乐团,后面是旌旗连以及仪仗队。画面左侧即为蒙斯特装甲兵学院的那座纪念碑。

在虎式营纪念石边上站岗的军官学员。

我的战俘生涯：1945.5—1955.10

（作者：乌利希·库珀）

战争结束即被俘：1945.5.8—5.15

1945年5月上旬，我作为3连的临时连长指挥部队在南摩拉维亚（兹诺伊莫Znaim以北）作战。我们4—6辆虎式配合一个步兵师要尽可能地延缓苏军前进的步伐，给后撤的兄弟们多争取一点时间。我们知道美军已经到达了林茨和波西米亚森林地区，和我们近在咫尺，但是美军还会挺进多远，谁也不知道。

除了坦克外，我们战斗组还有一些负责补给和通讯的轮式车辆，燃料、弹药和食物还算充足。我们通过无线电和营部以及轮式车队保持联系。

我们直到停战前的5月7日还在和对方进行交战。8日当天异乎寻常地平静，停战的命令随时有可能"从天而降"，最新的消息是美军和苏军在我们附近会师了。到了晚上，我们得到了德国国防军全面投降的消息，苏军空投的传单确认了这一信息。传单要求我们在5月9日1时停止一切战斗行为，就地等待苏军到来纳降。所有的车辆和武器要完好地转交给他们，我们则成为战俘。

我们没有按照这个要求去做。一名摩托车传令兵给我带来的命令是率领战斗群向西行进，到达美军控制区，也就是说要向西到达摩拉维亚的百威地区。有消息说美军已经到达伏尔塔瓦河，因此，我们以此为目的地。

5月9日，我们行进在捷克斯洛伐克的公路上，沐浴在美妙温暖的春天里。坦克排成一列前进，并没有捷克人出来捣乱，我们可以在乡间自由行动。捷克村庄的道路上已经迫不及待地打出了英语横幅："我们欢迎胜利者。"这当然不是给苏军看的。

我们在伏尔塔瓦河附近的克罗瑙（Kronau）被美军拦了下来。那时的我们手里只有轮式车辆了，坦克在路上由于机械故障一辆接一辆地抛锚，随后被我们炸毁。在路上的时候，有一架美军飞机贴着我们的头顶飞过，但没有开火。

第7章 尾声

这对我而言明白无误地表明了战争真的结束了。我们战败了,即将面对不可知的命运。

美军设立了路障,但允许从东面过来的德军和难民通过。士兵要缴械投降,但我们被允许保留那几辆轮式车辆,尤其幸运的是那辆运食物的卡车还在。我们继续开车向西,在几公里后被引导去了美军设立在一座牧场上的德军东线部队战俘营。

卡车和各式车辆整齐地停在牧场边上,战俘们按原属部队集合在一起。农场周围都是美军,并没有用栏杆围起来。在农场中间有一条溪流横穿而过。简而言之,这是一幅典型的波西米亚森林的山间景色。

我们在这里碰上了营里其他的一些战友,他们的经历和我们差不多。3个连的战友都有,总数在350—400人,包括大约15名军官。我不太记得准确的数字以及所有军官的名字。我印象里有魏冈、冯·埃希-施特赖贝、奥纳索格、皮普格拉斯、拉姆波、罗利克、申克、吉勒、克雷特克和我自己。我们尽力让本营战友待在一起,希望可以用集体的力量照顾好大家。但是也有一种意见就是每个人自寻出路比较好,虽然没有明说,但是我们这些军官都决意要和士兵们共进退。

美军并没有没收我们的装备。他们的管理工作也很敷衍,虽然也会询问一下我们希望退役后回到哪里。我不知道他们是否记录了这些答案,但是一种说法很快传了出来,这个战俘营的所有人都会被转移到巴伐利亚。在某些情况下,美军甚至还答应说起码我们这些军官不会被交给苏军。

我们没有从美军那里获得配给。这时多亏了我们的野战餐车,还有几天的食物。生病和受伤的人都可以得到妥善的照顾,但是每个人心中都有挥之不去的阴影,与这美丽的五月以及和平的日子形成了鲜明的对比。

这种不确定性在5月15日一早被美军的叫早打破。他们让我们准备好车辆,马上转移。整个营地都被清空。剩下的问题就是:他们到底要把我们带到哪里去?

美军军车穿插在我们的队伍中,车上坐着全副武装的士兵。他们没有朝着我们希望的西方前进,而是朝着东方,沿着我们战斗群前几天西撤的道路往回走。很快大家就明白了美国人想做什么,人群里变得死一般的寂静。3小时后,美军把我们交给了苏军,随后苏军押着我们经过百威和威廷高-诺伊哈斯(Wittingau-Neuhas),最后到了位于诺伊-比斯特里茨(Neu-Bistritz)的一处临时森林营地。

苏军的战俘：1945.5.15—1955.10.7

诺伊-比斯特里茨营地，捷克斯洛伐克：1945.5.15—5.31

苏军将位于诺伊-比斯特里茨城外的一片森林封锁起来。他们并没有准备安置我们过夜，所以需要自己去搭帐篷或者找别的栖身处。卡车还留在我们手上，因此睡车上也是一个选择。苏联人允许我们继续保留野战餐车，他们负责给我们食物，虽然数量上不多。

营里的战友还聚在一起。我们建立了某种自治组织，照顾那些伤病员，以及想办法让大家维持士气和身体健康。尽管美军背叛自己的诺言，将我们交给苏军的行为极大地打击了大家的心情，但因为同一连队熟人间的互相鼓励，所以大家也慢慢平静地接受了现实。现在所有人就剩下一个目标——健康地回到家。苏军也明白我们的想法，不断地允诺我们"很快就能回家。"没有人完全相信，但你总愿听到自己希望相信的东西。

我们在战俘营里第一次听说所谓的军官配额。在苏军里，军官得到的配给要比士兵和士官的都要好，他们因此对德军军官也有优待。我们得到的糖和烟草都更多一些，有时候还能拿到黄油。军官们一致同意将多得到的配给分给伤病员。

苏联人很少出现在营地里。他们进行了俘虏登记，将每个人的特点和投降地点都记录下来。这期间，苏军还没有太为难我们。

在14天后，他们挑出了第1批要转移的人。首先做了健康检查，确保可以上路。第1批共有1 200—2 000人，包括大约100名军官，我们全营都在这批里。

福克沙尼（Focsan，罗马尼亚）

我们在重兵押运下上路了。在露宿了一晚后（幸亏没有下雨），我们到达了斯拉宾司（Slabings）火车站准备乘火车。苏联人第一次严格地搜查了每个人的私人物品和行李，并进行了详细的登记。我随身带的就是装着衣服的背包和一个装着个人必需品的小包，比如厕所用品。戒指和手表都被没收，任何锋利的东西，比如匕首和剪刀，如果没有藏好的话，一旦被发现也会被没收。

他们把我们分配到不同的车厢上进行运输，每车为45人和1名负责管理的军官。斯拉宾司位于捷克斯洛伐克至奥地利铁路的一条支线上，在百威和布吕恩之间。火车带着1 500名俘虏于1945年5月31日离开了那里，1名苏军军官担任列车指挥官。

看守有自己的专用车厢，并且在每节车厢的乘务员室都有一人执勤。每当

第7章 尾声

火车停下来时，他们会围着火车保持一条警戒线。1名德军军官被选为俘虏代表，他要负责和苏军沟通给大家争取最大可能的优待。

翻译开始在火车上第一次出现。从这时起，他们的角色定位成苏联"主子"和德国"仆人"之间的中间人。我们完全依靠他们。这完全可以看出一个人的人格怎样，有些人利用自己的语言优势无耻地靠牺牲战友的利益来获取自己的好处。苏军士兵还算比较克制，他们还不断说很快就可以回家了，因此大部分战俘还是比较平静。

我们现在最担心的就是火车的终点站在哪里，但很明显的是它肯定不是带我们回家。我们从苏军看守那里打听不到任何消息。

路途上车门一直关着，只有当给我们食物或者点名时才会打开。配给很少，每天2次面包，糖和汤，还有一些喝的东西。没有人可以吃饱，我们被这种状况折磨了很久。卫生状况很糟糕，有1名医生负责健康问题，所有生病的人会被送到专门的医疗车厢。

火车拉着忧心忡忡的我们通过维也纳、布达佩斯，经过阿拉德（Arad，罗马尼亚城市）、布拉索夫（Kronstadt）和普洛斯蒂（Ploesti）。1945年6月10日，我们到达了福克沙尼。这是一座位于伏尔塔瓦河区域，罗马尼亚东部的一座中等规模的城市。

我们一到达，苏军就把军官和士兵及士官分开关押。我不知道我们营的其他人去了哪里，军官们失去了和他们的联系。在我被关押的漫漫长日里，再也没见到过他们。

福克沙尼中转营，罗马尼亚：1945.6.10—7.31

我们在1945年6月10日到达福克沙尼。军官们在火车运输途中还是比较顺利，大家身体状况还保持得不错。

尽管在营地里有数千名德国和匈牙利军官，但是德国营的战俘官方组织成员只局限于从士官和士兵中挑选。其中有些人非常恶劣，以折磨军官为乐。营地队长是一名前空军总军士长，他非常仇恨军官，并肆无忌惮地羞辱他们。他竭尽所能地让我们生活在地狱里来取悦苏联人。他周围有一圈较早被俘的德军人员，这些人都参加了自由德国民族委员会，有些还是前德共党员，之前很早就逃离德国。我们会听这些人的话？

苏军看守在营地里非常冷淡。在营地里，有些德裔人自发组建了所谓的"营警"，他们用欺负德国人来向苏联人献媚。

营地管理很严格，早晚都会点名，最多的时候搞了5个小时。我们住在一栋巨大的有着混凝土楼板的石头建筑里，之前这是一座军营。我们睡在三层的木床上，没有床单或者被子。衣服如果破烂了，也不要幻想能拿到新的。当鞋子和衣服破了后，要自己想办法缝补起来。每10天要去一次灭虱站。洗浴的地方非常糟糕，供水经常中断，照道理在这个区域不应该会发生的。厕所总是不够用。食品供给一直很"标准"：600克潮湿的面包，2碗豆汤，每天有一点糖。

在营地里要自己准备食物和保持清洁，所以大家分工到厨房、烘烤房，运水、清洁厕所或者建造厕所这些方面去。除此之外我们则没什么事情了，静静等待命运的召唤。大家闲来无事就讨论那些过去和将来的事，家乡和家人的琐事，那些失踪数月的战友的命运。我们第一次听到了波茨坦宣言，占领区的分割和就要开始战犯审判的消息，我们主要的消息源是俄占区出版的报纸。

军官们之间，尤其是前503虎式营军官间的战友情谊维持得不错。我们开始习惯失去自由，被拘役的生活，预感到以后在一起的日子还会很长。每个人都竭力团结起周围的人，每个人都是这个新集体的一员，事实上这也没有选择，要想"摆脱"这个现实是很困难的。

质次量少的食物和糟糕的卫生条件会慢慢地摧毁人。肠病开始爆发，这在闷热多尘的环境下，加上不良的水质很容易产生。生病的人在一所独立的诊所里由德国医生照顾，但是这些医生没法做决定，只有苏联医务人员才可以判定是否需要将病人送到城里的医院进行治疗。我在营地里没见过死人，但肯定有人死在了诊所里。整体身体素质的下降很快就变得非常明显了。

有一天所有军官和匈牙利、德国两国士兵被集合起来要进行转移，我们都觉得松了口气，至少比总这么半死不活地困在这里强。我们在差不多8月初离开了这处战俘营，还是由之前那样的火车关押着往更东面前进。所有503营的军官和其他一些军官被关在一节车厢里。

一开始，方向朝北经过雅西（Jassy），随后穿过俄罗边界。目的地是莫尔多瓦苏维埃社会主义共和国的首都基希纳乌，一座战俘营已经建好了等我们。

基希纳乌战俘营：1945.8—1946.2

相对而言，我认为这个战俘营是所有营地里条件最好的，之后的营地越来越糟。我们住的房子以前是一所农业学校，巨大的房间里摆好了木制多人床，桌子和椅子都有。走廊很宽敞，厕所和盥洗室一应俱全。操场周围当然有围墙，并且有哨塔。早晚两次点名在房子前的一片大空地上进行。苏军看守的宿舍在靠大门的地方。

我不太记得苏军看守的情况。负责营地秩序的是一名匈牙利上校，他尽职

第7章 尾声

尽责地让大家的生活还过得去。我们这些军官被任命为一个连或者百名士兵一组的组长，负责管理。在到达这里休整几天后，对周围的情况也慢慢熟悉了，随后被组织出去进行工作，我不知道士兵还能干什么。

很自然的，那些翻译在这里起的作用很大，他们给我们传递苏军看守的命令和需求。有技术的手艺人在营地里的地位会更好一些。看守和当地老板们总是给我们派很多活，其中还有不少私活。

营地值班人员（厨房、洗衣房和厕所之类）也慢慢固定下来，相比每天外出干活，在营地里的活轻松许多。

军官的房间有点特殊，第一批得到木制多人床。我不太记得当时是否还有稻草床褥。另外分配给每名军官一名士兵负责勤务，比如端送每天的冷食。有时候也会提供热食，军官特殊配给继续提供。慢慢地，我们开始有了自己的餐具，比如一个饭盆和一把勺子。总的说来，我们对能和同伴生活在一起感到满意，但是心里都清楚未来还充满了不确定性。

我们还是非常想知道什么时候能回国，没人可以回答这个问题。我们变得不再轻信那些说了无数遍的流言，特别是我们看守说的话。说实话，我觉得他们知道的其实不比我们多。在漫长的囚禁生涯中，我逐渐认识到能决定我们命运的人在遥远的莫斯科。

我都不确定在基希纳乌看押我们的是否是苏军。在后来的岁月里，所有战俘营都是由苏联内务部的警察部队负责的，政治委员也都是从这些部队里选拔出来的。之后我会和他们打很多交道，但在基希纳乌，他们还没有过多接触我们。

我们在战俘营里度过的第一个圣诞节没有收到任何邮件。我们那时候甚至不允许写信，唯一可以读到的东西还是在德国俄占区发行的报纸。

大约在1946年2月底或是3月的头一天，恩斯特·奥内索格、我以及其他9名德匈军官，其中包括那位负责营地的匈牙利上校被叫到看守的营房。他们让我们收拾一下行李准备上路，除了6名匈牙利军官外，还有1名年老的少校，1名装甲部队上尉，1名俄语娴熟的中尉（他战前是一名律师），以及恩斯特·奥内索格和我。

难友们将我们送到营地大门口，1名军官带着3名士兵将我们关入一辆囚犯押运车，我们称之为黑色玛利亚。他们动作很快，直接将我们推入车子，随即关上了车门。这车子要把我们带往何方？

每个人都在猜测：为什么这样对待我们？有什么糟糕的事要发生么？我们会遇到什么？我们对前两个问题没有答案，第3个问题最后的答案是我们依然是苏联的囚徒。

我关于503虎式营成员的战俘状况的报告到基希纳乌战俘营的门口就结束了。苏联人首先在福克沙尼将军官和士兵们分开，之后在1946年的那晚将军官们也开始分批处理。奥内索格和我再也没有在苏联作为战犯身份见过其他伙伴，只有当10年后我们在联邦德国才见到过他们中的一些幸存者。

乘坐囚车穿越苏联

黑色玛利亚将我们带到基希纳乌的火车站，在那里，看守押着我们上了1辆正停着的铁路囚车。我不清楚为什么在苏联这样的囚车被称作斯托里平（Stolipyn），它只有小的带栅栏的窗户，里面被隔成数个放置着两个三层木床的小房间。这种车厢的绰号大概来源于内政部长或者其他监狱头子的名字吧。这辆囚车和正常的长途车混编在一起，只有看守知道目的地在哪里。

我们要爬上车厢，苏联人在边上一直吼着"Dawai,Dawai！"（快点，快点），这节车厢里其实已经装满了苏联犯人，他们用秃鹫般的眼神盯着我们，估计他们贪婪的眼睛盯上了我们看上去还不错的行李。我们很快学会了如何和这帮人打交道，手里紧紧地攥住了自己的东西。

警卫室里有一个火炉可以给车厢加热，但在这种一走就是很多天的列车里一般都只能热一阵，大部分时候都是刺骨的寒冷。看守一般都要给我们找到单间才能上路，但因为路途遥远，不是一直都可以拿到的。

火车在半夜的时候驶离了基希纳乌。我现在说不清楚到底路线是怎样的，整个路途中换了几次车。很多时候就是在车站等着，也不知道多久能搭上车，继续我们的旅途。我记得大概的路线是敖德萨—哈尔科夫—莫斯科。到了莫斯科以后，晚上我们被黑色玛利亚带着从一个火车站到了另外一个，其中第二座车站位于城东。我看到一个站牌上写着符拉迪沃斯托克（海参崴，Wladiwostok），那一刻整个人仿佛沉到了海底。我看到我和周围的同伴都可能会在西伯利亚度过余生。

从莫斯科继续往东，首先经过喀山-斯维尔德洛夫斯克（Kasan-Swerdlowsk），然后是彼得罗巴甫罗斯克（Petropawlosk）。从那里开始火车道就变成了单线，我们一路往东南方向前进。差不多10天后，终于到达了目的地：卡拉干达（Karaganda，译者注：今哈萨克斯坦境内）。这是一座从来没有听说过的城市，远离莫斯科，远离基希纳乌，远离德国。我们在苏联亚洲部分东南角位置的这个加盟共和国的哈萨克草原上。等待我们的命运是怎样的呢？

第7章　尾声

卡拉干达：1946—1950

1946年的卡拉干达不是一座大城市，其本身坐落在一片流放之地。从1930年起，这里就是用来流放斯大林的政治敌人和政治不可靠民族的地方，比如乌克兰的库拉克人（Kulak），伏尔加河流域的德裔和其他一些定居在苏联的外国族裔。当然普通的罪犯有时也会流放到这里。他们可以在城市里自由地行动，但是不能离开这个地区。

1941年起就在卡拉干达设立了战俘营。一开始是关押德国人，后来又增加了匈牙利和日本战俘。我们11名军官被带到了3号营地，那里关押的很多德军战俘都是在1941—1944年间被俘的，所以对我们的到来充满好奇。

碰到这些老狱友并住在一起还是会产生一些问题的。对他们来说，战争早结束了。他们习惯了看到饿死或者病死的战友。在后来的聊天中，我们得知了他们痛苦的经历。而我们一直到战争结束前都在接受最后的胜利这样的宣传，而且说德军在苏联没有一名战俘。

我们是第一批来到这个营地的军官。这里对军官也不再有优待，我们很快就习惯了新规矩。除了几个人外，大部分人都被老狱友接受成为新伙伴。

3号营地的囚徒要在附近的一座和稍远一点的另一座矿里工作，每个班次人员被用卡车运过去。1号矿是在1930年由那时被放逐的犯人修建的，那时的气候、卫生和食物情况更加难以忍受。

在到达几天后，我被分配到1号矿的运输队里，从此所有军官直到上尉衔都需要干体力活。1号矿的工作环境很危险，那里没有电梯，你需要徒步走入没有灯光的矿道。必须要小心被十字镐砸中脑袋，而且要时刻关注矿灯是否熄灭了。在每个班次里没有顶班，你需要工作到下一班次的兄弟来才行。

工作主要是将装满煤、矿石或者空着的矿车通过一条特殊隧道推进推出矿井。连接矿车是个麻烦活，需要不少技巧。矿车无论是否满的还是空的，在运输途中都容易松开，一旦开始往下滚落，可以砸碎任何挡道的东西。这时候能做的就是找个地方躲起来。幸运的是当我在运输队时没有发生过恶性事故。当地的班头对我们不错，大概他们对德国人的工业素质和纪律性非常满意。一开始由于我是一名军官，他们对我格外防备。过了一段时间之后，他们也像对待其他人那样对我了。

战俘营的生活有固定的节奏，主要围绕着矿上3班倒的工作（8小时一班，早班，中班，晚班）。营里也有很多日常工作，比如厨房、洗衣房、理发师、德国人诊所、裁缝店和成衣铺。内部这些工作首先会选择那些有这方面经验的人来做，其次会吸收一些没法参加重体力活的人，最后还有一些得到看守"欢心"的人。

在每一个战俘营，除了由各式战俘组成的一个德国委员会，还必定会有一个反法西斯协会。这个协会主要就是用来向战俘宣扬苏联和社会主义的。一名"积极分子"会被选为该协会的主席，周围也会聚拢其他一些"积极分子"。一旦加入这个协会，就不需要参加工作，而且在食物、服装和卫生情况上会得到优待。他们和苏联战俘营管理层尤其是政治委员保持着密切的关系，而其他战俘则因此很鄙视这批人。

但是所有人也都惧怕这批人，尤其是不能在他们面前乱说话。几乎所有的"积极分子"都会被提前释放。他们中的一些人还在东德的党政部门中谋取到职位。他们认为我们军官政治上都很可疑，极为担心我们对其他前士兵继续施加影响，尽管实际上来说，已经微乎其微了。他们对战俘的政治洗脑进行得并不成功，实际上大部分时候起到的是相反的作用。在1949年底释放了所有"积极分子"后，苏联战俘营再也没有建立新的反法西斯协会。

在我整个被俘生涯中，我和各阶层的士兵一起劳动，一开始在地下，后来由于安全原因，被安排在地上做建筑工，或者晚上把木材从铁路车厢上卸下来。我和大家都处得不错。我们不仅分享食物，并且共度一切难关。

1950年4月前我在卡拉干达的3个战俘营待过。在这期间，越来越多和我经历相似的军官也被送到了这里。在1948年底或者1949年头，有一群包括3名参谋的军官被送到我们这里，之前他们待在德设斯卡斯干（Dscheskasgan）的寂静营。之后由于那个营被解散，他们才来了我们这。从1946年起我们就可以寄信回家了，而这在寂静营还是不允许的。

在那同一年，一些俄占区的民事俘虏也被送了进来。这些人里包括布痕瓦尔德和奥拉尼恩堡这两个集中营的看守。他们一般都是高级别的党政官员、法官之类，并没有直接参加过战争。后来还有一些人我们发现是先被苏联人任命担任俄占区的官员，但后来由于反抗苏联人的干预而又被囚禁了。

伙食标准一点没变过。早上领到600克湿面包、一些糖和咖啡。中午喝汤。晚上喝混杂着小米、荞麦和大麦之类的谷物粥，或者是白菜土豆汤。肉是没有的，有时候也可以吃到点土豆。

战俘的健康问题在1946—1949年间很糟糕，尽管只要多吃点东西就能解决不少问题，但不是所有人都能赚到钱。每个人必须要先为战俘营赚到456卢布之后，才可以拿到剩下的酬金，但也以150卢布封顶，但苏联人设立的劳动支付标准非常高，一个身体虚弱的人根本赚不到钱。我在矿井里工作的那几个月里确实存了点钱，但这个离正常的收入还很远。

第7章 尾声

几本描写苏联战俘营生活的书里提到的那些事情我都经历过。我和那些作者都没有来往,但他们每一个人的描写都细致入微,我这里就没必要再说那些细节了。

在战俘营里我们定期收到苏联和东德的报纸。我们中有些人俄语不错,可以把俄文报纸翻译给大家听。尽管这些消息都是片面之词,但是我们还是可以听到一些世界新闻。除此之外,我们还可以听到一些由我们的看守、反法西斯协会和周围居民流传出来的消息。

在卡拉干达和之后的战俘营里都会提供一些书。我们可以阅读那些苏联印制的德语书,大部分是马克思、恩格斯、列宁和斯大林的政治著作,还有一些苏联经典文学,比如《静静的顿河》。当然还有一些被纳粹禁止的德国作家的作品,比如海因里希和托马斯·曼,以及路德维希·雷恩。

一直困扰我们的问题就是什么时候可以被释放。我们发现西方盟国允诺在1948年底前释放所有战俘。苏联政府被迫作出相同的承诺,但却根本没有遵守。他们往德国遣返的战俘都是那些患有疾病、无法继续工作的人。我在1947年患了严重的肺病,一度有数周不能工作。尽管我被检查了数次,但还是没能幸运地坐上回家的火车,而那些还有工作能力的"积极分子"已经被批准回乡了。

审判及判决:1949.12.25—1950.4

我们在1949年都在焦急地等待被释放的日子。这一年有数列火车离开卡拉干达前往德国,最后一列火车于11月离开我所在的战俘营,但营地里并没有人去楼空,还剩下大约100名囚徒,而我就是其中一人。没能离开的人心里都很难过,但是还抱着侥幸的想法希望可以在圣诞节前回家。

在接下来的几年里,陆军和党卫军的某些部队成员被频繁审讯、关押,有一部分被宣判犯有战争罪行。在最后一列火车离开后,剩下的人都被系统性地调查,由于这个原因一下子来了很多内务部的官员和翻译。

他们在我的第一次审讯中问了几个问题后,读了我认识的一名狱友的供词。他在这份供词里提到我于1943年在乌克兰时对平民犯下罪行。我解释这些都是不真实的,他们很认真地听我说,而且记录了下来,但对我一点用也没有。审讯官告诉我由于案情严重,会上法庭。我当时就止不住地颤抖,内心充满了绝望,我明明清楚我没有做过那样违背良心的事。在之后的审讯中,我慢慢冷静了下来。后来我从其他难友那里听说他们也都碰到过类似的情况。

1949年12月25日,我被判处25年强制劳动,而这都是在只有口头证词并且没有辩护人的情况下草率审判的。我的解释完全没有被采纳，而那名狱友给的证词用俄文记录了下来，这是指控我罪行的唯一材料。整个过程完全是对公正的嘲弄。那名证人几个礼拜前已经踏上了回德国的火车，苦涩的命运等待着我和其他在1949年还没能回国的德国战俘。我们可以申请复议，但是很快都被驳回了，也不用再去琢磨法律程序是否被遵守了。

我们有明显的预感，苏联政府为了向其人民和整个世界展示德国在二战犯下了严重的战争罪行，所以必须要对罪犯严惩不贷。今天我了解了更多斯大林命令在1949—1950年间进行大规模审判的政治背景。

哪些人会被审判？我下面引用4种人做例子说明：

（1）武装党卫军、盖世太保和警察；

（2）将军、总参军官、参谋和执行剿灭游击队任务的某些部队；

（3）高级官员和法官、俄占区里各地方党的领导层和民事官员；

（4）其他被俘国防军人员中觉得可疑的。

我大概就属于第4类人，1名别的狱友提供的虚假的证词就足以给我定罪。我都不明白那个人的证词是无意说出来的还是恶意构陷我的，我从来没和他谈论过我的军事经历。苏联人从我在审判前要求提供的履历里知道我在1943年曾在乌克兰作战过，而我当时所属的第503虎式营却无论在审讯或是庭审中都没被提到过。审判结果没有给我书面通知，大概这东西确实不好意思写下来吧。

很自然的，我们的情绪在圣诞节这几天降到了冰点。我们的命运大概就将是孤独、无助地在遥远的亚洲度过了吧。谁能将我拯救呢？我的刑期要到1974年12月21日才结束。我们当时不知道的是这些审判结果在被德国公众得知后引起了极大的震动。现在你可以找到很多文学作品详细描写了那个圣诞节在苏联战俘营发生的事件全过程。我推荐朗（《斯大林对德军士兵的惩罚性审判》，1981年出版，Stalins Strafjustiz gengen Deutsche Soldaten）和雷曼（Lehmann）的作品（《囚禁和回家：德军战俘在苏联》，1986年出版，Gefangenschaft und Heimkehr: Deutsche Kriegsgefangene in der SU）。恩斯特·奥内索格在卡拉干达的遭遇和我完全一样，作为被判刑的罪犯我们被关到了同一个营地。

在判决出来前，我们就于1950年初被送回去劳动。每天和之前的一样，战俘营里的一切都没变，包括看守对我们的态度和食物。

1950年4月发生了意料之外的事：大约1/3的战俘被送回国了！恩斯特·奥内索格在这一批里被释放了。他告知我母亲和其他几名战友我的处境。他们向我母亲证明，根据他们对我的了解，苏联人审判我的那些罪行都是编造的。我在这里也想感谢这些支持我的战友，他们在那时帮了我母亲很多忙，虽然他们

第7章 尾声

没办法帮到我。

突然释放1/3的战俘给我们这些剩下的人起到了两种截然相反的作用。一方面，我们感觉到被抛弃了，那种不确定性和无法逃离感让我们深深地被压抑。另外一方面，这又燃起了我们总有一天会走出去的希望。

在1950年4月，战俘营剩下的人被集合起来进行转移，在装了栅栏并严密把守的火车车厢里，一路向西。但是我们没有回到家乡，也没有像一些人担心的那样被送到东德，我们的路线是斯维尔德洛夫斯克—喀山—莫斯科。我们在5月初到达了博罗维奇（Borowitschi），这是一座位于莫斯科和列宁格勒之间的城市。我们被安排住进了一座营地。

博罗维奇：1950.5—1951.7

博罗维奇是苏联中部的一座平淡无奇的小城。我对城市本身没有记住任何特别的地方。我们从卡拉干达出来的人共有400—600人，所在的营地靠在城外的一条公路边，也被称作公路营。在这里，我们分住在几个各可容纳200人的兵营里。在苏联各战俘营和我们一样命运的战俘都被集中了过来。其他人里有很多库尔兰集团军群的参谋人员，他们中的一部分人也在1949年底被释放回国了。

除了那些参谋外，我们要去博罗维奇的好几个建筑工地干活。每天早晨，我们排成5路纵队走出营门，随后分别被领到不同的工地去。工人会被分成熟练工和非熟练工，我则属于后者。我负责搅拌并搬运混凝土，搬运石头，卸木材和其他不需要技能的活。每天有一个短暂的午餐休息，食物从营地送来。在8—9个小时后，我们结束一天的工作，重新排成5路纵队，点好人数后回营地，然后入营时再清点一遍人数。这样的工作会一年年持续下去，每周日可以休息一天。

物质条件没多少变化。一样的食物，一样的服装，尽管如此，服装还是挺符合季节要求的。在冬天，会有棉服、皮帽、毡鞋，有时还配有手套。当然，质量不可能怎么好。对非熟练工来说在博罗维奇想靠建筑工地赚点钱是非常困难的。

1950年开始有一个救济项目开始施行，这对缓解我们物质匮乏的状况起到了很大的作用，同时也在精神上给了我们鼓舞。国内寄来的包裹如潮水般涌了过来，给我们很大的愉快和救助，当然大部分都来自西德。正是这些包裹提醒我们国内还没忘记我们！这些包裹比那些明信片或者不时寄来的邮件更令人激动。

1949年夏在卡拉干达时，我收到过几个我母亲寄来的小包裹，让我非常高兴，但邮政联系在我们被宣判前就被停止了。苏联人有好几个月不允许我们写信，直到我们到了博罗维奇才重新可以通信并收到小包裹。

每晚当我们回到营地时，他们会把有包裹的人的名字读出来，幸福感就不可抑止地蔓延开来。人人都冲到分发邮件和包裹的地方。我母亲费了不少劲才让我可以成为第一批收到包裹的幸运儿。我们可以得到那些在营地里没有的东西：咖啡、可可、牛奶、布丁粉、巧克力、黄油、人造奶油、香肠、火腿和其他有用的东西比如香皂和衣料。不是营里所有的难友都可以马上拿到包裹，那些来自东德的战友就完全不如我们这些在西德有亲属的人了。但之后我们会互相分享物品，并且西德的援助组织也提供了更多的物资给我们，一切变得更好了。所有人都可以吃得饱饱的，因此也更健康了。

与祖国联系

我母亲保存了我从1940—1945年间寄给她的所有战地邮件。尽管期间经历了柏林老家于1944年2月被空袭炸毁，之后在1945年1月底苏军突破奥德河的战斗中，新家再次遭殃。我母亲在1945年4月收到我作为战士寄出来的最后一封信，当时她借宿在老普鲁士维滕贝格（Wittenberge）亲戚家的农场里。

我在战争中收到的邮件都遗失了。我都不记得什么时候知道我母亲从奥德河前线地区逃离的消息。我于1946年2月3日从基希纳乌给母亲寄出了第一张卡片。当时苏联人给我们发了印好的卡片，上面只能写几句话。我们只允许写一些泛泛的东西："在目前的情况下，一切都还不错，我身体也很健康。"任何提到战俘营的位置、大小、一起关押的战俘或者战俘营的状况的内容会在审查的时候被直接画掉，最坏的情况是卡片直接销毁。我第一张卡片的影印件会在之后的图片里出现。我母亲于1946年3月15日在柏林的尼古拉湖收到了这张卡片。

我母亲于1951年1月10日寄给我的那张卡片的影印件也收录在图片里。我于1951年2月11日在博罗维奇收到。我妈妈写道："今天我很高兴地收到两张11月（1950）寄出的卡片。我简直不敢相信，在差不多一年半后，又看到了你还活着的证明。"审查官画掉了一句话。我母亲还告诉我1950年夏从卡拉干达退回过2个包裹给她，包括一些明信片，这些东西都从来没有到过我手上。

我母亲保存了我寄出的所有卡片和作为战俘时的几封信。我只保存有1951年2月开始从家里寄来的信，之前的邮件要不然就是在临时检查中被没收了，或者是在1949年我以为要回国了被我销毁了。那时候不允许有任何写字的纸被

第7章 尾声

带回德国，之后则没有那么严格了。

除了后来频繁的邮政联系外，我们可以通过那些提前释放的同伴给我们亲朋带回消息去。1列火车在1945年秋就从基希纳乌将一些病员送回德国，那车上没有任何军官，而当时给军官负责勤务的贝尔瑙先生就在那列火车上。

他和我一样是柏林人，也要回柏林去。他记得我亲属在柏林的地址并将我的近况转达给那些亲属，因此我的母亲和亲属在1945年底前就知道我作为苏联的战俘被关押在基希纳乌战俘营。

1946年4月我母亲收到一封斯比克曼上士的信件，他当时刚从苏联战俘营被释放到东柏林。斯比克曼是300号虎式最后一任无线电员，和我一起被俘。他信里告诉我母亲当时我们被关押在福克沙尼战俘营的情况，我们在那之后就被分开了。他当时乐观地估计我要么已经到家了，要不然也很快会回家。他并不知道在503营的军官被单独关押后，我已经坐着苏联囚车到达了遥远的卡拉干达。

在1947—1949年间，我母亲从好几位被释放人员那里听到我最新的消息，所以她知道我还活着以及被关押在哪里。那时所有的战俘都相信苏联人会将我们在1949年年底前释放。

我欠这些战友们一个大人情，是他们告诉我母亲我还活着，给她再见到我的希望。

斯维尔德洛夫斯克的列夫达（Rewda）战俘营：1951.7—1951.10

博罗维奇战俘营在1951年7月初被关闭了。我们在坐上火车前又在猜测这次会把我们带往何处去。流言四起，有人说会把我们送到东德，有人说是远东。列车驶过了莫斯科、喀山，一路往东。火车继续穿越了乌拉尔山，最后把我们放在斯维尔德洛夫斯克城外的列夫达车站。

在斯维尔德洛夫斯克已经有6—8个战俘营。这些战俘大概从1951年开始被聚集于此。斯维尔德洛夫斯克是中乌拉尔山脉东面的一座城市，属于苏联的亚洲部分。这座城市以前的名字叫作叶卡捷琳娜堡，沙皇一家于1918年正是在这里被全部处决了。

斯维尔德洛夫斯克是一座大城市（1981年有120万人），是乌拉尔地区的交通和工业中心。我并没去过该城，只是在列夫达战俘营待了很短的一段时间。几乎没有留下任何印象。

1951年10月又有一部分人被集合起来要被转移，我也在内。我们被装上卡车送到了30公里以南的德希扬卡（Dechtjarka），还在乌拉尔地区。

斯维尔德洛夫斯克附近的德希扬卡战俘营：1951.10—1955.10.7

德希扬卡是座小矿镇，居民们几乎都在矿里工作。这个地方围绕着矿而建，是个丝毫没有吸引力的地方。

在那里的生活和之前那些营地差不多。我们一开始被安置在住宅区里，之后把我们搬到军营里，然后在那里住了4年。每一座营房有4个大房间，每间可容纳30—40人。我们睡在铺着稻草垫的双层床上，2套双层床之间摆着一个可供吃饭的桌子。大家可以坐在底层床铺上吃饭，除此之外的活动空间则很有限。

各种军衔和兵种的人混杂住在一起，其中还有一些是将军，之前他们住在莫斯科的战俘营里。他们对于融入普通的战俘营一点问题都没有。战俘营里的所有人，不管是将军还是参谋，都要每天去工作，根据他们的能力分配力所能及的事情。我和那些参谋、将军、高官以及法官住在一起，也一起去建筑工地工作。我们聊得不错，而且在我之后的生活中也给予我很大的帮助。我在那里是最年轻的一个，一个有着前线经历的大学预备班学员。除了读书和读报之外，我们还会讨论国家社会主义、反抗活动、民主和政治、历史和经济、战争和战后。我从这些年长的狱友那里学到了很多真知灼见，他们也很认真地听取我的看法和意见。

我们那时得知了2个德国的建立，大概了解了其中的区别。我们还听说了朝鲜战争的爆发和二战战胜国之间的纠纷，特别是美苏矛盾。这些问题都成为我们谈论的热点。

当然有时候我们之间也会出现争论，但都没什么大关系。可能有些不快，但很快也就过去了。

多亏收到的那些包裹，我们的健康还算稳定。工地上出过一些事故，我也看到有些人不幸地死了。

在德希扬卡有1名德国牙医给我整了牙齿，他制作的牙套我一直用到1955年11月在乌尔岑重新看牙医。

看守经常"担心"我们的头发会滋生疾病，所以我们被多次剃光头，尽管平时定期检查身体和除虱。虱子在早期确实是个问题，但之后再也没困扰过我们。实际上剃光头更多是用来羞辱我们，让我们和苏联普通罪犯沦为一类。在1952年后，就再也没有强制剃光头发生了。我们头发长长后，可以定期去营地里的理发店打理。有几个人甚至有自己的理发用具，而这是禁止的。

有一次看守发现一名战俘从家乡收到的卷烟里写着字。因为包裹里是绝对不允许夹带字条的，所以我们营地的看守也被要求对这一方面加强检查，所有的包裹要被打开检查后才可以交给我们。内务部士兵在一间特殊的房屋里打开

第7章 尾声

包裹进行搜查。所有的罐头要打开清空，咖啡会倒入我们提供的罐子，雪茄和香烟会被撕开。当然，一般什么都找不到。看守平白多了很多事情，而我们也很愤怒。我们哪里找到那么多罐子来装咖啡、黄油、人造黄油这类东西呢？而且很多食品一旦打开根本就没法保存了。

我们进行了强烈的抗议。德方营地自治委员会和看守找出了一个双方都乐意接受的办法，因为看守也不愿意没事找事干。香烟和雪茄不会再被撕开，巧克力可以不用撕开包装，罐头会被重新包装起来放在一个标有战俘号码的箱子里，储藏在一间特殊房间里。每个人可以在特定的日子里去取用自己的东西。

因为看守不愿意亲自做所有的活，所以找了一些人去帮忙，我代表我们那座军营去干这事。我会定期拿到物品清单，然后我就按照它将物品尽快地打开分发，实际上的快慢还要看负责这里的看守心情如何。我们发现看守也是常人，有好多包裹实际上并没有被打开。

在这些年里，包裹的数量每个月都在增长。我收到的包裹不只是我母亲寄的，还有许多来自亲戚、慈善组织和503营前战友，而来自后者的包裹令我尤其欣慰。我要再次感谢我的那些战友，你们寄出的包裹给了我很大的帮助。

斯大林在1953年3月去世了。某种不安在整个苏联散播开来，即使在我们营地里也能感觉到。他的死讯传播得很快。内务部官员也开始去视察建筑工地，因为他们担心战俘会因此闹事，实际上什么也没发生。

克里姆林宫的新主人在那年5月决定额外释放一批战俘回国，所以当那天早晨例行准备去出工时，突然有半数人被拦了下来，被告知不用出去了，当时大家都很惊讶不知道发生了什么。我不在这批人里。当晚我们发现那些被拦下的人被转移到了列夫达战俘营，随后准备回国。我们通过中央医院能打听到一些列夫达战俘营的消息。后来听说释放没有如期进行，因为1953年6月17日东德发生了反俄示威，很快被苏军镇压了。克里姆林宫认为此时不宜释放战犯，所以那批人一直等到当年9月才成行。

那一次依然不知道到底是根据什么标准来挑选谁先被释放的，也没有解释过。而其他人，包括我也不知道为什么原因还要留下来。

到了1953年，斯维尔德洛夫斯克的战俘营又迎来了从列宁格勒和沙赫特（Schachty）地区转移来的战俘。我们相信全部或者是绝大部分德国战俘都集合在了斯维尔德洛夫斯克。

1954年我们从看守那里的广播和苏联以及东德的报纸上看到德国国家足球队在伯尔尼赢得了世界杯冠军。尽管不知道比赛细节，但大家还是由衷地感到兴奋。

释放及回家：1955.10.7—10.16

1955年联邦德国和苏联展开了新的战俘释放谈判。我们无法知道细节，但注意到看守对我们显得更为友善了，同时将军们都被转移到了莫斯科。后来我们才知道德国总理阿登纳要带一个代表团在9月去访问莫斯科，我们多么渴望他能够解救我们。

我们只能断断续续地听到他访问和谈判的消息。细节没有透露出来，但我们能感到他们正在就我们的处境和未来进行工作。我之后了解到了更多细节，我推荐读者读威廉·巴克豪斯（Wilhelm Backhaus，《博弈克里姆林宫，战俘是这样获得自由的》，1955年出版，Begegnung im Kreml, So wurden die Gefangenen befreit）和卡罗·施密特的书（Carlo Schmidt，《回忆录，哥德曼纪实系列11316》，第一版，1981年出版，Erinnerungen）。

谈判的结果由战俘营指挥官在9月底向我们宣告：西德和苏联建立外交关系，同时释放所有德国战俘和民事犯人。

在一次点名会上，他们解释说这是一次大赦，我们可以回到德国。同样的把戏又玩了一次：他们点名将我们分批运出战俘营。包括我在内的600人被按照俄文字母排序列队，按顺序坐上火车，40人一节车厢，最后有差不多100人还是没有被释放。在出发前那晚，这些人中的25人被叫了出来，用卡车装走了。随后由列夫达战俘营的25人取代了他们，在第二天和我们一起坐上了火车。在那天，还有一些战俘从苏联各地被送来，和我们一起回国。

在1955年10月7日，一切都准备好了！我们告别了那些剩下的，充满绝望的同伴（必须要提到的是他们最后在1955年12月和1956年1月全部回国了）。在最后一次点名后，我们步行前往车站，按照之前计划好的顺序登车。车厢里准备好了双层木板床，铺好了稻草垫子。该列车还有专门的餐车、医疗车厢和火车押运官专用车厢，就供一名苏联军官使用，此外整列火车上没有一名看守。

1955年10月7日晚，火车开始动了！我们从斯维尔德洛夫斯克经过喀山、莫斯科、明斯克到布列斯特。火车经常在旷野停下来，有时候也在车站等着。我们可以下车逛逛，但是没人会走远，谁愿意被落在苏联呢。当车头汽笛拉响时，所有人都赶紧爬上车厢。

在布列斯特我们经过最后一次检查，这完全是例行公事，随后我们登上了东德的火车。火车经过华沙、波森，很顺利地穿越了波兰。在进入东德前，火车停了很长时间，因为我们必须按照预定的时间即天黑左右的时候才能到达奥德河畔的法兰克福（译者注：德国有2个法兰克福，我们熟知的那个法兰克福是美因河畔，在德国用城市边的河流名称来区分两城）。到了东德后，穿着皮衣的施塔西（STASI，东德秘密警察）团团围绕着火车。我们感觉到在东德自己像是麻风病人般不受欢迎。那晚旅途继续，火车经过了托尔高（Torgau）、莱比锡、魏玛、埃尔福特和艾森那赫。人们在站台上朝我们热烈挥手，他们太清楚我们是谁了。

在艾森那赫之后我们到达了东德的最后一站瓦塔（Wartha），下一站就是黑勒斯豪森（Herleshausen），联邦政府派人来专程接收我们，他和那名苏联军官（现在换成了便装）一起走过每节车厢核对人员。1955年10月16日我们在阔别10年后再次踏上了德国的土地。

巴士将我们送到弗里德兰（Friedland）的一处营地里，当地的民众一路上欢迎我们。到了弗里德兰营地后，我碰到了在10月6日晚上从德希扬卡战俘营被带走的那批人，他们的火车比我们的先到了。

我在西德的第一夜睡在了联邦边防警察的营地里。在第二天，我于弗里德兰营地被宣告正式释放。我立刻给在慕尼黑的兄弟和在乌尔岑附近的巴鲁姆重新安顿下来的母亲打了电话。1955年10月17日我和妹妹以及巴鲁姆市长开车去见我母亲。

尾声

在我作为战俘被释放35年后，根据我的记忆写下了这份报告。这当然不是一份完整的作为苏联的战俘的报告，也不能代表所有人的经历。我只是将自己的心路历程写了下来。当然我可以写得更多更详细，但那就超出了本书的要求。

在苏联10年的战俘生涯真是一生中最难熬的时间。战俘营的生活是单调无聊的，最大的折磨还在于对未来的不可知。我完全不否认被德国俘虏的苏联士兵的命运比起我们战后在苏联的战俘生活要糟糕许多。

我在战争期间和作为战俘期间的健康还算不错。在我被释放后，无论是身体上还是精神上都让我可以进一步深造并成功完成学业，我非常感恩。

在被俘后，我慢慢痛苦地知道了战争的起因，我对此进行了大量的阅读和讨论。今天我可以肯定是希特勒德国在1939年入侵波兰，这是一场无可争议的侵略战争，之后战火又殃及了诸多欧洲国家，是希特勒将这战争扩大为第二次世界大战。

德国人被希特勒及其同伙欺骗了。大部分民众并没有过多思考即追随他，而国防军，尤其是其领导层也犯了同样的错误。反抗纳粹的运动太过虚弱，组织得太差，太晚了。当然，这不妨碍我们尊重这些反抗暴政的男人及女人们。

国际红十字会于1946年3月给乌利希·库珀的母亲玛格丽特寄去的战俘通知卡。

在战争过程中，德军在占领区犯下了违反国际法和军事法的罪行，而指挥官们需要为对阻止战争罪行方面无所作为或者做得还不够承担起责任。

苏联对德国战俘做的审判正是对这一错误的反应。这些判决的承受者，有一些并不一定直接犯过这些错误，但作为这个集体的一员肯定是要承担一部分责任的。

第7章 尾声

在苏联战俘营里

（作者：汉斯·齐默曼，前营属防空排成员）

和许多503营的战友一样，我被美军于1945年5月14日交给了苏联人。之后在雅罗斯拉夫尔（Jaroslawl）被分开关押在第1、第2、第3、第4以及一个总营里。大部分人被关到了靠近沼泽的那座营里，在670名战俘里有差不多100至120名是503营的战友。苏联人对我们进行隔离审讯，他们要搞清楚503营是怎样的一支部队，参加过哪些重要的行动，哪些人是"英雄"。苏联人听得非常仔

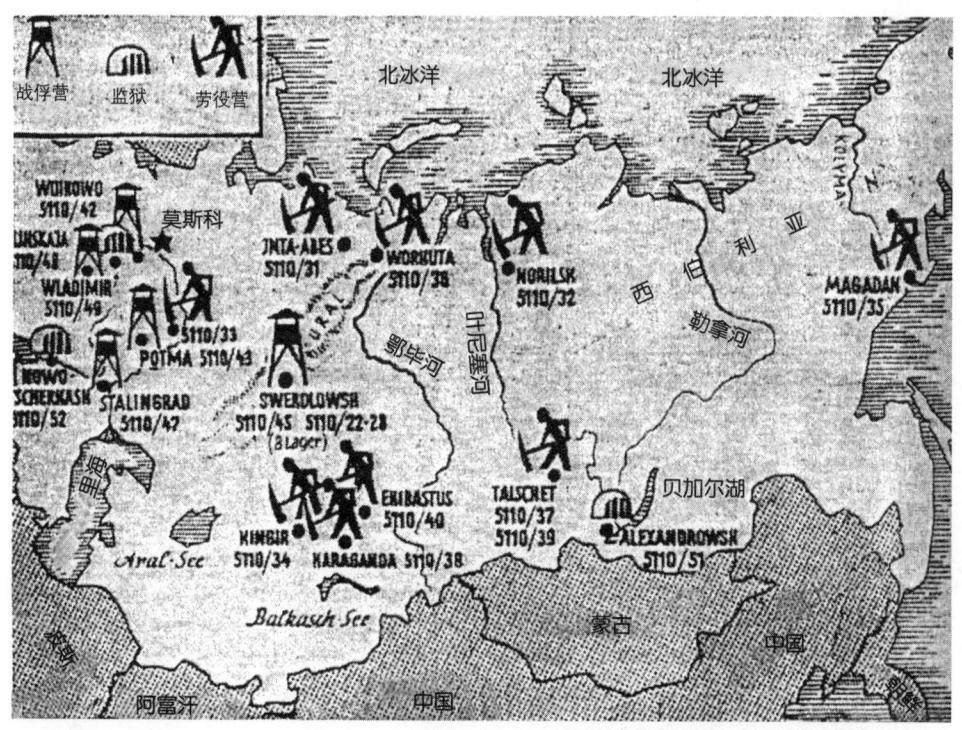

设立在苏联的战俘营一览。左上方图标从左至右分别是指战俘营、监狱、劳役营。

细，之后在别的营地他们也在晚上提审战俘，进行口供比对。1949年3月我和另外5位战友开始被单独关押起来（雅罗斯拉夫尔4号营地）。同年10月被转移到顿河边的罗斯托夫，随即在12月3日被送上了苏联内务部设立的法庭上进行审判。我们503营的6名战友被判死刑，并先执行25年劳役。

所有的判决书都是一样：

（1）503虎式营于1943年1月至1944年5月期间在苏联参与了恐怖犯罪行为。

（2）503虎式营犯了反人类罪以及掠夺生活必需品、家禽及家畜的罪行。

在宣判后，我在罗斯托夫监狱又被继续关押了14天，之后被送到矿井服劳役。

1953年6月我们在10号营地得到了大赦。由于民主德国这时的骚乱（7月17日起义），回家的火车被推迟到1953年9月底才成行。1953年10月3日我被正式作为苏联的战俘释放。

这是每名德军的士兵证上都有的一页。它要求德军有骑士般的战斗风度，而这也是我们所遵循的重要规则。这10条纪律是平时一直教育并被要求严格执行的。

下面是德军十诫的概要：

第一条：德军要像骑士般战斗

第二条：战斗必须要是正式的

第三条：不杀俘虏

第四条：优待俘虏

第五条：禁用达姆弹（扩张型弹头，为海牙公约所禁）

第六条：不得伤害红十字会

第七条：不得伤害平民

第八条：不得侵犯中立地区（译者注：这点貌似德军违反多次）

第九条：德军被俘后只能交代名字和职务，不得泄露军事机密。

第十条：违抗命令者受罚

第 8 章

私人日志

第8章 私人日志

战争期间我在503重装甲营1连的日子：
1942.5.27—1945.5.10

（作者：汉斯·维尔什）

以下是我的日记节选

1942年5月27日：调入503装甲营，野战邮编是21346，位于新鲁平。

6月11日：射击。2枪150米外自由射击，2枪卧姿，2枪戴着防毒面具，共57环。

7月7日：在伍斯特豪森，新城及山里练习无线电。

7月9日：乌尔考和拉登斯勒本联系无线电。

7月25日：担任一周防空炮指挥，因为我周四不用执勤。

8月7日：白天装车，在新鲁平最后一夜了。

8月8日：在新鲁平玩到晚上10时才回来。

8月10日：3时起来，4时准备出发，4时30分出发前往火车站装车。9时30分出发，经过柏林、德累斯顿、布拉格、格明德（Gemünd），目的地是奥地利的格普弗里茨。

8月11日：17时到达，在兵营里安顿下来。

8月12日：多勒斯海姆训练场，考夫霍尔茨兵营，37号营房。

8月19日：被派到军官俱乐部担任执勤官。

8月20日：在军官俱乐部搬家。

9月11日：乘卡车去到格普弗里茨火车站，到那里是15时45分。准备前往普特罗斯射击训练，20时从格普弗里茨车站出发。

9月12日：从12时20分至16时在老皮尔森（Alt-Pilsen），22时30分到达埃格（Eger）。

9月13日：9时到达莱比锡，13时30分，哈勒，16时20分，马格德堡，21时到达施滕达尔（Stendal）。

9月14日：8时至11时15分停在哈格诺（Hagenow），之后经过吕贝克，于18时到达奥尔登堡（Oldenburg），前往普特罗斯坦克射击学院。

9月15日：射击。

9月16日：使用坦克射击。

9月17—18日：上午均用来练习射击。

9月18日：17时30分离开普特罗斯。18时50分从奥尔登堡离开，21时到吕贝克，在那里待到19日5时。火车一路经过施滕达尔、莱比锡、蔡茨，于20日15时30分到达格拉（Gera）。21时离开。

9月21日：4时30分到达埃格，随后经过皮尔森、百威、格明德，于22日8时回到格普弗里茨，被派往军官俱乐部执勤。晚上为军官之夜的活动担任勤务，晚上1时才回来。

10月15日：获得了意大利纪念奖章。

11月20日—12月7日：休假，12月1日晋升为代理下士。

12月22日：Ⅵ号坦克"虎式"在格普弗里茨完成卸车。

12月23日：前往格普弗里茨，准备前往苏联。路线是维也纳、克拉科夫（Krakau）、明斯克、戈梅尔。

在戈梅尔的零下30摄氏度低温中将坦克运输专用履带替换成战斗用宽履带。火车继续驶往哈尔科夫。1943年1月1日到达罗斯托夫，晚上到了萨尔斯克，继续前往普洛列塔尔斯卡亚（Proletarskaja）。

1943年1月2日：火车将虎式在普洛列塔尔斯卡亚卸了下来。在马内奇构筑阵地。

1月4日：击退来犯军队。

第4装甲集团军

1942年12月30日至1943年2月11日间，在顿河下游及马内奇河以东及以南地区进行拉锯战。

1月5日：第一次进攻，夜间警戒。

1月6日：在斯塔夫罗波尔（Stawropol）作战。2辆坦克被击毁，本柯维茨下士受伤。

布雷斯下士阵亡。

1月9日：在韦斯利作战，梅勒少尉阵亡。

1月11日：在尼古拉维奇作战，格律恩瓦尔德下士阵亡。

1月13日：坦克装车。

第8章 私人日志

1月14日：遭到空袭。

1月15日：前往马内奇，萨尔斯克。

1月16日：在吉安特，丢尔里希下士阵亡。

1月17日：在泽里那，布克上等兵阵亡。

1月19日：回到萨尔斯克。

1月22日：在巴泰斯克。

1月23日：在罗斯托夫。

1月25日：收到第一封信。

1月26日：遭到空袭。

1月27日：在伊里奇工厂，对方军队空袭不断。

1月30日：在大冷天里有很多坦克保养工作要做。

1月31日：1连黑色的一天。巨大的响声。

2月3日：关了3天禁闭。原因是我在坦克里工作的时候，我子弹上膛的手枪落在了营地里被别人找到了。

2月4日：苏军空袭我们这带。

2月5日：坦克修好了，准备作战。

2月7日：出发了。到处都在燃烧，非常猛烈的空袭。

2月9日：一场惨痛的恶战，冯·科贝尔少尉和毛代理下士阵亡了，我们的坦克受损。

2月10日：舒尔茨下士和波比岑上等兵阵亡。

2月12日：在亚述海边的塔甘罗格。

2月14日：坦克装车。

2月16日：在阿莫罗斯夫卡。

霍利特集团军直属战斗群

1943年2月17日至3月4日在顿涅茨地区的防御战。

2月20日：在伊洛斯克耶。

2月21日：在沃尔诺瓦查。

2月26日：出发前往马里乌波尔。

2月27日：在萨塔纳。

3月3日：在马里乌波尔的工厂里。

3月4日：守卫米乌斯-顿河防线。

第6集团军（霍利特集团军直属战斗群）

1943年3月6日至4月10日在米乌斯-顿涅茨进行防御战。

3月11日：驾驶122号虎式前往马里乌波尔。

3月12日：前进至费德罗卡。

3月14日：在普罗克斯科耶（有非常大的烈士陵园）。

3月17—22日：维护坦克，休息。

3月24日：连里其他部队也到齐了。

3月26日：加入113号虎式乘员组。

3月28日：103号坦克（Ⅲ号坦克）从米乌斯河里被打捞出来。这辆坦克是2月底横穿结冰的米乌斯河时压破冰面（最后1辆坦克）沉入河中，只救出了1个人。

3月29日：埋葬103号坦克遇难的4名乘员。

4月10日：经过费德罗卡回到马里乌波尔。

第8集团军（肯普夫集团军直属战斗群）

1943年4月11日至7月12日在顿涅茨进行防御战。

1943年7月13日至9月27日在南俄进行防御战，随后退往第聂伯河，期间：7月17日至8月23日进行哈尔科夫反击战。8月3日至9月14日哈尔科夫以西进行防御战。

1943年9月28日至12月31日在第聂伯河流域进行防御战期间：

11月13日至12月13日切尔卡瑟防御战。

11月20日至12月30日在克列缅丘格-基洛夫格勒地区进行防御战。

4月14日：将虎式装车。

4月16日：到达哈尔科夫西南60公里处的波哥多夫，在那里待到5月中，然后转移至哈尔科夫和别尔哥罗德中间的一片森林中。这期间很平静，大部分时间都花在打牌上。

7月4日：在别尔哥罗德准备作战。乘员组：耶梅拉特少尉、格拉斯代理下士、维尔希代理下士、里彻上等兵和尼姆茨上等兵。

7月5日：对方对顿涅茨发起了强大的攻势，耶梅拉特少尉在坦克外被炮火击中阵亡。

7月6日：罗特下士被提拔为我们的车长。进攻拉祖姆诺耶的207、209以及216高地。

第8章　私人日志

7月7日：建立了桥头堡，进攻加琳娜以北的坦克基地。本车第一个越过反坦克壕，冲入苏军阵地。到处都是苏联人，朝我们投掷燃烧瓶和反坦克手雷。我们前进了30公里，几乎是单车在那里停留了一个小时，之后贝克坦克营和第11装甲团才赶上来占领阵地。

无线电使用事故：我忘了调整无线电发射器频率，导致其他人无法联系我们。我们因此停顿下来没有一起参加进攻。

7月8日：占领梅勒楚沃及其以北高地。

7月9日：在高地进行防御战。

7月10日：在斯瓦比-顿涅茨河上靠近绍维茨（Rschowez）的地方建立了桥头堡。

7月11日：绍维茨防御战。

7月12日：进攻克鲁克瓦坦克基地。特斯默下士的虎式第1个，我们罗特下士的虎式第2个，第3辆是勒万多斯基的虎式。右侧袭来强大的反坦克火力，特斯默下士的虎式被击毁，2人阵亡，勒万多斯基的虎式由于炮塔被卡住退出战斗。

我们的坦克右侧车身被击中10枚炮弹，直到连主力赶了上来，太令人紧张了，击毁了2门反坦克炮。我们的坦克在战斗后只能用拖车拖走，行走装置坏了，发动机受损。我们回到后方等待新坦克的到来。

8月20日：我们又得到了1辆虎式，很快又要行动了。

8月28—30日：在柯亚耶（Kowjagy）作战。

8月31日—9月2日：在梅拉法以南作战。

9月3—4日：在梅拉法以南的161和160高地防御。

9月5—7日：在梅拉法以南的161、208及204高地防御。

9月8日：战事稍微平静了些。我们经过克列缅丘格开回斯纳门卡。

剩下的9月和10月都在斯纳门卡度过。对方在10月底对我们驻扎的地方进行了猛烈的空袭。在斯纳门卡我被关押了3天禁闭。在7个月不停顿的作战后，我倒是很好地享受了这几天休息。

11月中：汉斯·维西和我进行休假，终于可以离开一段时间了。

12月17日：休假结束。重新回到苏联，一路上经过布拉格、克拉考、基洛夫格勒。在12月23日20时到达。

12月24日：连队已经不在原地，回到博马什纳亚（Pomaschnaya）。

12月25日：前往波普林斯卡亚。

12月26日：在火车上睡了一夜。

12月27日：乘卡车前往齐布拉和部队会合，和赫尔穆特·冯·布里斯下士住一起。

12月28—31日：在厨房值班。

1944年1月1日：出发前往盖辛、文尼查，晚上住在一个小村庄里。

1月2日：前往施梅林卡。

1月3日：第一批坦克到达。

1月6日：和赫尔穆特·福格尔下士维护124号虎式。

1月7日：我们的那辆坦克也到了。

1月8—9日：坦克维护。

南方集团军群及北乌克兰集团军群

1. 1943年12月31日至1944年4月27日在南乌克兰和基辅以西地区防御作战。

　　a. 1月5日至1月18日在基洛夫格勒进行防御作战。

　　b. 1月24日至2月25日进行切尔卡瑟解围战。

　　c. 3月4日至4月10日在文尼查-切尔卡瑟地区进行防御战，其中3月26日至4月10日之间进行卡缅涅茨-波多尔斯基突围战。

2. 1944年4月28日至5月5日在北乌克兰集团军群战区内进行阵地防御作战。

1月10日：警报！苏军突破了。3连击毁了8辆对方坦克。

1月11日：等待下一步命令。中午练习射击，火炮和机枪射击结果都不错。

1月14日：6时出发去施梅林卡。修理排被游击队伏击。奥尔斯军官、维森法特上等兵、丢巴上等兵、明克上等兵和巴顿上等兵阵亡。米内克上等兵、海德上等兵和卡普兰上等兵失踪。游击队的手段很残忍。

1月15日：追捕游击队，寻找失踪的战友。

1月16日：早上埋葬了阵亡的5名战友。

1月17日：周一忙着修理坦克行走装置。晚上抓兔子，烤鸡。

1月18日：行走装置修好。晚上有烤鹅吃。

1月19日：坦克装车。

1月20日：前往文尼查，集体宿营。

1月21—22日：维护坦克。空中好像有什么东西！

1月23日：早上厨房工作，15时朝东撤去。

1月24日：突破比拉阵地。6时发动进攻，营长阿达梅克在7时40分受伤。

冯·科贝尔少尉在晚上受了重伤。库宾代理下士和我把少尉抬到我们坦克里。击毁5门反坦克炮以及10个反坦克火力点。真是艰难的一天。

1月25日：进攻索索夫（Ssosoff），天刚亮就发起了进攻，哈赛连军士长和我们一起前进。

我们负责进攻左翼的安全，没有步兵掩护的情况下开进了一个村庄。近距离击毁了5辆坦克和1门突击炮，在村子边上击毁了1门85毫米高平两用炮以及2门47毫米反坦克炮和其卡车。（乘员：哈赛车长、炮手维西代理下士、驾驶员达尔曼代理下士、无线电员维尔希代理下士、装填手施梅尔上等兵）

1月26日：我们这辆开在前面进攻索索夫。

1月27日：奥车雷特纳（Otscheretnja）以南爆发坦克战。早上击毁1辆坦克，下午击毁4辆坦克和1辆突击炮。

1月28日：突破奥拉托夫火车站。击毁1辆坦克，被中2弹。装填手受伤，我成了装填手。

1月29日：在奥拉托夫火车站周围爆发激战。被2枚炮弹重创，哈赛车长受了重伤。哈赛获得了一级铁十字勋章并被用费斯勒"鹳"式轻型飞机运往后方治疗。由2连的1名军士长担任本车车长。夜战，击毁1辆坦克。发电机坏了，车里断电。

1月30日：奥拉托夫火车站防御战。苏联人一大早就发起进攻。2 000米距离上消灭第1辆坦克，50米距离上消灭第2辆坦克。由于发电机坏了，我需要手动旋转炮塔。真是一场恶战啊。

1月31日：奥拉托夫以北防御战。苏军投入大量步兵进攻。我们的机枪大显神威。布尔格上等兵阵亡。我们的虎式车底坏了，被拖到附近的一个村庄修理。宰了一头小猪，还有一些鸭和鹅，丰盛的一餐。

2月1日：埋葬了布尔格上等兵。

2月2日：坦克继续前进，我们开了25公里到了弗伦特沃斯卡（Frontowska）。

2月3日：坦克装车，回到普塔什（Potasch）。

2月4日：找地方过夜。坦克上的库存还很充裕：1头猪、7只鹅、12只鸭和7只母鸡，日子很滋润。

2月5日：131号虎式抛锚，很多工作要做。离普塔什还有25公里。

2月7日：去猎鹿，一无所获。我们的驾驶员早上开始回国休假了。贝舍尔上等兵成为新的驾驶员，车长是特斯默上士。

2月8—9日：坦克维护（更换发动机）。

2月10日：有酒喝。维西和我去打猎，打到一只鹿。

2月14日：给艾伦特劳特总军士长庆生。

2月15日：特斯默上士回德国去领取虎式。

2月18日：发动机需修理。122号和132号虎式修理完毕归队。100号和123号虎式被炸毁。

2月19日：121号虎式被炸毁。

2月20日：坦克做好战斗准备。车长是诺伊格尔鲍尔军士长，装填手库茨毛尔上等兵。大战在即。

2月21日：22时开始行动。101号和324号虎式一马当先，冲向布基。

2月22日：主动轮和从动轮都有些损坏，由4辆卡车把我们拉到布基。宰了一头小牛开荤。

2月23日：124号虎式被拖往普塔什。

2月24日：驻扎在燃油库边上。维西代理下士和我搞到一头牛，第二天一早把它给料理了。

2月27日：坦克乘员组重新调整。我被调往芬得萨克那车任无线电员，驾驶员是沙夫下士。

2月29日：在沙尔科沃卡搞到2头牛。

3月3日：晚上搞到3头牛。

3月4日：坦克装车，开往施梅林卡。又有新的行动了。

3月7日：灵格尔成为我们车的装填手。

3月8日：埃尔德曼上士阵亡。

3月9日：护送卡车纵队出发，路上很脏。113号坦克被击毁，2发贯穿伤。施梅尔上等兵和施耐德列兵阵亡。诺伊格尔鲍尔军士长，维西代理下士和克洛罗代理下士受伤。

3月10日：100号和另外3辆坦克继续前进。罗伊特曼中尉和克洛斯代理下士被游击队打死。

3月11日：前往葛日马罗。

3月12日：普洛斯库罗夫防御战，击毁3辆坦克和1门反坦克炮。

3月13日：早上又到了葛日马罗。中午朝斯克拉特（Skalat）方向进攻，击毁1辆坦克。

3月14日：朝斯克拉特发起进攻。汽油用完，履带脱落，133号虎式被击毁燃烧。

3月15日：肃清斯克拉特周围对方。普洛斯库罗夫防御战，一连串小的行动。在斯克拉特进行巷战。121号虎式在近战中被击毁，没有步兵掩护。苏联人使用了喷火器、地雷、反坦克炮和燃烧瓶。舒尔茨上等兵和韦德勒上等兵阵亡。鲍辛格下士、斯巴特克代理下士和福莱特代理下士失踪。卡门被俘。击毁1辆坦克。

3月17日：获得二级铁十字勋章。维护行走装置。

3月21日：乘着132号和300号虎式去拖受困的虎式。300号虎式路上抛锚。131号虎式损坏，101号虎式被爆破。我们是最后一辆能动的坦克，搭载着大家一起走。

3月22日：我们的虎式也抛锚了。在24时，将131、132、213和3连的一辆虎式依次炸毁。朝坦克里扔下3枚手雷后，用信号弹枪补了一枪，虎式才燃烧起来。

3月24日：给团长做警卫。搭乘茉莉（Muli，即东线广泛使用的半履带卡车"骡子"，Maultier的缩写）继续前进，只剩下3辆坦克和3辆茉莉。

3月31日：晚上防守一座桥梁。

4月2日：前往师部，在第7掷弹兵团过夜。

4月3日：继续前往色拉特。

4月4日：314号虎式被击毁。对方俯冲轰炸机很凶猛，坦克在前面掩护步兵，越过色拉特。

4月6日：所有健康的人都被转移到第6装甲掷弹兵团。

4月7—8日：在步兵后面驻扎（宰了一头小牛）。

4月9日：复活节，不指望能收到礼物。苏军坦克，反坦克炮和火箭弹不停地招呼我们阵地。

4月10日：对方进行了1个半小时的炮击。汉普中尉和艾勒斯少尉受伤。库珀少尉担任剩余部队的指挥官，分为3组，每组1名下士和8名士兵。剩下的装备只有机枪了。

4月11日：苏联人盯上了我们的阵地，发动了一轮轮进攻。

4月12日：营长带着伤病员撤退。宰了一头小牛。晚上和艾里希代理下士站岗时俘获了1名苏军少尉。

4月13日：我们晚上离开了第6装甲掷弹兵团，晚上在一个谷仓过夜。

4月15日：在贝雷尚尼（Bereschany）宿营。德军打开了包围圈，我们自由了。晚上住在萨瓦尼查。

4月16日：周日。我们晚上19时到达了利沃夫，在那里休整到4月20日。

4月21日：构筑阵地。

4月22日：监督构筑阵地，有21名平民被雇来干活。

4月23日：莫德贝克代理下士和我在沃什罗伟达村招募村民去阵地上干活。

4月26日：在沃什罗伟达村枪毙了1名少年，村里变得危险起来。我们在利沃夫一直待到5月3日。

5月4日：我们离开东线，回德国了。

5月9日：早上到达帕德博恩。18时继续朝奥尔德鲁夫前进。奥姆勒中尉来了。

5月10日：在奥尔德鲁夫驻扎在北营里。

5月14日：再次在军官俱乐部担任执勤官。

5月16日：得到了"非洲军"袖标。

5月19日：维修排排长诺伊伯特获得了带剑骑士勋章。

5月25日：晚上迎接最高统帅部尤根斯少校。

6月14日：新的虎王坦克到达了。收到了坦克出击勋章二级银质勋章及证书。士官之夜持续到凌晨3点。

6月15日：在俱乐部饱餐了一顿。最高统帅部来了古德里安上将、托马勒少将、2名上校、4名少校。

6月16日：15时练习炮击。光瞄设备棒极了。21时出发前往艾森那赫。

6月17—18日：在艾森那赫维护坦克，我母亲来部队看望我。

6月19日：连里活动，担任芬德萨克军士长的炮手。

6月26日：在卢森塔尔晚上活动。

6月28日：5时坦克装车，17时30分火车离开奥尔德鲁夫。经过哥塔，艾森那赫朝西驶去。

6月29日：11时到达洪堡，然后达到萨尔堡，在那里大肆采购了一番。

在法国

1944年6月30日：到达博洛尼亚。

7月1日：到达距离巴黎260公里远的若茵维莱。晚上喝酒，酩酊大醉。

7月2日：10时到达法兰西岛莫，晚上到达巴黎。把各乘员的无线电设备调试好。

7月3日：到达德勒。坦克卸车，做好战斗准备。开了3公里隐蔽在树林中。搞到了30瓶葡萄酒。21时继续前进，20公里后找了一片树林隐蔽起来。

7月5日：猛烈的空袭，21时撤退。

7月6日：黄油、鸡蛋、樱桃。晚上开了21公里，发动机又罢工了。

第8章 私人日志

7月7—8日：继续前进。对方威胁很大。我们领到了一个新的瞄准镜。

7月10日：宰了1头小牛。遭到对方炮击，林赛少尉受伤。

7月11日：5时响起了警报。英国人突破了防线，3连击毁11辆坦克。

7月13—17日：做好战斗准备。宰2头小牛。

7月18日：我们的营地遭到了地毯式轰炸，战斗开始了。

101号虎式被击毁，111号被击穿。施罗德少尉和舒策上等兵阵亡。我们的坦克被命中8弹。奥姆勒中尉指挥我们这辆。

7月19日：在德莫维尔，中午前往特罗阿恩。猛烈的炮击。

7月20日：在特罗阿恩警戒。猛烈的炮击，撤往豪维尔。

7月22日：前往尚泰洛格尼，空袭。

7月23日：撤往法莱斯西北方向。

7月25日：英国人发起进攻，威利·马拉特受了重伤，2天后去世。

7月30日：白天朝圣洛前进，敌空军活跃，越过奥恩河。

8月1日：进攻一处高地，连里唯一进攻的1辆坦克，炮管被命中一弹。晚上绕过了英国人，履带2次脱落。

8月2日：进攻。击毁1辆坦克和1辆装甲车。晚上回到圣马丁。

8月7日：再一次进攻，福格特上士阵亡。

8月8日：越过圣皮埃尔继续前进。对方炮火猛烈，不能离开坦克一步。

8月9日：转向器毁坏。

8月10日：在圣皮埃尔警戒。

8月11日：早上，英国人试图包围我们，我们急忙撤退。晚上17时至22时不间断遭到炮击。坦克坏了，我们乘坐补给队的车回去。

8月13日：我们的112号虎式在牵引113号虎式前进时也抛锚了，124号虎式将我们拖到特兰。弹如雨下。

8月14日：停在公路边上，被敌机三次攻击。芬德萨克军士长受了重伤，第二天去世。

8月16日：晚宿提西维尔。当地老百姓将我们待的阁楼楼梯给堵上了。我们开火打开了一条通道，奔回坦克。124号虎式坏了。

8月18日：在包围圈锁上之前，113号、111号、100号和122号虎式被我们爆破。特斯默上士，费德勒二等兵和我带着112号和124号虎式负责爆破作业。

8月19日：法莱斯包围圈形成。

8月20日：我在22时将112号虎式爆破。费德勒二等兵也对124号虎式做了同样的事。一路往回走，经过提西维尔、勒萨和莫奈。

8月21日：雨天。谢天谢地。步行前进了10公里左右，维特少尉让我们搭顺风车经过布罗格利，贝尔奈到达埃尔伯夫。

8月22日：我们在鲁昂坐驳船渡过了塞纳河。搭顺风车10公里，然后步行。于索特维尔休息，等着过路车。布罗德哈根少尉捎我们到了弗勒里。

8月23日：晚上到达大坝桥，搞到了黄油和红酒。

8月25日：晚上去彭图瓦兹搞点红酒和香烟，最后拿了大约10万支香烟和很多雪茄。

8月26日：宰了1头小牛。去给梅维斯上士那车担任炮手。从连里分到了2 000支烟。

8月28日：20时回德国！

8月29日：中午在康布雷，晚上越过国境到达亚琛。

8月31日：15时到达帕德博恩。

9月8日：到达本特菲尔德，驻扎在舍夫仓库。

9月14—27日：休假之后回到本特菲尔德。

10月9日：做好了出发的准备。在森内拉格火车站给虎式更换了履带，22时从帕德博恩出发。没人知道去哪里。

10月11日：早上到了苏台德，12时皮尔森，继续前往布拉格。

10月12日：下午到了普雷斯堡，继续前往匈牙利。看来下一战场就在这里了。

匈牙利之战

10月13日：到达布达佩斯，找地方扎营。

10月15日：下午乘坐111号和112号虎式前往布达佩斯。

10月16日：3时与党卫军一起前往布达佩斯海军兵营。早晨这个兵营没有抵抗地被拿下了。

10月18日：到达奥博尼，准备战斗。112号虎式的乘员组为：梅维斯上士、艾勒布洛克下士、维尔希代理下士、库恩代理下士、莱夫代理下士。

10月19日：早晨发动了进攻，击毁2门反坦克炮，我们开在最前面。

10月20日：3连继续进攻。施棱泽克代理下士受伤。击毁1辆卡车，1台火车头。

10月21日：后勤纵队被袭击，我们必须撤退先去肃清城市周围。战斗很顺利，拜尔少尉和荣格代理下士受伤，马库斯军士长和施尔特下士阵亡，击毁3门反坦克炮。

第8章 私人日志

10月22日：战斗继续展开。击毁了数门反坦克炮和步兵阵地，皮普格拉斯少尉受伤。111号虎式抛锚，福林格少尉换上我们车继续作战。晚上值班。击毁2门反坦克炮、3辆卡车和3辆坦克。

10月23日：加入魏冈战斗群。晚上烤了一只鹅。警戒。

10月24日：夜战，苏军进攻顽强，击毁1门反坦克炮。

10月25日：早晨发动进攻，掩护在索尔诺克附近的强渡蒂萨河行动，晚上回到营里。

10月26日：下午小规模作战行动，击毁2门反坦克炮。

10月27日：战斗继续。梅斯上等兵阵亡，艾施里格下士、达尔曼代理下士、库尔曼代理下士和舒尔特代理下士受伤。

10月29日：晚上发生了一场小规模战斗。

10月30日：在奥博尼。由于转向器损坏，坦克无法使用。

11月1日：坦克又能开了，但很快转向机构又出了问题，坦克无法动弹。

11月2日：我们单独留在奥博尼。晚上抢修坦克过来把我们拖走，到采格莱德路上都很顺利。牵引绳断了，我们留在了城市外面。苏联人开始进攻。

11月3日：搞到一头猪，继续往乌利赶。

11月4日：早晨把猪宰了，然后继续前往塔皮奥苏里的火车站。

11月5日：坦克装车，我们没事了。

11月6日：火车道紧贴前线。晚上搞到一箱草莓酱。

11月7日：前往布达佩斯方向，坐在火车里有点冷。

11月8日：到达托特美格耶。

11月9日：晚上所有人都喝高了。值班。

11月11日：打野鸡，一共打到6只。

11月12日：打到1只兔子。前往瓦格赛利，在那里待到11月23日。

11月23日：离开瓦格赛利。到达瓦茨。

11月24日：卸车。11时开往彭科，加水，到达策塞斯的维修厂。

11月26日：前往斯策拉克（在那里待到11月28日，修理坦克）。

11月29日：7时前往瓦茨。

12月1日：在火车站装车，火车经过布达佩斯，到达采采（Cece）。

12月5日：继续往前线进发，在埃宁格（Enying）宿营。

12月6日：2辆坦克在雾中发动进攻。科茨默军士长（2连）阵亡。晚上误入沼泽被困，抢救坦克。苏联人经过我们周围没发现，万岁！3时放弃营救，被摧毁。

12月7日：到达巴拉顿湖，苏联开始进攻。

12月8日：进攻波尔加尔迪，波姆代理下士和瓦格纳代理下士阵亡。晚上进攻巴拉顿诺斯卡亚，击毁3门反坦克炮。

12月9日：晚上经过赛克什白堡。

12月10日：在博道伊克的维修厂。

12月14日：3辆虎式整修完毕，晚上发射了6枚炮弹。

12月15日：撤回赛克什白堡。

12月18日：撤往巴拉顿凯奈谢。

12月22日：进攻乌希达，击毁2门反坦克炮。

12月23日：早晨占领一座村庄，133号虎式被击毁。转换阵地到赛克什白堡，摧毁2个装甲掩体。

12月24日：一大早就发动进攻。拉姆波少尉担任本车车长。中午击毁7辆坦克。库恩代理下士看了一下时间，这些坦克是在8分钟内被击毁的。履带脱落了，莱夫代理下士和我去更换履带，库珀少尉给我们火力掩护。主动轮损毁。回到杜道儿。

12月25—26日：圣诞节，坦克维护。

12月29日：4时前往巴林卡作战。晚上前往莫尔。对方炮火猛烈。

12月30日：进攻一座小村庄，击毁1门反坦克炮，撤回莫尔。

12月31日：这年的最后一天在莫尔度过。聆听元首的讲话，营地被火箭弹袭击，弹片横飞，所幸我们都待在坦克里。

1945年1月1日：12时发动进攻。晚上332号虎式前往博道伊克执行任务后返回。

1月3日：夜战。

1月4日：平静，回到修理厂。

1月6日：7时出发到苏尔，在那里过夜。

1月7日：6时继续前往巴林卡、博道伊克。做好了战斗准备，通报说发现斯大林式重型坦克出没，击毁1门152毫米突击炮。

1月9日：小规模行动，击毁2辆坦克。

1月11日：6时进攻扎莫利，击毁1门反坦克炮和1辆坦克。战斗很激烈，121号和122号虎式被击毁。库格勒上士、霍普纳下士、沃辛代理下士和瓦尔特代理下士阵亡。我们的13辆虎式到了晚上只剩下3辆还能行动，晚上牵引冯·罗森中尉的虎式。中了斯大林坦克的2枚炮弹，所幸没有着火。乘员及时弃车。

1月13—17日：平静。

第8章 私人日志

古德里安上将在帕德博恩视察第500装甲预备营。

1月18日：一场小战斗，击毁1辆坦克和1门反坦克炮。

1月20日：回到马戈雅拉马斯。

1月22日：一场大胜：摧毁了2辆坦克、4门反坦克炮、1门高射炮和2辆卡车。

1月23日：进攻，中了地雷，两侧履带均断裂。莱夫代理下士和我去抢修履带。晚上前往赛克什白堡。

1月28日：前往马戈雅拉马斯，坦克从扎莫利被拖走。

1月29日：转移到萨尔科齐。

1月30日：搞到了红酒。被晋升为下士。

1月31日：苏军突破了，击毁1辆坦克。

2月1日：进攻被打退了，击毁1辆坦克和1门突击炮。下午回到维修厂修理底盘。

2月7日：早晨开往萨尔科齐。

2月10日：前往莫尔装车。

2月13日：火车上经过科马罗姆和诺伊豪瑟。

2月14日：在佩贝特卸车，开往苏茨。

2月17日：2时醒来。和库特一起进攻，击毁2辆卡车和2门反坦克炮。

2月18日：5时做好战斗准备，拿下了克斯-尼法鲁。

2月19日：占领了2个村子，压上了地雷。

2月20日：在炮火下抢修履带。晚上回到科博尔库特，击毁1门反坦克炮。

2月24日：继续前进，发动机着火，撤回科博尔库特。

2月27日—3月7日：在苏茨。

3月8日：前往佩贝特装车。

3月9日：搭乘火车到达维尔贝利。

3月14日：赫伯特·波姆下士由于手榴弹事故去世。

3月15日：鸣枪致敬，埋葬了波姆下士。

3月22日：晚上连里聚餐。

3月25日：离开维尔贝利，进攻一座村庄，劳森贝格代理下士阵亡。

3月26日：早上进攻，晚上回到维尔贝利。夜战，击毁1门反坦克炮。

3月27日：炮塔被炮弹击中，福林格少尉阵亡，车前装甲破损。苏军进攻，鲁贝尔少尉牵引我们坦克撤退。

3月28日：继续前往斯利德（斯洛伐克）。

3月29日：装车，要回德国了。

3月31日：我们和123号虎式在特尔纳瓦（Tyrnau）被卸了下来。

4月1—4日：在塞尼察（Senica）。

4月5日：早晨前往艾普菲尔斯多夫，然后前往萨斯丁。

4月6日：在萨斯丁，猛烈的反坦克火力，击毁1门反坦克炮。

4月7日：和鲁贝尔少尉一车作战，击毁3门反坦克炮。

4月8日：击毁2门反坦克炮，情况越来越糟。

4月9日：进攻，击毁1辆卡车，保护撤退部队的侧翼。
从山上4 000米远的距离击毁1门火炮。

4月11日：进攻兰茨霍夫。我们的虎式抛锚了，只能被拖着继续撤退。

4月12日：到达克罗冒（Kromau）。

4月13日：到达格鲁斯巴赫（Grusbach，今捷克的耶维绍夫卡河畔赫鲁绍瓦尼）。

4月18日：前往施塔茨。

4月19日：坦克被击穿。本连仅剩的3辆坦克发动进攻。在一个小村子里击毁12辆坦克，我们车组击毁了6辆。

4月20日：进攻坡伊斯多夫，击毁1辆卡车。

4月21日：进攻，击毁2辆坦克，1门反坦克炮和1辆装甲车。

4月22日：我们撤退，坦克坏了。

4月23日：在格鲁斯巴赫装车，前往诺伊豪斯。

4月24日：到达诺伊豪斯，和"统帅堂"会合。

4月25日：我们在"统帅堂"的一群15到16岁的小孩面前表演射击。

1 200米距离上第一炮就将目标果树的上半截打掉，第二炮将这棵直径大约30厘米的树桩也给炸没了。

4月27日：我们朝拉提波尔转移。

5月1日后：回到诺伊豪斯。

5月8日：战败了，我们开着剩下的坦克前往百威。

5月9日：到达了百威，捷克人拦住了德军。我们开过去后，车长鲁贝尔少尉下车和捷克人交涉，随后捷克人放下武器让我们自由通行。

将最后一枚炮弹打掉后，把坦克开入一片沼泽地，503营解散。

5月10日：我们连里的8个人结伴渡过伏尔塔瓦河。我们步行30公里一天，穿越了美军封锁线。一路从瓦良尔，经过弗赖温、桑德特、罗丁，在雷根附近进入德国境内。之后经过布鲁克、施万多夫、安贝格、福希海姆到达高施达特，这里在梅维斯上士家过了一夜。

5月22日：五旬节。在差不多经过300公里的路途后，我终于回到了在施内（Schney）的家。

我和503重装甲营3连走过的路：1943.6.3—1945.5.10

（作者：格哈德·尼曼）

1943年5月24日：从1943年5月26日开始，我就将到第503重装甲营报到。

6月3日：到达哈尔科夫。耶克尔下士、多尔克和我被分到了3连，并没有温暖的欢迎会。车长指定了驾驶员，没有炮手。申请调回原部队。

6月中旬：没有任何行动，因此我们制作了一个沙盘：别尔哥罗德以南的顿涅茨地区模型。

6月27日：作为摩托车兵参与在哈尔科夫周围举办的给曼施坦因元帅和土耳其军事代表团看的演习。

6月28日：长官告诉我：调回原部的申请被打回来了。下午我被分到了311号虎式上，车长是魏纳特少尉。

城堡行动

1943年7月1日：进入到特洛科诺耶的预备战地。

7月5日：在梭罗米诺渡过了顿河；进攻拉祖姆诺耶；坦克中弹，履带压上了地雷；击毁2辆T-34和4门92毫米反坦克炮。

7月6日：继续进攻巴特拉特斯卡娅-达查。对方的反坦克火力越来越强，在被几枚炮弹重创后，本车退出了火线。魏纳特少尉接过313号虎式继续作战，伦道夫军士长在维修厂抢修我们那辆。

7月7日：塔罗沃（Tawrowo）。我们那辆虎式的损害已经不是维修厂可以处理的了，只能放弃，拆出有用的备件给别的坦克。

7月23日：整个维修厂被对方炮火笼罩，皮希勒上等兵就在我边上被炸死了。

7月底：回到哈尔科夫的旧营地，乘员组被重新划分，我被分到魏兰上士的332号虎式。

哈尔科夫以西防御战

作战区域在哈尔科夫西北25公里的马克西莫乌卡（Maximowka）附近。

8月5日：警报！准备战斗。这晚还是我们的"告别少年"晚会。

8月6日：魏兰上士新婚归来。下午撤往梅拉法，住在哈尔科夫城外几公里的地方。晚上有一架"缝纫机"来轰炸我们营地，没有损失。

8月7日：转移方向改成波罗杜克希夫（Bogodukhov）。小规模战斗。

8月8—10日：魏纳特少尉率领4辆坦克在马克思摩卡附近战斗，配合党卫军第2"帝国"装甲师作战。安静的地段，只有小规模战斗，击毁3辆T-34以及一队补给车。

8月11日：回到驻扎在克斯基集体农庄的营里，那里有13辆虎式。

8月12日：在马克西莫乌卡发生激战。

8月13日：进攻赫鲁切沃–尼基特沃卡（Chrutschtschewo-Nikitowka），激烈的坦克战。332号虎式在2天的战斗里各消灭了3辆T-34、2辆KW-1、1辆SU-122和5门反坦克炮。魏纳特少尉受伤。

直到8月17日：在马克西莫乌卡进行防御。

8月18日：进攻228高地，其位于马克西莫乌卡的东北方向。我们这辆虎式的主炮和机枪口之间中弹，炮管废掉了，尽管如此我们还是坚持战斗到了中午，之后回到在瓦而基的维修厂。

8月31日：部队和维修厂转移到克拉斯格勒。

梅拉法—塔拉诺沃卡地区战斗

9月10日：在10天的休息（黄疸病病假）后，我成为鲍曼上士的乘员。本营从9月初开始就在梅拉法地区作战。

9月11日：开往前线。

9月12日：在塔拉诺沃卡以南地区防御作战。持续的阴雨使得路面泥泞不堪，苏军在强大的火力支援下不断进攻；本方脆弱的防线上漏洞百出，维格尔下士的虎式在侦察的时候抛锚，晚上去把这辆坦克拖了回来。

9月13日：塔拉诺沃卡以北作战。天气还是一样糟糕。伦道夫军士长的战斗群（4辆虎式）和相当于一个连实力的步兵营整天都在与兵力明显占优的苏军争夺一个重要的高地。

天黑后我们撤退。与舍夫中尉的战斗群会合。里彻尔下士的虎式被炸毁了，撤回克拉斯格勒。

撤往第聂伯河

9月14日：在克拉斯格勒，坦克保养。

9月15日：命令撤离克拉斯格勒。在准备出发的时候，坦克的侧轴坏了。

9月16日：被牵引车拖着装上火车。城里到处都是人。阴雨将公路变成了泥潭；所有的东西都动不了。整个队列拼命地想要蠕动着前进，把无动力虎式装车的工作一直忙到第二天早上。

9月17日：一共8辆损坏的虎式搭乘着火车离开了克拉斯格勒，下午到了波尔塔瓦。

9月18日：在克雷蒙楚克，因为"没有按顺序装载虎式"，列车被拦在这里。

9月19日：重新对车厢的配重做了调整，给了通过第聂伯河的绿灯。

9月20日：到了斯纳门卡。应该在这里卸车，但是怎么卸呢？这里没有卸车板，也没有牵引车，火车站站长也是爱莫能助。经过几通电话后，火车指挥官决定把我们拉到利沃夫，继续前进！接下来的几站是施梅林卡和普洛斯库罗夫。

9月24日：快驶入捷尔诺波尔车站的时候，1辆位置没有摆正的虎式将一座木桥的支柱压断了。直到晚上我们才到达贝罗佐维查车站，离捷尔诺波尔还有8公里。

9月25—30日：每天去捷尔诺波尔车站找站长打听我们下面该去哪儿，但是一无所获，503营似乎从世界上蒸发了。晚上不需要放哨的时候，就在捷尔诺波尔市里度过：那里有士兵之家，德国红十字会的姐妹之家或者当地驻军俱乐部，这里由托特组织（译者注：德国重大工程组织机构）管理。

10月1日：总算找到503营了，他们在斯纳门卡。经过施梅林卡、文尼查，我们在10月4日到达了斯纳门卡。

10月20—25日：苏军对斯纳门卡不仅发动了空袭，还对当地民众投下传单，造成的损害很轻微。

10月30日：加入魏纳特少尉指挥的战斗小组（4辆虎式）乘火车前往克雷蒙楚克东南方向的尤斯彭斯克耶（Uspenskoje）。

11月3日：在从虎式上跳下来的时候我骨折了，搭乘补给卡车回到了斯纳门卡。

11月13日：在323号虎式里加入崔索夫战斗群前往基洛夫格勒。要守住这座城市，直到我11月21日由于脚伤一直没有愈合而离开时没有爆发什么战斗。

11月23日：归国度假。

12月25日：回来的火车停在了切尔卡瑟以南的波普林斯卡亚，这个车站已经在苏军炮火之下，没有任何消息。这时候"士兵的机智"发挥了作用，我混上了1辆运输战损坦克的火车。

12月27日：在齐布勒（Zibulew）找到了3连，没有坦克缺人。

贝克重装甲团

1944年1月1日：乘卡车前往施梅林卡，这是乌克兰里罗马尼亚人觊觎的一片地方。

1月3日：连里接收了新的坦克，试驾，校准火炮。

舍夫中尉休假了，贝尔少尉暂代连长一职。

1月4日：本营和第23装甲团2营（奥尔勒上尉指挥一个黑豹营）一起服从施梅林卡城防司令的指挥。

1月10日：协助第371步兵师清除苏军在索梯斯基（Ssutiski）的一处桥头堡。

雪夹杂着雨以及浓雾使得我们行动不便。离开了施梅林卡不远就遭到了苏军的阻击。在中午拿下了舒克齐（Shukowzy），击毁2辆SU-122。14时和奥尔勒的黑豹营一起进攻，第371步兵师的1个掷弹兵连和2个工兵排提供掩护。在天黑前占领了诺沃-佩特洛斯科，332号虎式（魏兰上士）的发动机坏了，回到施梅林卡。

1月19日：火车运输到文尼查，驻扎在苏军以前的一处兵营里。舍夫中尉结束休假归队了。

1月23日：组成贝克重装甲团（503营、第23装甲团2营、1个炮兵营、1个工兵营和1个山地兵营），撤退到集结地域。

1月24日：突破比拉防线。

1月25日：在索斯诺夫爆发坦克战，在一番激战后拿下了该地。

1月26日：防守索斯诺夫，补给队迟到了。

1月27日：在奥楚尔特纳亚以南爆发坦克战。332号虎式在护送1辆"阿道夫·希特勒警卫旗队师"的黑豹坦克执行特殊任务时，左前侧装甲中弹，失去战斗能力。

魏兰上士在4天里击毁10辆T-34，2辆SU-122，6门反坦克炮和2辆拖着炮的卡车。

1月28日：在文尼查维修厂。贝克重装甲团在完成奥拉托夫附近的战斗后，转移到乌曼以北的地区休整。

2月6日：火车将我们从文尼查运往普塔什。

2月10日：行军至战斗集结地：鲁班尼-莫斯特（Rubany Most）。

2月11日：7时我们顶着猛烈的炮火进攻科孙包围圈上的弗兰克卡。

尽管路面状况很糟糕，虎式还是成功地在中午时分到达了弗兰克卡，这里对方抵抗并不是太强。黑豹在戈尼洛伊——蒂基特斯河东岸建立了一个桥头堡。332号虎式消灭了4辆T-34，1门反坦克炮和1辆"斯大林管风琴"。3连总共击毁了11辆火箭车。由于缺乏燃料和弹药，进攻不得不停顿了下来。

2月12日：3辆虎式（伦道夫军士长、魏兰上士和另一位）、4辆黑豹以及第16装甲侦察营在浓雾中朝东面的达舒克卡高地进攻。在越过一道壕沟后，我们发现被数不清的坦克和反坦克炮所包围，4辆黑豹很快就陷入了烈焰中。虎式尽管也挨了不少炮弹，但总算拖着残废的躯壳逃了回来，前往普塔什维修厂修理。

2月17日：结束切尔卡瑟战斗。

2月23日：舍夫中尉被授予骑士十字勋章。

2月24日：贝克重装甲团解散。

3月2日：3连转移到普洛斯库罗夫。我们和另外4组乘员以及维修排，1辆18吨牵引车带着需要维修的21辆虎式往后方转移，指挥官是W·舒尔茨少尉。

3月6日：苏军突破布基。

3月7日：普塔什保卫战。营里损失掉了最后几辆虎式，1辆在普塔什防御战中损失，另外2辆在越过雷夫卡哈河（Revukaha）时损失。

3月8日：魏兰上士和3组乘员步行到了乌曼，在那里乘坐1辆铁道装甲车前往施梅林卡。在那里碰到了奥纳索格少尉。

铁路运输到利沃夫。和营里联系不上，尝试前往普洛斯库罗夫。在波美亚尼（Pomorzany）碰到了第48装甲军，接收了2辆本来要给"大德意志"装甲师的虎式，开着它们在3月26日到达特奥蒂波尔卡，在那里加入了米特迈尔战斗群。

米特迈尔虎式战斗群

科佐瓦地区攻防战

3月30日：进攻索巴达-兹罗塔。猛烈的暴雪使得行动失败，洛特曼下士阵亡。

3月31日：再次进攻取得了胜利。

4月4日：371高地坦克战。本车的履带脱落。和虎式一起进攻的来自"大德意志"的代理下士阵亡。

4月7—8日：进攻并拿下了乌瑟，科佐瓦被党卫军第9"霍亨施陶芬"装甲师拿下。

4月16日：米特迈尔战斗群解散。

4月17日：领着2辆损坏的坦克乘坐火车前往萨诺克的陆军维修厂。

4月22日：前往利沃夫，然后在施坦尼斯劳找到了连队。503营回德国重新换装去了。3连转移到纳德沃纳，并在5月6日至14日间扮演了虎式第1教导连和北乌克兰第1装甲教导组的角色，负责用米特迈尔战斗群剩下的虎式训练匈牙利装甲部队的工作。

5月14日：将剩下的虎式移交给第509虎式营，本连回到德国奥尔德鲁夫换装新装备，休假。

法国入侵

6月12日："很快就归队了。"

6月13日：领到了新的坦克。

6月22日：古德里安上将视察了部队。

6月26日：17时23分离开奥尔德鲁夫，一路经过美因茨、洪堡、萨尔堡、南希。

6月28日：在默兹河畔的帕尼（Pagny-sur-Meuse），对方轰炸机编队从我们火车上飞过。经过博洛涅、肖蒙、默伦。

6月30日：经过巴黎，直接前往凡尔赛。火车站台完全被摧毁了，铁轨还勉强可用。

7月2日：在乌当卸车。沿着公路经过韦尔努、阿让唐和法莱斯，只能夜间行军。

7月6日：323号虎式（赛德尔上士）在卡昂东南的梅济东卡农从一座公路桥上摔了下去，落在铁轨上。

直到7月16日：大部队驻扎在卡农城堡。

7月22日：去接收新的虎式，我们在巴黎待了2天。

7月25日：马里勒坎普训练营地，住在附近的松皮村。

7月29日：整个连在马里勒坎普集结，露宿在树林里。

7月31日：新的虎王来了。一支宣传队来拍摄《重装甲连战斗的一天》，但是拍摄过程中，赛德尔上士和耶克尔下士的虎式均发生了变速器故障。

8月11日：连队返回去准备新的战斗，我们没有一起走。

8月16日：一个托特组织的工作队过来帮忙修变速器，但是没有成功。

8月23日：乘坐大众车前往特鲁瓦，把那里的服装库一扫而空，搞到了不少皮夹克。

8月24日：冯·罗森少尉从野战医院出来，到了兰斯，他想让我们捎上一起走。

8月25日：以蜗牛般的速度到了火车站，遭到了俯冲轰炸机的袭击，火车车头被炸毁，整个铁道都被堵死了。

8月26日：铁路清理好了，他们重新找了个机车头来拉我们运载虎式的火车架，已经比预计时间晚很久了。

在埃佩尔奈、兰斯和沙勒维尔这一段，火车都没走顺当过。因为这车头最多拉20节车厢，赛德尔上士成功地在前两个车站让列车开出。但是到了第3个站，他们死活要让这车头加拉一节伤兵车厢，整个车站一团混乱，谁也不肯相让。火车调度基本上失灵了，赛德尔拼命打电话才从色当那边要到了一个新的火车头。

8月28日：终于到了比利时列日边上的蒂约尔陆军维修厂。虎式缺少的备件不是一般的野战修理部队都能准备上的，大修必须要靠陆军维修厂。

9月3日：经过亚琛和科隆，到达帕德博恩。

9月9日：整个连队没带任何1辆坦克回到了帕德博恩，2辆"被挽救"的虎式最后也被转交给了别的部队。我们回到了连里，住在霍威尔霍夫，重新领取装备。

9月30日：舍夫上尉告别了大家，冯·罗森中尉接管了本连。

匈牙利之战

10月9日：在暴雨中完成了在森内拉格的坦克装车工作。去哪里呢？很明显是朝东走：哈尔伯施塔特、哈勒、埃格尔、皮尔森、布拉格、布吕恩、布拉迪斯拉发。

10月14日：布达佩斯。在东站完成卸车，穿过城市，前往南面的塔克索尼。沿途受到了当地人的热烈欢迎，营地不错，和当地人在酒馆闲聊到很晚才回去。

第8章　私人日志

10月15日：6时响起警报，返回布达佩斯。3连驻扎在布达凯奇的一个公园里，封锁道路，解除匈牙利军的武装。

10月16日：软禁了霍尔蒂。坦克停在市中心随时准备镇压有可能的市民起义。

10月17日：把坦克装车准备运往前线。

10月18日：在采格莱德卸车。拉姆波少尉的321号虎式由于变速器损坏而抛锚。

10月21日：前往索尔诺克守卫蒂萨河大桥。

10月23—26日：拉姆波少尉的战斗小组（3辆虎式）继续驻守在蒂萨河大桥，主要是警卫工作，并无战斗行动。

10月28日：在蒂萨河西岸进行防御作战，321号虎式由于冷却机被榴弹打坏而退出战斗。

10月29日：前往亚斯洛达尼的维修厂。

11月1日：准备放弃亚斯洛达尼，受损的坦克被转移到采格莱德。前往奥博尼的公路已经在对方炮火范围内。

11月2日：受损的虎式（一共12辆，其中1辆要靠牵引）于23时出发。拉姆波少尉带着这支队伍往布达佩斯方向前进，在皮里斯附近遭到了敌俯冲轰炸机的袭击。在布达佩斯13公里外的于勒我们撞上了苏军反坦克阵地。这里怎么会有苏军出现的？负责警卫的虎式被击毁燃烧，其他虎式及时逃离。

11月5—17日：在格德勒和后勤部队待一起。

12月16日：火车运输到巴拉顿湖。

12月18日：到达了巴拉顿凯奈谢。

12月22日：在纳达斯拉丹尼，进攻乌希达。3连指挥官库珀少尉在他的虎式受损后，转移到314号虎式上继续作战。我将他受损的虎式开往设在皇宫堡的维修厂。在那里我碰到了"伊莫曼"斯图卡俯冲轰炸机中队的指挥官鲁德尔上尉，他饶有兴趣地查看了虎式，评价道："如果苏联人也有这样的坦克，那必须要升级我们的机炮了。"

12月24日：维修厂转移到杜达，牵引车在开出去3公里后也因为发动机损坏而停在那里。

12月29日：过了营部所在的巴林卡后，继续前往莫尔，和那里的冯·罗森中尉会合。

12月30日：和"冯·马肯森元帅"骑兵旅的2连一起对普斯陶瓦姆进行侦察进攻。

303

12月31日：对方对莫尔发起火箭弹袭击，营地被命中全毁。

1945年1月1日：对方对莫尔发动空袭。成功占领了莫尔以北5公里处的128高地。

1月3日：夜袭普斯陶瓦姆，2辆虎式、1辆Ⅳ号坦克歼击车、2辆防空坦克、部分使用Ⅱ号坦克的第4骑兵旅构成了突袭部队，苏军被打了个措手不及。除了大批俘虏之外，还缴获了很多枪械、车辆和11门反坦克炮。我们的虎式更换了齿轮和履带。

1月5日：宣布了503营将被更名为"统帅堂"重装甲营。

1月7日：用6辆虎式、10辆第4骑兵旅的突击炮对扎莫利发动了进攻。雪很大。对方猛烈的反击炮火使得我们行动没有成功。盖特纳上士被一枚从侧面击穿炮塔的炮弹夺去了生命。

1月9日：进攻萨尔科齐以东的高地。拉姆波少尉的虎式在战斗刚开始就由于炮管出了故障而丧失了主要战斗力，但他的坦克还是继续参加了2天的战斗。

1月12日：3连转移到马戈雅拉马斯，拉姆波少尉前往苏尔维修厂修理虎式。

1月16日：在帕帕特斯齐尔与后勤部队一起。

1月24日：在巴空尼索姆巴特勒。

2月13日：沿着公路开往诺伊豪瑟以北的塔多斯柯德，准备进行赫龙桥头堡战斗。

3月7—31日：2连的托姆福德上士前往维也纳接受新的虎式，但在那里却没人知道这回事。随后又去到了位于兹诺伊莫（Znaim）的"统帅堂"装甲掷弹兵师询问，他们也不知道有新坦克要到的事情。我们在莱希维茨先住了下来。

3月31日：营里命令我们归队，当时他们还在塔多斯柯德。

4月1日：在路登堡，已经是红旗满天飘了，相邻的铁轨上开过1列满载虎式的列车。我们打听得知他们要开往米库洛夫。当晚托姆福德上士报告归队。

由于坦克日渐稀少，营里决定在3月24日将所有没有坦克的乘员组编成一个步兵连，准备朝温克集团军靠拢。托姆福德上士回来后被任命为这个连队的指挥官，但因为沿途无论是铁路还是桥梁都被破坏殆尽，根本无法行动。

4月20日：步兵连解散，个人回归本来的连队。

5月5日：在诺伊豪斯。

5月7日：捷克武装分子想拦截撤退的德军，被2辆四管防空炮车驱散。

5月8日：百威，望不到尽头的车队蠕动着穿过城市。

5月9日：下午通知了第二天要集结的地点。

第8章 私人日志

5月10日：等在集结点。士兵通行证分发了下来，司库将剩下的毫无价值的捷克克朗也分给了大家。在天黑后，人们继续朝西走去。走着走着，队伍就彻底散了，我们加入了另外一群人的队伍。沿途不时有捷克人发动袭击，还有一些逃散的法国或者波兰外籍劳工也混杂在袭击者里。

战俘之路

在1945年5月11日我们碰到了第一个美军的哨位，除了被要求缴枪外，他们并没有对我们搜身或者没收车辆，而且我们还可以保留自己的手枪。在100米开外有美军第二道哨卡：检查士兵证。德国人和奥地利人可以继续朝南走，其他国籍的不得通过。下午一个可怕的传言如同野火般在人群中流传开来："伊万来了。"在前方也隐隐传来枪声。有人喊道："党卫军击毁了2辆坦克。"美军将我们聚拢起来，命令继续前进。太多人拥挤在公路上，车子几乎没法开动。因此我们收拾了一下自己的行李，也放弃车子开始步行。这时我们营里还剩下差不多30多人，其中包括布里医生带领的一部分卫生兵。入夜后，人群分成2拨，一部分选择了山野，直接朝西走，另外一部分人选择路况较好的大路，我加入了后者，这群人相对较少。在午夜的时候，我们准备小睡1—2个小时后再走。当我醒来时，发现只剩下了4个人。我们到中午终于走出了森林，远处可以看到公路和车辆。我们小心翼翼地靠近公路，发现这是第24防空师，他们正前往波西米亚森林中罗森海姆那边的内瑟巴赫战俘营。我们过去后在那里碰到了营里的施拉姆医生。经过第24防空师师长和美军战俘营营长的交涉，同意不把我们交给苏联人。5月16日开始释放战俘。5月22日我上缴了士兵证和一直陪伴我的那把手枪后，被美军卡车送到了德国境内。美军指挥官给我们告别，希望我们这些"平民"顺利到家。我最后在6月3日回到汉堡的家。

503重装甲营1连军官学员下士的战争日志摘选：
1940—1945

（作者：阿尔弗雷德·海尔）

概述

阿尔弗雷德·海尔从1942年5月503营建立开始就加入了这支部队，直到1945年5月德国战败那天才结束，之前他曾在非洲军团服役过。

他在503重装营的服役历程如下：
1942年5月至1942年12月：上等兵，营直属连驾驶员
1942年12月至1943年1月：弹药排下士
1943年2月至1944年3月：营属弹药下士专员
1944年3月：新兵募集官
1944年4月至1944年10月：营部Ⅱ号虎式无线电员
1944年11月至1945年5月：1连虎式装填手及炮手
1945年春：晋升为军官学员下士

他的战争日志对我们来说是非常有价值的，给我们展示了后勤部队弹药排的日常工作。

战争日志节选

1943年7月1日晚进驻了哈尔科夫，做好战前准备，将每连所需的弹药安排到位。我们的3个战斗连分别配合第6、第7和第19装甲师作战。作战地域均在顿河同一地段，另外"阿道夫·希特勒警卫旗队"师也在这一区域。大量的弹药运输和侦察工作。

1943年7月5日开始了对别尔哥罗德和奥廖尔以北区域的大规模进攻。战

第8章 私人日志

役目标是将苏军在别尔哥罗德和奥廖尔之间的突出部消灭掉，逼迫其退到库尔斯克一线。

早上部队就越过了顿河，我们忙着给虎式补充弹药，忙得不可开交。为了保障坦克在战斗中不会缺乏弹药，我们将弹药运往不断变动的前线上，同时也要将用空的弹药箱及时回收到集团军弹药库，以便装满后可以再送回来。这活得没日没夜地干。

很快我们也渡过了顿河，很多时候必须拉着一车弹药在对方还没肃清的旷野前进。

1943年7月底，包括"阿道夫·希特勒警卫旗队"师在内的进攻部队被撤出战斗，调往意大利去应对那里的危机。因此攻势逐渐停顿下来，目标降低为稳定当前的战线。

也是在7月底，我开始了回国的休假。我首先乘车回到哈尔科夫，在回家的列车出发前，我先住在之前的营房里。闲来无事就在哈尔科夫闲逛一下，料理一下个人卫生，并去理了个发。

随后坐着火车离开哈尔科夫，一路经过波尔塔瓦、克列缅丘格、基辅，然后到达科韦利，在这里被要求进行除虱。17时35分，火车继续西行，经过海乌姆、卢布林、华沙、比得哥什、屈西林、柏林、马格德堡和不伦瑞克，最后到达汉诺威，时间是差不多18时。23时40分坐上了回盖尔基辛的火车，并于3时30分到达，最后终于在5时到家见到了父亲母亲。休假开始啦！

1943年8月23日离开家，沿着回家的路反向行走，在科韦利碰到了斯柯达下士，接下来到波尔塔瓦的路上就有人相伴了。在那里碰到了魏冈中尉，和他一起回到了位于斯内史科夫（Ssneshkoff）的营地。

1943年9月初我到达了普罗夏纳亚，从那里又转移到克拉斯诺拉得和波尔塔瓦之间的地区，几天的大雨让公路变成泽国。之后撤退到顿河和第聂伯河之间的区域，伊万们不断冲击我们的防线。暴雨整天整天地下，在这天气里想要动弹真是太困难了，但我们还是要努力把弹药运到各个火力支撑点去。

一般来说，我们会把弹药存放在主场线后方很近的距离内，因此要不停地搬来搬去，路上不时地会和别的车队起冲突，尤其是党卫军的。就这样边战边退，到了第聂伯河上的波尔塔瓦，随后又继续往西退到斯纳门卡，这是衔接前后方的重要交通枢纽，在这里终于可以享受几周的平静日子。一开始真的如同天堂般的日子好过，后来任务慢慢多了起来。10月底开始遭到苏军猛烈的夜间空袭，之后又平静下来。3连在基辅附近执勤，我们不断地往来于集团军的弹药库和营里的仓库之间。对方在亚历山大里亚突破了德军防线。12月1日斯纳门卡响起了警报,我们于12月2日离开了那里,中午到达了基洛夫格勒。第二天继续上路,10时到达了诺沃-乌克兰卡。典型的苏联冬天:暴雪带来刺骨的寒冷。

1943年12月22日经过乌曼到达兹布鲁,在那里和弹药排及燃料排的兄弟们度过了平安夜。

1944年1月1日早晨我们离开了兹布鲁,经过文尼查之后来到施梅林卡。施梅林卡是一个重要的铁路网路节点,我们营在这里休整了一下,补充了新的虎式和弹药。我和理查德分到了一个漂亮的房间,排里其他兄弟的住处也不坏。大家那段时间心情都不错,排里的拉登上等兵在当地火车站的大厅里排除了一枚哑弹,扛在肩上到处闲逛。这段时间游击队的行动也不是很活跃。

1944年1月14日我开始了休假。坐着福林格少尉的大众车经过文尼查、普洛斯库罗夫到达利沃夫。在那里搭上休假列车一路经过上西里西亚、布雷斯劳直到柏林,换车回到了汉诺威的家。3周的假期(1月21日至2月11日)可以和我亲爱的人吃住在一起!我不在的这段时间里,503营加入了贝克重装团,该团指挥官是贝克上校。该团和其他部队一起合力给切尔卡瑟被困部队解围。在卡根内克上尉受伤后,弗洛姆上尉接过了指挥权。

2月11日我踏上了归队的旅途,在利沃夫碰到了穆梅特下士。我们在那里待了几天后才回到施梅林卡,我们营在那里设立了一个报到处。3天后在那里搭火车到了乌曼,补给连驻扎在那里。魏冈上尉带着我一起到了普塔什的战斗连驻地。那几天也是阴雨连绵,到处都很泥泞。我们在这里将坦克装上火车,沿着铁路开过乌曼、施梅林卡,来到了普洛斯库罗夫-捷尔诺波尔地区。

我们在普洛斯库罗夫东南面待了几天。这期间接收了非常多崭新的卡车,我们弹药排还获得了好多"骡子"运输车。寒冬和泥泞依然是我们运输工作中最大的困难。之后展开了普洛斯库罗夫之战,最后在3月10日放弃了该地。

补给连转移到了科贝岑茨,我带了几辆"骡子"去给驻扎在葛日马罗的战斗连送弹药。我们现在是在波兰东面的领土上(当时是波兰总督府辖区)。1944年3月23日晚上我和魏冈上尉喝茶,穆梅特下士也和我们一起,这次谈起来军官学员选拔的事情。后半夜响起了警报,警戒行动。我带着1辆虎式和15个人负责斯卡拉方向的安全,在天亮后返回营地。苏军的坦克和步兵最近在葛日马罗附近的活动越来越频繁,我们也做好了撤退的准备,没法拉走的残损虎式都被炸毁了。

在图斯特营里重新编队。所有非直接战斗人员必须及时疏散,避免被包围。库珀少尉留下几辆"骡子"在包围圈里给弗洛姆上尉的战斗部队提供必要

第8章 私人日志

的后勤支援，其他人都走。在胡贝上将的指挥下，我们在卡缅涅茨-波多利斯基包围圈里战斗到1944年4月20日，最后剩下5辆虎式和几辆"骡子"隶属第7装甲师作战。

当我们逃离包围圈后，首先去到利沃夫和营里先疏散出来的部队会合。当时除了这些在苏联的部队，还有部分人员在帕德博恩和维也纳。这期间我们还要参与利沃夫东南方向的防御工作，比如和当地老百姓修筑阵地，完成后回到利沃夫。5月遭到游击队冷枪，拉什上等兵不幸阵亡。

之后得到了返回德国重新换装的命令，在波兰的格鲁代克坐上火车。在5月天里乘坐返回德国的火车是件令人愉快的事情。我们一直坐到帕德博恩，然后转车到图林根的奥尔德鲁夫训练场，在这里等待新装备并开始休假。我被安排在第2批休假名单里，那段时间在奥尔德鲁夫和附近饱览了图林根的美丽景色。战斗连在1944年圣诞节前被派到了巴拉顿湖作战，期间还从苏联人手里夺回了赛克什白堡。1944年12月22日开始对乌希达的作战。23日晚上由于我们车的发动机气缸故障，返回修理连维修。当天就更换了配件，因此我们也可以在一座叫杜达的安静小山村度过平安夜。

3天后再上前线，我们全线回击伊万。每天从不同的方向攻击，比如普斯陶被我们夺回了两次。辞旧迎新的时候我们正在莫尔忍受苏军猛烈的炮击。

1月中我们夺回了赛克什白堡，并继续追击伊万。之后火车运输到北边，经过科马罗姆，多瑙河，首先到达诺伊豪瑟，然后进入到斯洛伐克对伊万的赫龙桥头堡展开进攻。

我们又一次进入了进攻节奏，虎王发挥了不小的威力，我们成功地将苏联人赶出了赫龙，消灭了这个桥头堡。在返回的时候我的131号虎式着了火，最后完全烧成了废墟。我当时没在坦克里，正驾驶着1辆缴获的卡车。

我回到了驻扎在诺伊豪瑟的补给连。在3月上旬，我带着2个坦克成员组前往维也纳去取回修好的虎王。我们搭着卡车到了科马罗姆，从那里坐火车到了维也纳。但那时虎王还没修好，所以我们就在维也纳享受了几天太平日子。维也纳的春天是多么的迷人！我们玩遍了市里和市郊的所有景点。电影院，士兵之家的音乐会，读书之类的消遣。这时局势突变，苏联人在4月初出人意料地突入到维也纳新城和巴登地区。我们修好的虎王被征调到维也纳第4预备役坦克营使用，但我们的第2辆虎王很快又因为发动机故障失去作战能力。

我们就这样和一群临时拼凑起来的部队一起参加了在拉克森堡附近的进攻战。几天后，我们被纳入党卫军"帝国"师。我在坦克战中击毁了5辆苏军坦克（T-34和KW-85）以及1辆突击炮，之后又消灭了1辆牵引着火炮的卡车。

在下拉河区域的一个村庄战斗里，我的虎式炮盾结结实实地挨了一炮，但我还是成功地消灭了1辆T-34。当晚我离开部队，开着虎式返回维也纳虎式工厂维修，但是到了才发现这个工厂被疏散了，我只好找到卡车拖着受损的2辆虎式横穿维也纳，跨过维也纳大桥前往拾塔莫斯多夫，并最终在那里修好了第2辆虎式。但我的那辆依旧没办法修理，因此我们把这2辆虎式往北开到了哈曼斯多夫，并最终在那里修好了我的虎式。我们住在一个伯爵的城堡里，舒舒服服地过了几天，然后在这里又碰到了1辆"阿道夫·希特勒警卫旗队"师的虎王。

在坦克全部修好后，我们前往多瑙河畔的克雷姆斯。在开过多瑙河后，我们在该城的郊外布防。这是1945年4月20日。我们有一天晚上前往周围的山地侦察，准备迎接第2天的战斗，但夜里被叫了回去，被调往梅尔克修道院附近警戒，然后又被派到圣帕尔腾。之后有一天晚上我们奉命前往附近的有铁路的大城市，准备装车前往柏林参加最后的保卫战。在车站上碰到了党卫军，他们要求我们把虎式转交给党卫军"帝国"师，因此跟着他们到了该师的后勤部队那里。正是在那儿我们听说了希特勒的死讯，并被要求对新的国家元首邓尼茨海军元帅宣誓效忠。时间已经到了1945年5月初。

我们乘着党卫军的卡车前往基希贝格，这个战斗群的指挥官是朗甘克党卫军高级突击队队长。我依然负责驾驶1辆虎王，但是很快我们就听到了无条件投降的惊人消息。大家立刻将所有的坦克和战斗车辆炸毁，随后乘坐卡车撤离。只有苏联人和美国人之间的空隙才是我们可以行走的通道。一路上你能感到什么叫作全面崩溃，最后在林茨的弗莱施塔特向那里的美军先头部队投降。

下午，伊万们就到了那里，美军立刻撤退，一切都混乱不堪。我们在苏军的炮火中躲入附近的森林里，来自503营的战友还剩下3个人。我们开始在半夜里赶路，情况好的话白天也沿着公路平行的方向，依靠指南针的帮助朝德国走。在越过了雷根河之后，我们又穿过上法尔茨。在五旬节的第二天，我们开始以纽伦堡为目标继续赶路，也就在这时我们被美军俘获了。我们先被关押到了纳普堡的一个小营地里，之后被转移到格拉芬沃尔的军营里关押。在对我们做了登记后，美国人把我们装上卡车送走，他们开车的速度和疯子一样。一路经过纽伦堡、维尔茨堡、法兰克福、美因茨和宾根，在科布伦茨过夜后，继续经过科隆、杜塞尔多夫到达杜伊斯堡。在那里我乘车回到了特梅霍芬的老家，迎接我的只有父母房屋的废墟。屋子在1945年3月11日美军大空袭中被命中，什么都没有剩下。邻居告诉我父母和埃尔娜现在暂时住在迪斯特贝克霍夫173号。

几分钟后我就在那里找到了我最亲爱的家人。战争终于结束了！

结语：追忆503虎式营
（作者：阿尔弗雷德·鲁贝尔）

读过本书的人不可能还认为战争是件可爱的事情。

我们尽可能不带倾向性地描述我们这些503营老兵在1942年至1945年间真实的经历、想法、感情以及行为，用最简单朴实的方法展现当时的年轻人在战争那种极端情况下的表现，同时也展现了这个战友群体牢不可破的友情。这是共历生死后结下的友情，也只有在战争中经历过的人们才会特有的珍贵感情。

没有经历过军旅生涯的读者可能不太理解我们在残酷的战争中还能够不断地表现出乐观、幽默，这确实值得探究。根据对人类心理学的理解，人在极端恶劣情况下，会自然地释放出相反的能量作为一种补偿。否则，谁能够熬过战争？

如果据此以为战争不是那么糟糕的东西或者经过一段时间后就会遗忘的话，也是不能苟同的。我们这些二战老兵实际上一直受到战争经历的困扰。另外一个需要注意的事实是，在700万人参与的战争中幸存下来的人里，只有很少一部分是所谓"和平主义者"。大部分人不是因为缺少反省学习的能力，反是更理解这个词的真正含义，引用一位古希腊伟人伯里克利（Pericles）在公元前430年的话来阐释一下：

> 我谈的不是这个词的表面意思，
> 与敌人战斗中的牺牲是多么的惨痛，
> 我说的是这个词的实质：
> 任何时候都会赋予人们一种责任，
> 必须去捍卫他们所爱的。
> 即使是付出生命。

我们的书在1990年出了第一版。德国在1990年后对待士兵，尤其是二战老兵愈发的不公正和歧视。德国最高法院在一个判决中宣称言论自由比个人意愿和荣誉更为重要,这也被称为"凶手判决",也就是说之后可以在德国无论称呼哪个国籍的士兵为"潜在杀人犯"都不会受到处罚。虽然德国联邦政府每年根据国防法要征召年轻人入伍,但是他们似乎也无意维护这些军人的荣誉,居然放任这样的"恶法"存在,真正的原因是大部分德国人根本没有理解到这样的判决对军人意味着什么。

苏联战役是以非常残酷无情的形式进行的,而且双方都由于对方的行为而表现得愈加冷酷。

德军士兵是勇敢、富有牺牲精神的,如果需要,也会很无情。因此在战争中肯定发生过侵犯民众权利的事件,但这绝对是个别例外,不是常态化的行为。因为有2个原因保证这一点:一是大多数德国人和德军士兵的行为还是比较克制以及人性化的……另外一个原因就是德军严明的军纪。直到战争结束那一刻,德军领导层一贯非常注重权利和纪律的贯彻,并尽可能严格处罚任何违纪行为,其实道理很简单,一支军纪散漫的军队是没有战斗力的,但不可否认在任何战争行为中都会有过激行为以及犯罪……

下面来看看一些前对手如何评价德军的吧:

美国,乔治·马歇尔将军:
"我们必须承认,德国人是天生的战士,(……)生下来就是很好的士兵,并且训练有素。(……)他们的纪律是牢固不可动摇的。"

英国,元帅亚历山大勋爵:
"我怀疑世界上还有没有第2支军队可以像这群人一样坚持下来,在绝境中顽强战斗。"(卡西诺山之战)

法国,拉特尔·德·塔西尼元帅:
"我们的时代依然有一些感人的壮举,比如说德国人在斯大林格勒。尽管给他们的命令是毫无意义的,但他们最后的表现具有榜样意义。"

苏联,朱可夫元帅:
"德军官兵的战斗精神、专业培训和战斗训练在各兵种,尤其是在装甲部队和空军中达到了很高的水平。德军可以很好地在战斗中以及服役期间完成他的义务,并且坚韧、自觉、自律。"

第8章 私人日志

德军士兵的悲剧在于：

- 他们相信是为了祖国真正的需要，才勇敢地坚持战斗。
- 战争中死掉的450万年轻人中差不多占了18岁至40岁之间兵役年龄段人群总数的1/3。
- 他们的祖国到现在还纵容对逝者和幸存者的荣誉进行侮辱的行为。

以前对手的战后首脑也对我们这些大战老兵做出一些公正评价，而德国政治家继续装聋作哑。法国前总统密特朗在1995年5月8日（二战欧洲胜利日）说道："我认识到德国人民所具有的美德及勇气。伤亡如此惨重的德军士兵对我来说，并不会因为他们的制服或者思想就否认他们的精神。他们勇

苏军铁木辛哥元帅（左侧）和朱可夫元帅（右侧），摄于1945年5月。

气非凡。他们只是在那时代大潮中迷失了方向，把生命浪费在了糟糕的事情上，但是并没有参与到那些狂热中去。他们也是普通人，简简单单地爱着他们的祖国，这是人们必须意识到的一点。"

编著者简历

本书的作者们均为1942年至1945年间不同时期的503营成员。

诺德温·冯·迪斯特-科贝尔博士
1912年2月13日出生于西普鲁士,专业是农业和林业,1939年获得农业博士学位,之后在新鲁平第6装甲团为预备役少尉。波兰战役中他担任第6装甲团的一名排长,法兰西战役为连长,直到1941年9月苏联战役受重伤时依旧是连长。1944年/1945年间在503营营长任上负重伤。1945年至1954年从事农业工作,之后直到1980年均在农业行业协会工作。2003年9月18日去世。

霍斯特·哈塞
出生于1915年,1934年完成职业培训后加入布雷斯劳的第7骑兵团。1935年加入装甲兵,曾在第2、第15以及第36装甲团服役。
1942年加入新成立的第502虎式装甲营,之后成503营1连的上士。多次受伤。战败后成为苏军俘虏,直到1954年释放。工作至1978年。已经去世。

克莱门斯·卡根内克伯爵
1913年出生于柏林。在弗莱堡和波恩学习法律,毕业后在波恩高等州法院工作。1934年加入波茨坦的第4骑兵团,1938年调入新鲁平的第6装甲团。参加了波兰、法国和苏联战役。1943年作为连长受伤后升任503营营长。1944年再次受伤后前往温斯多夫装甲学校,晋升为少校。1950年任银行总裁,1978年底退休,2005年3月18日去世。

乌利希·库珀
1923年出生于柏林,1940年高中毕业后加入帝国劳动服务组织。之后志愿参军,随同第5装甲团参加北非之战,1942年晋升为预备役少

第8章 私人日志

尉。1943年8月加入503虎式营，战败前任3连连长。1945年至1955年在苏联战俘营。1956年释放后在哥廷根学习法律和国民经济。1960年开始在杜塞尔多夫高等州法院担任公诉人以及政府职务，之后在安斯贝格政府工作到1988年退休。

弗兰茨-威廉·洛赫曼，医学博士

1923年4月22日出生于汉堡，在高中毕业后参加帝国劳工组织。志愿加入新鲁平的装甲部队，1942年5月至1945年战末都是第503虎式营1连的成员。

下士洛赫曼博士经历了503营从创立到解散的每一天，营里没有人待一样

1955年8月12日至14日间503营老兵在巴苏姆（Bassum）聚会：

最后一排左为起：瓦尔特·荣格（1连），汉斯·库克（1连），弗里茨·里默（1连），奥托·梅维斯（1连），赫尔穆特·福格尔（1连），君特·皮普格拉斯（1连），汉斯·哈戈麦斯特（营部直属连），弗里茨·普棱格（营部直属连），瓦尔特·巴克豪森（修理连），弗兰茨-威廉·洛赫曼博士（1连），瓦尔特·拉登（修理连）

中间一排左起为：阿尔弗雷德·鲁贝尔（1连），汉斯-马丁·穆勒（1连），理查德·冯·罗森男爵（3连），不知名者，海因茨·伦道夫（3连），不知名者，马丁·布尔梅斯特（1连），拉耶（修理连），霍尔格·魏冈（补给连），诺德温·冯·迪斯特-科贝尔博士

第一排左起：艾伯哈特·朗格（3连），赫尔曼·阿尔博斯（1连），不知名者，汉斯-约根·布尔梅斯特（1连），不知名者，赫尔穆特·林赛博士（1连），格哈德·尼曼（3连），路德维希·威尔克麦斯特（3连）。

最前面蹲着的是鲁尔夫·弗洛姆（营部）

长的时间或者参加过那么多的战斗。他获得了4级坦克出击勋章（75次战斗），这个还是低估了他的参战次数，因为自从1944年秋开始战斗就变得极为频繁，而难以统计了（译者注：英文老版的说法为95次作战）。洛赫曼博士在汉堡学习医学并定居在汉堡行医直到1986年。

格哈德·尼曼

1923年出生于汉堡，学习商科。1941年志愿参军，参加过在特雷普陀、普特罗斯和艾森那赫进行的陆军军士培训班。1943年至1945年在503营3连短期担任炮手。战败后在捷克被美军短暂俘虏一段时间后，回到德国从事商人的职业。

1956年至1977年在联邦德国陆军服役，1970年升为准尉。最后的职务为人事部军官，写过诸多军事及军事史的文章。

理查德·冯·罗森男爵

1922年出生，1940年10月在第35装甲团担任候补军官，随同该团在第4装甲师编制内参加1941年开始的东线战争。

1942年晋升为少尉，1942年7月开始在第502虎式营2连服役，于1943年1月调入第503虎式营3连担任排长。1944年9月开始担任3连代理连长，1944年11月1日起晋升为中尉，正式担任3连连长。在东线、诺曼底和匈牙利作战过，共受过5次伤。在美军战俘营被短期关押过，释放后从事农业，在波恩和巴黎工作。1955年以上尉军衔加入联邦德国陆军。在巴黎戴高乐综合理工学院参加参谋培训。在装甲部队担任过连长、营长、旅长。之后作为德国驻法国武官以及法军最高指挥部的德国顾问工作。最终军衔为少将，1982年退休。

阿尔弗雷德·鲁贝尔

1921年出生于东普鲁士。在中学毕业后，志愿参加装甲部队。在第29、第4装甲团及第503重装甲营参加了东线战役，最后担任营部副官，军衔为预备役少尉。1946年至1956年在经过职业培训后从事农业工作。1956年至1978年加入联邦德国陆军，历任参谋、部队指挥官及教官，最后军衔为中校。退役后在1979年至1992年从事军工科技相关工作。

附录

第1章　我们的虎式营

主要装备（战斗车辆和保障车辆）

	种类	1943年7月1日	1945年1月1日	1944年12月15日
1	VI号坦克	45	45	28
	III号坦克	—	—	—
	IV号坦克防空型	—	8	7
	-20毫米四联装	—	(4)	?
	-37毫米高炮	—	(4)	?
	20毫米四联装高炮8吨牵引车型	6	3	3
	装甲车	10	11	11
2	V号维修坦克	—	5	3
	18吨牵引车	8	7	11
	1吨牵引车	8	13	2
	半履带摩托	—	14	14
	拖挂摩托	25	—	4
	摩托	17	6	4
	军用轿车	64	38	36
	民用轿车	2	1	—
	军用卡车	111	84	47
	民用卡车	24	34	?
	骡子半履带卡车	—	6	10
	带吊车卡车	3	3	3
1	战斗车辆	61	67	49
2	保障车辆	262	211	137
		323	278	186
	吨位	438吨	397.5吨	?

参考资料：

《日常统计报告》

《坦克识别手册》，汉-维纳

《虎王》，第二卷，施耐德

陆军总部组织局索引第1849号（第503重装甲营）

说明：

这份索引提供了503营在1943年4月1日至1944年12月31日之间的组织结构变化的详细记录。这里面包括了1944年春在波罗杜克希夫的一系列架构变化，包括将轻型排全部换装成Ⅵ号坦克，并且将502营2连划拨给503营作为3连。这份报告并没有包括1942年5月503营刚建立时的情况，以及后来划拨给"统帅堂"装甲军（1944年12月31日）直到战争结束这段时间。这份文件的原件保存在弗莱堡军事历史研究所（MGFA），由于原件是用难以识别的手写字体完成的，下面是由汉斯·赛普克整理出来的。有些括号内的内容是阿尔弗雷德·鲁贝尔加上的备注。

503重装甲营　　　　　　　　　　　　　　　　　　　第1849号

建立　第8军区
预备役部队　第8军区
编制表
装甲营营部　　　　　　　　KStN 1107 v. 1943.11.01）
虎式营营部直属连　　　　　KStN 1150 e.v. 1943.11.01） I 5444 g.
第3装甲连　　　　　　　　KStN 1176 e.v. 1943.11.01） v. 1944.05.25
虎式营修理连　　　　　　　KStN 1187 b.v. 1942.04.25
新成立和解散
成立一个侦察排　　　　　　）I/4741 g.v. 1943.05.15
根据KStN1150 1943.03.05 至 1943.05.22要求
　　　　　　　　　　　　　）I/4492 g.v. 1942.05.11
隶属关系变化
根据KStN（TE）1196　1944.04.01　　）I/11937 g.v. 1944.10.11
编入一个装甲防空排　　　　　　　　　）

附 录

指 示	编 号
多余的修理排被派遣回帕德博恩（随同502营2连过来）。	2189 g.v. 1943.03.04
将本营隶属第23装甲师的报告未获通过。	2457 g.v. 1943.03.13
报告维修工作所缺少的车辆和人员。	I/4750 g.v. 1943.05.15
根据新的KStN要求得到新的卡车。	III/16333 v. 1943.05.12
要求提供12辆新的VI号坦克（弥补城堡行动中的损失）。	IIIb) 37177 g.v. 1943.08.13
要求提供2辆15吨牵引车或者2辆12吨牵引车。	III/37703 g.v. 1943.09.05
本营将在（1944年）12月下半月进行修整并补充装备（施梅林卡）。	I/5475 g.K.v. 1943.12.11
报告本营缺少的人员，武器和装备。在齐布勒开始休整。	I/5887 g.K.v. 1943.12.28
在3月的休整中本营获得了12辆补充的VI号坦克。	III/72247 g.v. 1944.03.12
组织司同意集团军群的建议，将503营剩下的装备全部转交给509营。	I/4047 v. 1944.04.30
503营于1944.05.03开始脱离北乌克兰集团军群的辖区，返回奥尔德鲁夫准备换装。	I/4365 g.v. 1944.05.01 I/46341 v. 1944.05.08
命令503营前往奥尔德鲁夫接收虎II型坦克。	I/16511 g.K.v. 1944.05.05
1944.07.10应该做好战斗准备，预计当时已经接收虎王至少14天。	I/16811 g.K.v. 1944.05.05
暂无隶属关系，直到新的KStN公布前维持现有KStN。	
根据第9军区指令，503营在奥尔德鲁夫训练场换装。在补充完毕所有缺少的装备后2周内做好战斗准备，最迟在1944.07.10完成。暂无隶属，等待进一步命令。	I/5444 g.v. 1944.05.28
6月开始为本营预留的卡车被510营调用。	I/17295 g.K. II Ang.v. 1944.06.02
元首命令503虎式营在6月18日做好装车准备。	I/6071 g.v. 1944.06.11
编制：营部，直属连，2个战斗连，修理连，3连另有安排。（1个连虎王装备完毕）。	
503营自1944.06.23，2400时做好装车准备。	I/17689 g.K.v. 1944.06.23
根据装甲部队总监部于1944.06.01颁布的KStN1176,本营须在奥尔德鲁夫完成了一个战斗连换装虎王的任务。	I/9727 g.v. 1944.08.28
本营根据1944.06.01颁布的KStN1176在奥尔德鲁夫完成了一个战斗连换装虎王的任务。	I/9901 g.v. 1944.0901 I/19040 g.K.v. 1944.05.28
503营在帝国境内完成全部换装工作（前往诺曼底）。	I/19245 g.K.v. 1944.09.09
根据装甲部队总监部的要求，503营在森内拉格整编。	I/19334 g.K.v. 1944.09.13
营部 KStN 1107b 1944.06.01	I/193334 g.v. 1944.09.15
3个装甲连 KStN 1176 1944.06.01	I/10968 g.v. 1944.09.21
补给连 KStN 1151b 1944.06.01	(B.d.E)
修理连 KStN 1187b 1944.07.01	

续表

指　示	编　号
本营被陆军总部调往布达佩斯担任预备队。	I/19829 g.K.v. 1944.10.09
503营奉命前往布达佩斯，受德军驻匈牙利总指挥完全节制。	I/12028 g.v. 1944.10.10
营里人员齐整，装备只差一点点，不影响作战能力。	I/11989 g.v. 1944.10.09
本营于1944.11.09—11间运输。	I/12254 g.v. 1944.10.14
本营隶属南方集团军群，直接受第24装甲师指挥。	I/20032 g.K.v. 1944.11.15
陆军总部将本营的防空排派往布达佩斯。	I/12318 g.v. 1944.10.15
元首要求本营不参加德布勒森战役。准备在11月初在西部的作战行动。	I/20024 g.K.v. 1944.10.17
本营将要改名为"统帅堂"重装甲营，并隶属"统帅堂"装甲军。	I/16698 g.v. 1944.12.19

说明：

G.K.：指挥部秘密文件

g.：秘密

KStN：编制表

注意：KStN编制表中"）"反括号处，均为保留的德文版原文格式。

第2章　虎式坦克——坦克发展的巅峰

绝密

陆军总参谋部　　　　　　　　　　　　　　　陆军总部，1944.06.29
第793/44号令

概况

德军坦克对于苏军新式
坦克"T-34-85"以及"约瑟夫·斯大林122"的对比

1）这次比较是基于实际测试的结果：武测第BuM1-W-2b号。
2）所有击穿的数据都经过比对，没有包括试射炮弹数量的信息。
3）一般击穿的距离在2 000米左右，所以最远交战距离能达到3 500米。
4）炮弹命中目标的倾角为60度。
5）用来测试的装甲板在试射时均摆放成同一角度。在结合部的装甲要比正常的装甲板厚14%。
6）命中率还需要进一步研究。
7）对于装甲和武器的情况汇总来说：
　　a）Ⅳ号坦克的战斗力不如"T-34-85"和"约瑟夫·斯大林122"。
　　b）黑豹在正面交火上强于"T-34-85"，侧面和顶部和它打平；黑豹正面交火能力强于"约瑟夫·斯大林122"，侧面和顶部弱于对手。
　　c）虎Ⅰ的KwK36火炮优于"T-34-85"，弱于"约瑟夫·斯大林122"。
　　d）虎Ⅰ的KwK43火炮远优于"T-34-85"，优于"约瑟夫·斯大林122"。
　　e）虎Ⅱ远优于"T-34-85"以及"约瑟夫·斯大林122"。

第3章　草创以及在卡尔梅克草原上初露锋芒

502营第2修理排　　　　　　　　　　　　　野战报告，1943.01.29
岑克检察员
诺伊伯特技术军士长

技术方面的经验报告

1. 行走装置故障：

坦克在行驶的时候，外侧的负重轮会自然地松动，最终导致其脱落。负重轮、轮毂和拖带轮的磨损都比较严重。

原因：

a）用来固定最外侧负重轮的螺帽过于细小，螺纹过于脆弱和短小，螺纹线过粗。

b）一旦轮毂磨损严重，拖带轮就会直接和履带摩擦，慢慢将其绞紧，这又会卡住其他的轮盘，最后导致无法运转。

c）为了确保外侧滚轮和内侧滚轮运转正常，两者之间最多有10毫米的间距。

d）前面两对摇臂容易出现弯曲问题。

e）目前的安全性还不够，对于螺帽的装配工作目前还存在很大的担忧。

补救措施：

对于a），加大固定外侧负重轮的螺帽。增强和增长螺纹，使用更细的螺纹线。另外可以考虑使用反向螺母（双螺母，Kontermuttern）。

对于b），在生产轮缘的时候需要考虑到加厚橡胶圈，这样就可以保证轮毂边缘的橡胶圈总是处在正确的位置，从而避免负重轮和拖带轮的过度磨损。

对于c），为了正常滚动所设定的轮盘间距在冬天的表现却不好，如果在有积雪和碎石的恶劣路况上行动，会使内外两层盘面之间的缝隙塞满石块，从而引发摇臂等部件的变形故障。因此希望可以在设计的时候增大内外侧滚轮之间的距离。

对于d）的解决方法和c）一样。

附 录

虎式乘员中也使用这样的《虎式画册》，里面用最简单的词汇描述了虎式的特性。右侧下图上写的是M少尉在北边战区用他的虎式一天击毁了38辆T-34，因此获得了骑士十字勋章。

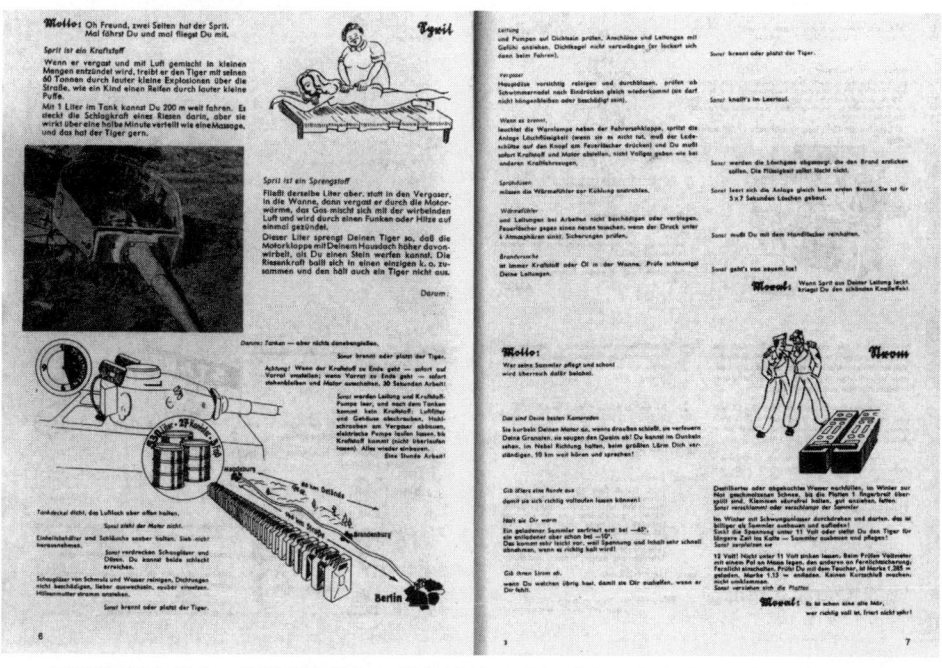

想要驾驭好虎式，必须要清楚如何保养维护以及驾驶它，旁边是几页例子。

323

503重装甲营战史

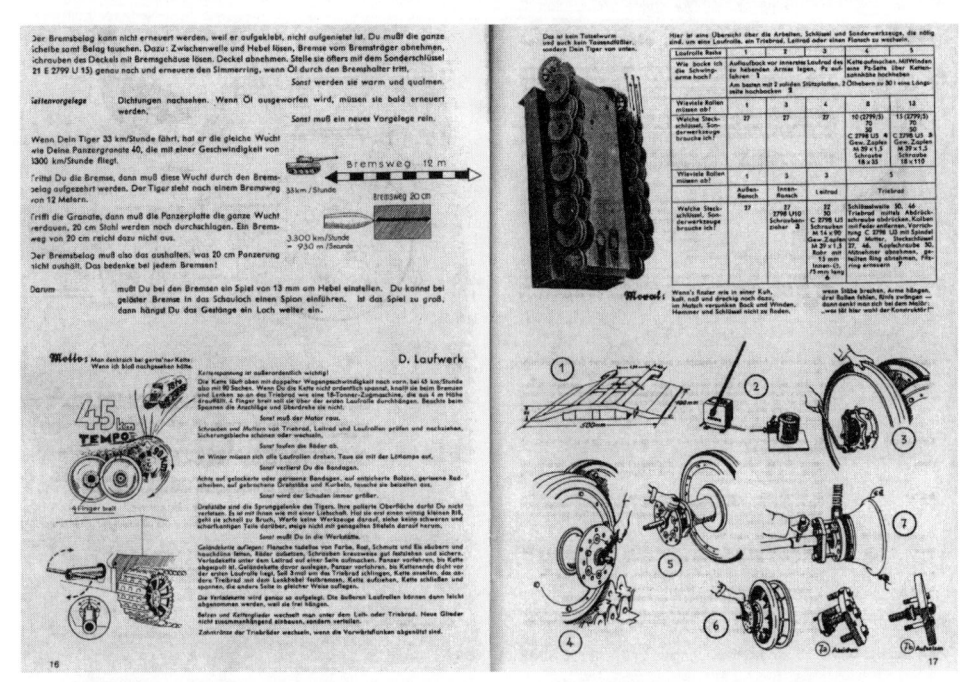

《虎式画册》在1943年开始分发。同样也有一本《黑豹画册》。

苏联人在1942—1943年接触过虎式之后，立刻总结并印刷了彩色的《对付虎式》画册。它简明扼要地告诉了士兵，虎式的弱点在哪里，以及用什么战术和手段可以消灭它。

附 录

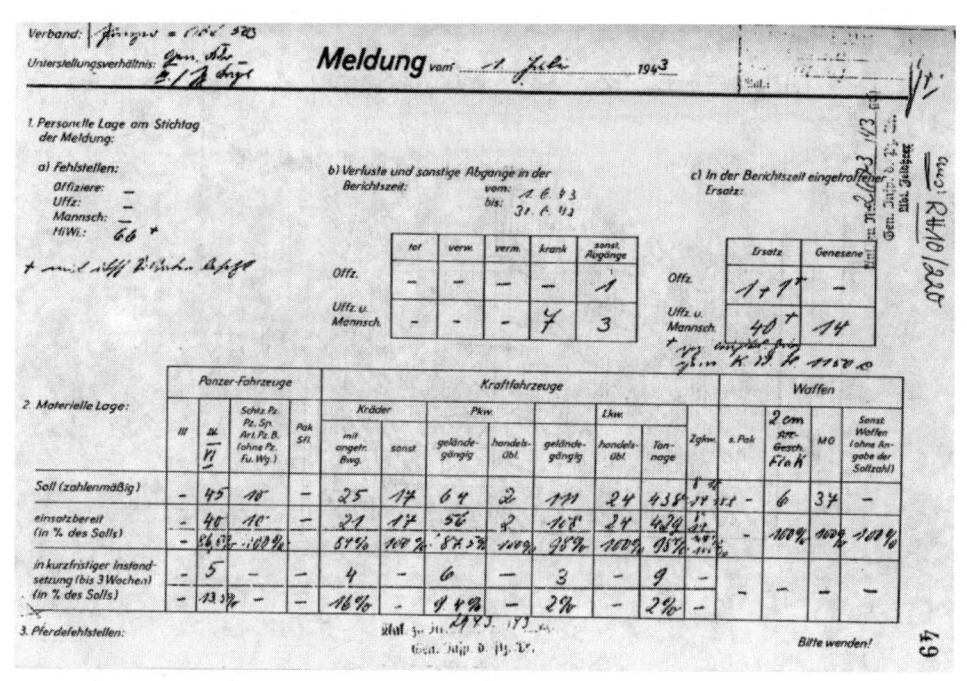

1943年7月在城堡行动之前的部队实力统计。

1943年8月在城堡行动后的部队实力统计。

325

1944年2月在切尔卡瑟行动之后的部队实力统计。

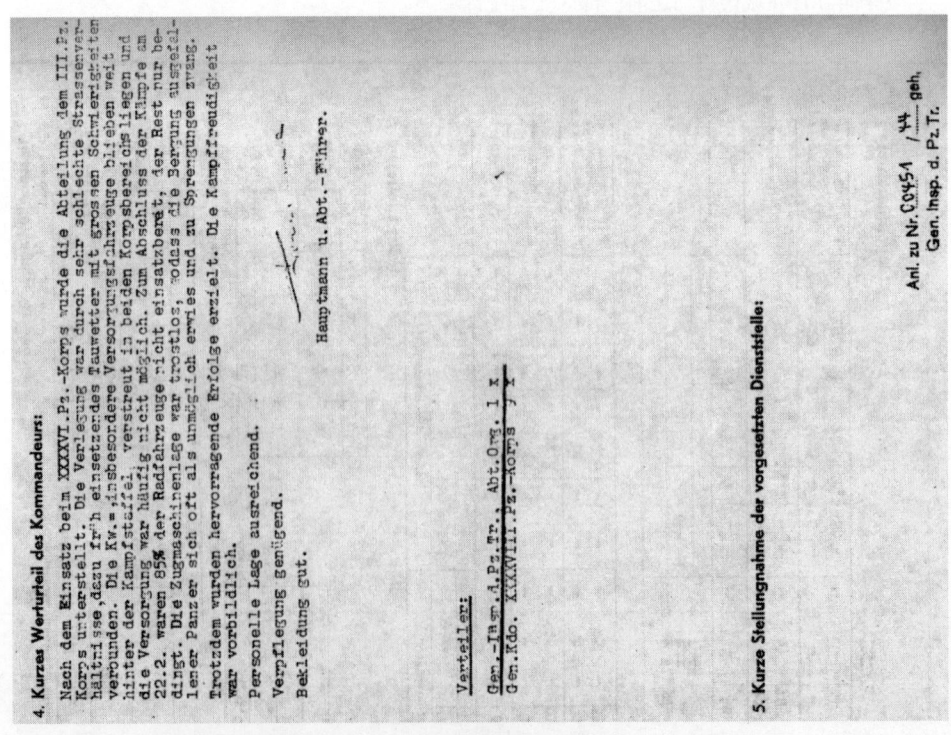

1944年2月在切尔卡瑟行动之后的部队实力统计（背面）。

1944年7月在美军古德伍德行动之后的部队实力统计。

1944年7月在美军古德伍德行动之后的部队实力统计（背面）。

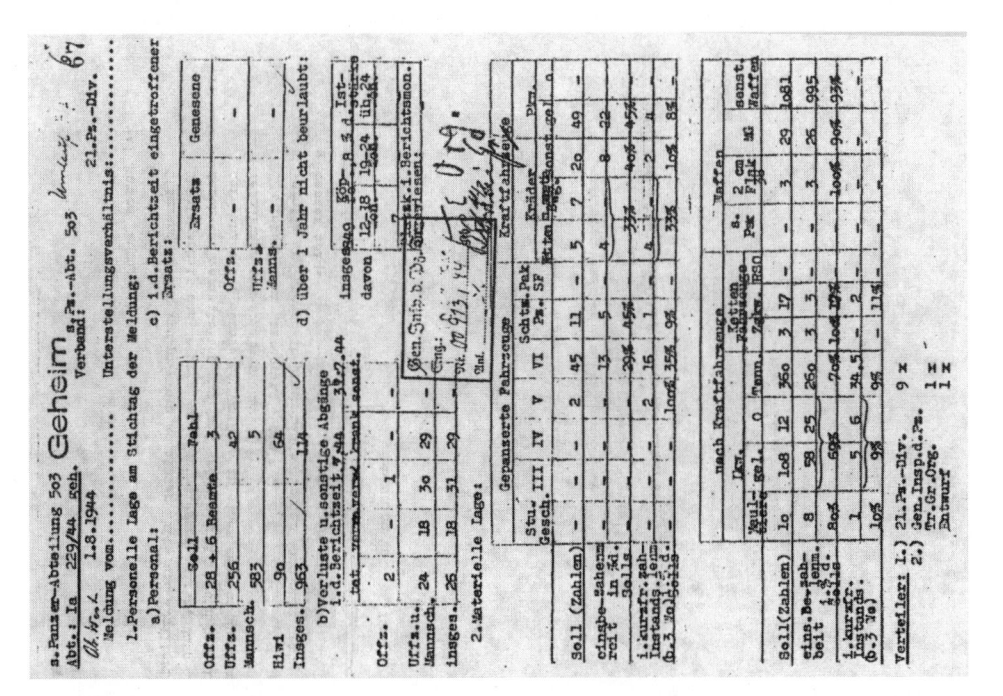

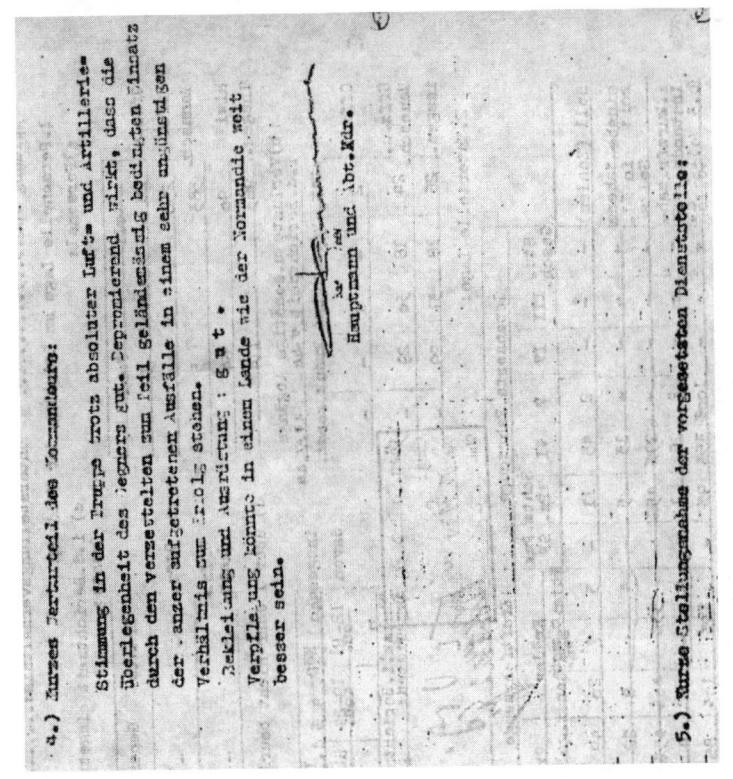

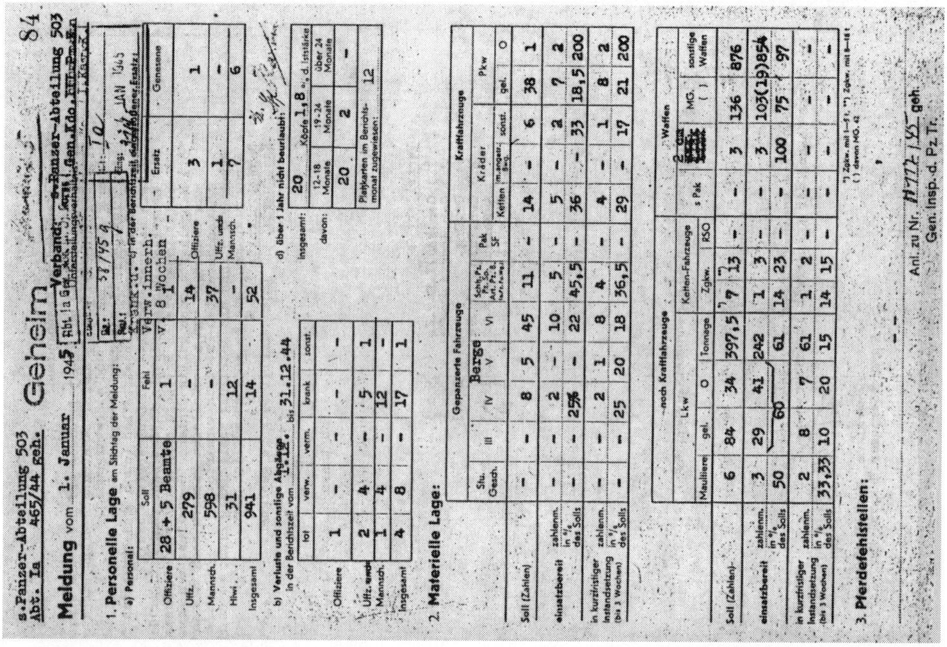

1944年底的部队实力统计。

1944年底的部队实力统计（背面）。

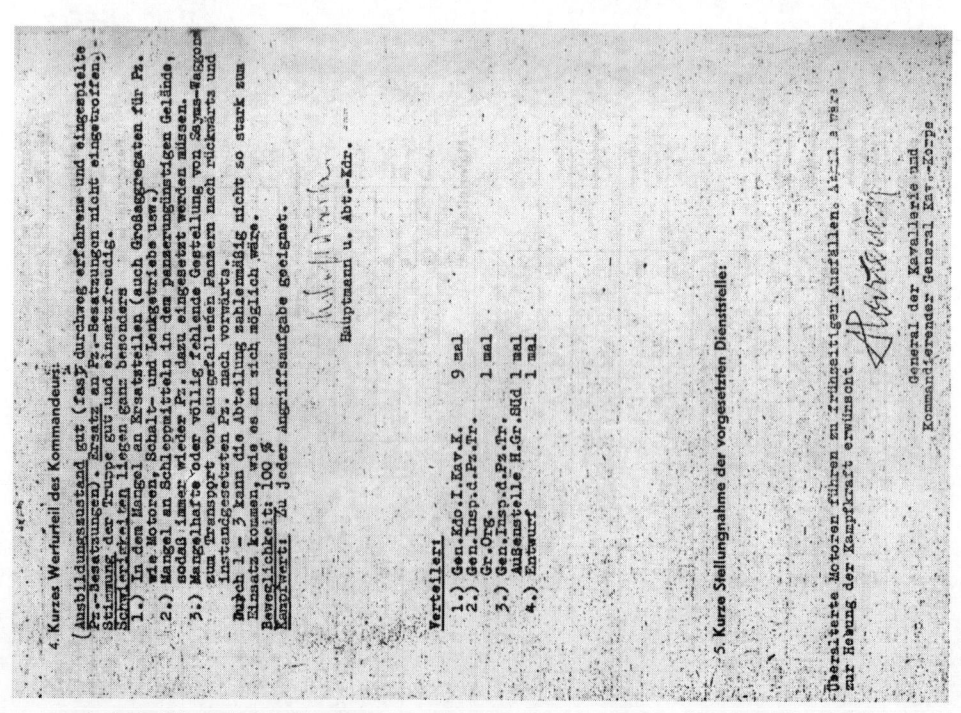

附 录

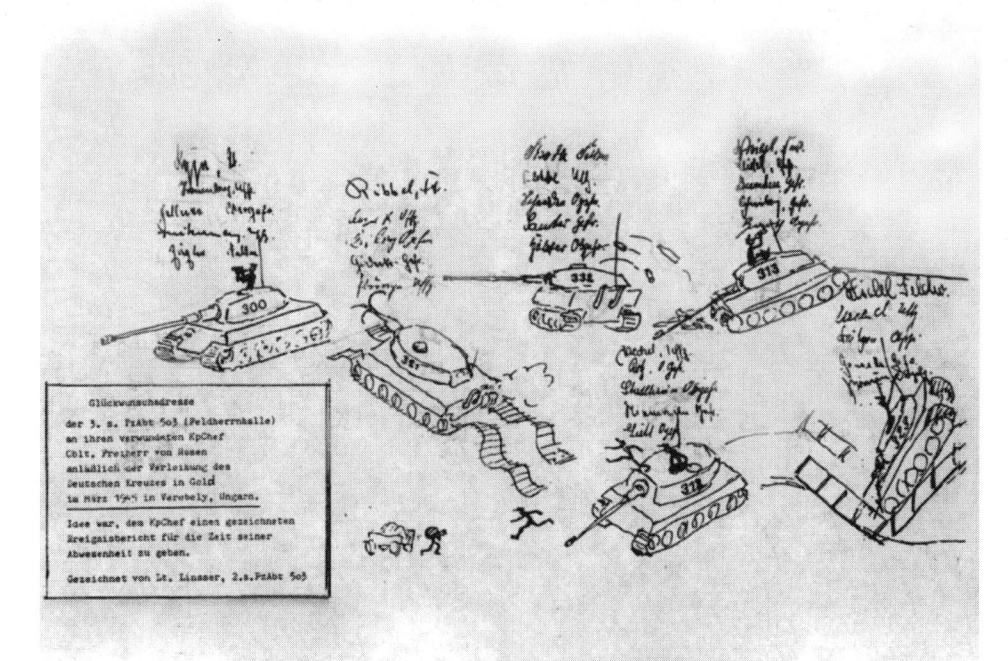

理查德·冯·罗森男爵于1945年3月获得金质德意志十字勋章后,连里给在普雷斯堡的他寄去了这张贺卡。

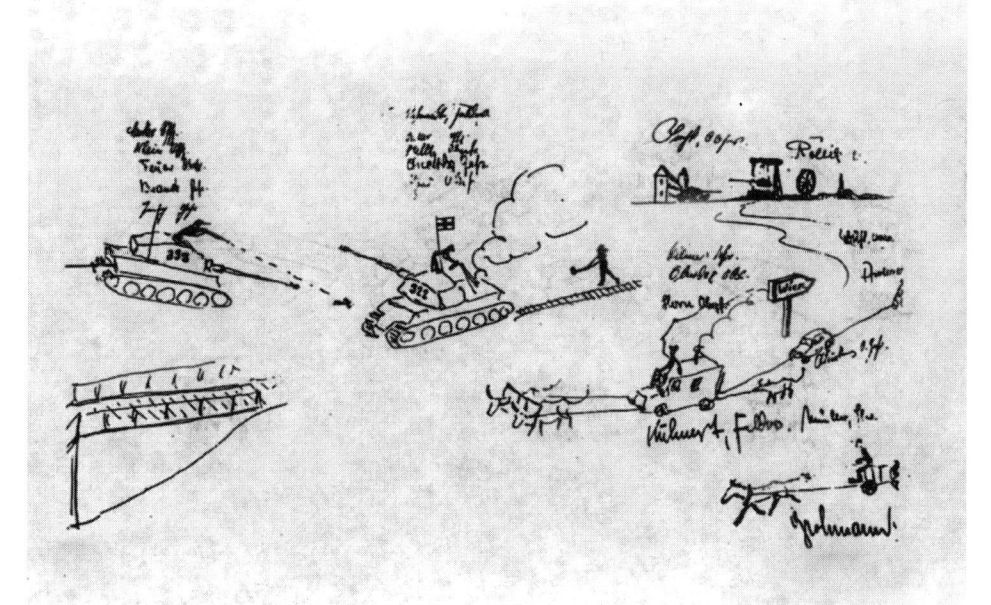

这张贺卡是赫尔穆特·林赛画的局势汇报漫画,表现了1945年3月里3连的作战经历。

对于e），亨舍尔公司最近交付的安全螺帽在使用时特别容易脱落，在装配时要注意保持垫环的清洁（将油漆刮掉）。

2. 履带插销松动
原因：插销内外的锁扣太过脆弱。
补救措施：将插销里面那端做得更深，并且增加锁扣，不用将锁扣焊死，而是增加一个锁头固定。

3. 主动轮螺帽松动
补救措施：由部队经常检查并上紧，或者用线穿过螺帽头捆住。

4. 冷却系统故障：
原因：冷却水会从软管接口处渗出。软管接口质量差，连接软管和导管都过短。
补救措施：使用SKF软管接口（和迈巴赫选用的一样），加长连接软管。

右侧冷却机和发动机之间的冷却水连接管
原因：在开关发动机舱盖的时候，会将该处软管下压，导致这里的软管接口松动，引发冷却水的渗漏。
补救措施：重新设计软管走向。

5. 油箱故障
燃料泄漏
原因：燃料泵螺纹膜不紧密，连接燃油泵的管子松动。
补救措施：对螺纹进行改进并且要提高工厂装配质量。

牵引Ⅵ号坦克的经验报告

（1）牵引Ⅵ号坦克的经验告诉我们，目前的牵引车都不够强劲。整个牵引钩和固定螺栓在作业过程中容易发生变形。

（2）18吨牵引车的输出马力太小，即使是3辆这样的牵引车在糟糕的路况下几乎拉不动1辆Ⅵ号坦克。在下坡的地形上，牵引车也很容易被该型坦克蹬开，必须要更强的刹车减速器才能控制住。曾经尝试过在下坡时，在该型坦克前面放置3辆，后面放置2辆牵引车来作为预备刹车，所以建议每个营配备2辆虎式维修车用作牵引。

（3）在一条行军用的公路上如果有4—5辆牵引车拉1辆虎式会形成一条过长的车龙而制造交通堵塞。如果在晚上的话，这样的车队更加无法走远路，因为在过每一座桥之前都要先做承重测试，而这在晚上几乎没法做到。

（4）如果用4辆牵引车拖曳1辆虎式行走超过150公里，会导致这4辆牵引车的离合器和传动装置损坏，而且这种损坏都比较严重，需要更换车辆的整个传动装置。

（5）牵引车使用的带橡胶环的防滑链在牵引Ⅵ号坦克时是完全不合适的，走不了多远就会全部脱落。目前使用的绞盘强度也不够，如果需要将Ⅵ号坦克拉上10%的坡度，需要5辆牵引车。

（6）一个排如果要回收1辆Ⅵ号坦克需要起码6辆牵引车，其中1辆须配备6吨吊车。因为502营被分成了2部分，每个连各有1个修理排。这样我们排里一共只有5辆牵引车，其中1辆还是坏的，这给我们回收Ⅵ号坦克带来了很大的困难，因此强烈建议每个独立的虎式连应该要配备6辆牵引车。

（7）具体一些装备数量上的问题部队可以解决，但强烈要求国内研制更强的牵引设备，最好以后可以由坦克生产厂家随同坦克一起交付部队。

（8）坦克左侧外部的工具箱毫无意义，最好改成内置式的。根据经验来看，几乎所有坦克都遗失了这个工具箱。

1945年503营更名为"统帅堂"重装营后的营报报头。

附录

第6章 匈牙利、奥地利和捷克斯洛伐克 503重装甲营新闻报

第1期　　　　　　　　　　　　　　　　于战场，1945年1月1日

前言

  我感谢那些想起来制作503装甲营新闻报的想法。这份传单连接了曾经和现在的503营成员，以及所有本营的好友。它一定可以将所有新老503人紧密团结在一起，不仅仅是一个军事上的团体，更是在生活中的集体。我祝愿这份报纸可以传播得越来越广，在我们中拥有更多新的读者。

  503重装甲营在辞旧迎新之际，祝福所有那些正在病院里养伤、在预备役部队或者调入新部队的前战友们新年快乐。我们希望你们和营里的联系会一直保持下去，并且愈加坚固。

  本营的战士们都知道并且坚信通过我们一贯的战斗精神和不畏劳苦的工作付出，胜利最后一定是在我们这边的。我们作为第503重装营的成员非常自豪，因为这是资历最老，战果最辉煌的虎式营，并且一起创造了那些激动人心的时刻。无论是军官、士官，还是士兵，所有人都在过去的战斗中表现出色，并且在新的一年里会同样尽力为夺取最后的胜利而奋斗。

  将这份新闻报分发给所有503营老战友们这件事情，本身是对本营和老兵们的关系很好的见证。里面会包括本营最近的行动以及人员的动态，这也给了那些老战友更多了解营里变化的机会。

  当然我们也想趁这个机会邀请那些老503人告诉我们他们的近况。我们希望你们可以经常给我们通通气，写写信。虽然我们还不知道下一站在哪里，但最多会晚一点，这些最终都会寄到我们手上的。

  如果谁想要得到这份新闻报，可以用下面的地址和我们联系。当然了，也请理解我们很难确保这份小报能够准时出版，但我们保证会尽全力让它每月出版一次。

××××：

××××××××××××

503重装甲营在东南前线的行动

在今年10月的上中旬，本营结束了在西线的战斗行动，回国短期休整后，被运往未知目的地准备新的行动。回国休整期间，本营驻扎在帕德博恩附近，不仅仅享受了难得的假期和当地人的热情待客，我们还见到了很多本营的老战友，这让我们非常高兴。与大家短聚后又要告别，总是让人不免有些伤心，但这就是战斗部队的宿命吧。

四天的火车旅途对我们这些经历过法国战场的人来说显得非常的平静，最后我们被卸在了匈牙利的首都布达佩斯。

我们的第一项任务即是参与政变，扶植一个亲德立场的匈牙利新政府上台。战斗部队负责城市西部的安全工作，尤其是要把守各处桥梁和城堡山。关于那次行动的照片可以从公开发行的图片报纸上看到。

在稳定了布达佩斯的局势后，本营在索尔诺克地区执行了战斗任务。本营在战斗中充分展示了无论是战斗部队还是后勤部队都表现得非常棒，取得了令人瞩目的战术胜利和辉煌战果。《德国国防军通讯》也因此高度赞扬了本营的战绩。之后完成了在蒂萨河拐弯处以及北部地区的一系列为了减压进行的反击。

由于糟糕的天气，所有的公路几乎都变成了沼泽地，我们在行动中不得不经常绕远路，本营正是在这样的情况下作战，后来在马特拉山脉作战时，地形给我们带来的麻烦还更大。

在这边局势稍稍稳定之后，本营被调往多瑙河以西地区，投入到巴拉顿湖和韦伦采湖之间最危急的防线中去。

在匈牙利的战斗中，以下战友阵亡
瓦尔特·比勒菲尔德少尉
克劳斯·艾勒斯少尉
科茨曼军士长
马库斯军士长

以下战友因伤也脱离了本营
1944.10.21　　　　　　　　　　　　　　　拜尔少尉

1944.10.20	瓦格纳少尉
1944.10.31	布劳德哈根中尉

荣誉榜
金质德意志十字勋章获得者

赛德尔上士	3连

一级铁十字勋章获得者

海尔莱因少尉	营部
福林格少尉	1连
朗格下士	营直属连
冯·科诺贝尔多夫下士	2连
伯恩舍尔上士	3连
库珀少尉	3连
克鲁格	2连

1944年10月1日后的人员调动和任命

1944年10月1日，布兰特中尉被调入本营担任营部直属连指挥官。

1944年秋德裔居民就开始在苏军迫近前逃难了，1944年年底到1945年年初之间，逃难人数急剧上升。

1944年10月7日，罗利克少尉被调入本营担任营副。

1944年10月18日，布劳德哈根少尉被晋升为中尉。

1944年10月20日，鲁德军士长调离本营，海姆莱茵军士长顶替他的职位。

1944年11月1日起，少尉冯·罗森男爵被晋升为中尉。

1944年11月1日起，柯尼斯普下士获得金质德意志十字勋章，并被晋升为上士。

1944年12月1日，金质德意志十字勋章获得者盖特纳下士被晋升为上士。

1944年12月5日，本营营长弗洛姆上尉被任命为军校战术教官。1944年12月17日由上尉冯·迪斯特-科贝尔博士接替他的营长职务。

附 录

503重装甲营新闻报

第2期　　　　　　　　　　　　　　　　于战场，1945年3月1日

自从你们听到503装甲营的第一次问候，已经又过去了2个月，我们依旧希望大家可以把自己的近况写信告诉我们。

在1月得到本营将更名为"统帅堂"装甲营的命令，这也意味着本营结束了作为一支独立部队的历史，转而成为"统帅堂"装甲军的一部分。我们认为这一变化是对本营之前在不同战场所作出的优秀表现的一种认可，并对我们有着更高的期望。

本营在1月里主要在赛克什白堡以北地区进行一系列艰苦的攻防战。虎式坦克在面对强大苏军的战斗中发挥的作用是无法忽视的，在各个解围战或者保卫战中成功地让苏军付出了惨重的人员和装备代价。赛克什白堡虽然是从南面被德军攻占的，但从北边发动的进攻才是真正让其失守的原因。

令人震惊的是那些遭受过……

战斗间隙我们也有机会享受到了莫尔地区盛产的美酒。在经过2月的短暂休整后，我们在赫龙桥头堡给苏联人出乎意料的一击，成功地消灭了该桥头堡。苏军苦心经营的这个桥头堡是用来向普雷斯堡和维也纳发起进攻的基地，我们在几天内就成功地压迫苏军退出该地，并且俘获或者消灭其大部分人员和装备。营长在进攻第一天就受了伤，但是几天后就归队了。

虽然身在东南，但我们热诚的心时刻关心着祖国这边战况的发展。我们热切希望可以加入到帝国保卫战中，为击退布尔什维克出一份力。

魏冈上尉关于赫龙桥头堡战斗的报导：

1945年2月21日22时30分，一支由突击步兵、坦克歼击车、装甲车、1个掷弹兵营和6辆虎式组成的装甲战斗群组成了。这样一支队伍阵容令人震撼，虎式在前面打头，左右是各种车辆和步兵，如众星拱月一般，在明亮的月光下隆隆前进。在我们还没走出德军防线的时候，苏军就尝试用猛烈的正面及侧面火力阻止我们行动。当时的场面令人难忘，苏军炽烈的火力将整个夜空都照亮了。

在突入苏军防线几百米后，进攻就陷入停顿。我观察到白雪覆盖的地面上有很多不寻常的隆起，前面应该是一大片雷区。我通过无线电呼叫罗姆希尔德军士长："工兵上！"

罗姆希尔德带着他的兄弟们忙活了差不多1个小时，给我们打开了一条40米宽的通道。战斗群以两路纵队通过了雷区，苏军虽然火力猛烈，但更多的是朝黑暗中胡乱射击。

当突击步兵和坦克歼击车还在慢吞吞经过第一道雷区时，在前方400米的虎式已经被第二道雷区拦下。因为工兵还在忙着清理第一道雷区的地雷，所以虎式乘员组索性自己下来开始排除那些简单的盒式地雷。天已经开始破晓，能掩护我们的现在只有一层薄雾。当整个战斗群突破了这两道封锁线时，已经天亮了。战斗群做好了对2公里外当天定下的目标进行突击的准备。

罗姆希尔德军士长在处理第一道雷区时受了伤，但是也只能先跟着我们继续前进，因为我们身后还有大量苏军在活动，无法安全后撤。一路上我们消灭了几辆苏军的T-43和突击炮，本方没有任何损失。之后终于迎来了硬仗，我们面对着一个由差不多20—25门反坦克炮构成的强大阵地。我的车长指挥塔对他们来说是个非常诱人的目标。很快埃文军士长的虎式被击毁，不一会儿我就看到萨克斯上士和他的乘员也被迫弃车。他们清除了身后的苏军，使得我们没有后顾之忧。

我们占领了当天的预定目标，但是非常悬。剩下的4辆还有战斗力的虎式中只有1辆还能开动，这个幸运儿就是拉姆波少尉的车组。贝尔少尉、纳赫施德特上士和我只能听天由命啦。

下午才是当天最激动人心的时刻，苏军在北面被我们的党卫军驱赶出来，退路正是我们把守的阵地。虽然蜂拥而来的苏军数量众多，但在我们强大火力的打击下，只有很少几名苏军逃回了他们的后方。

我们的任务圆满完成。天黑后，我们回收了2辆被击毁的虎式，修理排也赶上来帮我们检修还留在阵地上的坦克，确保可以参与下一天的战斗。

战友之情

1945年2月18日，营长冯·迪斯特-科贝尔上尉在他生日那天，号召全营募集了25 165.39帝国马克用来创建一个帮助抚养那些阵亡兄弟子女的基金，目标是让每个孩子可以领到1 000帝国马克。

为了感谢卡塞尔工厂给我们生产的杰出产品，营里给他们送去了一桶美酒。亨舍尔公司的波图斯博士工程师给我们写了一封感谢信："我代表同事对你

附 录

们的礼物表示感谢，我们保证会尽全力给你们营生产最好的虎式，并提供力所能及的帮助。我们准备将你们送来的美酒在每个月末奖给生产成绩最好的工作组。我们把你们的礼物不仅仅视作是对我们过去努力的感谢，而更是对未来更大成绩的期许。我们想借助这个机会表达对你们营的祝福，并且保证我们会像503营那样不管情况多么困难也会尽职尽责。"

我们营最后一共给牺牲的战友募集到了84 730.14辨戈（译者注：Pengo，匈牙利货币，1964年被福林取代）和51 600.62帝国马克。

在匈牙利的战斗中，以下战友阵亡

弗吕格下士	营部直属连
麦尔代理下士	营部直属连
麦代理下士	营部直属连
舒斯特二等兵	营部直属连
伯恩希尔上士	3连
库卡拉上士	1连
霍普纳下士	1连
瓦尔特代理下士	1连
沃辛代理下士	1连
盖特纳上士（金质德意志十字勋章获得者）	3连

重伤后于医院去世的有

汉斯-欧根·施密特军士长	2连
施蒂芬·赫尔曼代理下士	2连

以下战友因伤也先脱离了本营

埃文军士长	2连
弗洛姆军士长	2连
舒伯特代理下士	2连
中尉冯·罗森男爵	3连
胡普代理下士	2连
格拉宁格代理下士	2连
泰森下士	3连

339

罗姆希尔德军士长　　　　　　　营部直属连

荣誉榜
金质德意志十字勋章被授予给
中尉冯·罗森男爵

德国陆军荣誉勋饰（Ehrenblatt des Deutschen Heeres）被授予给
林肯巴赫少尉

一级铁十字勋章被授予给
罗利克少尉　　　　　　　　　　营部
阿姆林上士　　　　　　　　　　营部直属连
贝尔格上士　　　　　　　　　　营部直属连
库尔哈格下士　　　　　　　　　营部直属连
迪恩下士　　　　　　　　　　　营部直属连
梅维斯上士　　　　　　　　　　1连
维尔德上士　　　　　　　　　　1连
维廷上等兵　　　　　　　　　　1连
施密特军士长　　　　　　　　　2连
托姆福德上士　　　　　　　　　2连
拉姆波少尉　　　　　　　　　　3连
贝克下士　　　　　　　　　　　3连
布劳恩代理下士　　　　　　　　3连

Ⅳ级坦克出击勋章被授予给
施密德克代理下士　　　　　　　1连

带剑一级战争服役十字勋章被授予给
耶尼茨克军士长　　　　　　　　营部
波尔上士　　　　　　　　　　　营部
瓦格纳上士　　　　　　　　　　1连
施巴恩上士　　　　　　　　　　修理连
普棱格下士　　　　　　　　　　补给连

H·霍夫曼代理下士	补给连
内斯特勒上士	2连
戈茨下士	修理连
格罗曼上士	3连

晋升和任命

晋升为中尉

海尔莱因少尉和奥纳索格少尉	1945.1.30

晋升为医疗兵上士

布瑞医疗兵中士	1944.10.1

晋升为总军士长

沙德连军士长	营部直属连

晋升为上士

托姆福德下士	2连
诺贝尔下士	补给连
普棱格下士	补给连

晋升为下士

辛茨代理下士	营部直属连
克伦茨代理下士	营部直属连
施邦代理下士	营部直属连
弗朗泽斯克代理下士	2连
克斯代理下士	营部直属连
波姆代理下士	1连
洛代理下士	1连
鲍曼代理下士	修理连
罗斯代理下士	修理连
施密德克代理下士	1连
伊斯肯代理下士	1连
维尔希代理下士	1连

派尔代理下士	2连
克莱恩代理下士	3连
科勒代理下士	3连
克罗恩贝格代理下士	3连
贝克曼代理下士	修理连

人员变化

奥姆勒中尉和利比茨基军士长被调往第509重装营，林赛少尉在经过长期休假后归队。

库珀少尉被正式任命为3连连长。福林格少尉接任1连连长一职。鲁贝尔少尉同时兼任营部和3连的职务。林肯巴赫少尉分到2连。

科尼希撒后卫回到营里，负责牵引车。拜尔少尉在1月回到2连。

战友之声

我们听说瓦格纳少尉由于10月负的伤还没治疗好，所以暂时是不太可能归队了。我们希望他能早日康复，尽快能再看到他。

同样我们也衷心祝福他在养伤期间举行的婚礼一切顺利，他和妻子的生活幸福圆满。

我们祝愿舍夫上尉、哈斯少尉、伦道夫少尉和克雷克斯少尉一切顺利，取得更大的成就。希望他们中有人可以尽早给我们写信。（舍夫上尉的战邮是05157）

弗洛姆上尉告诉我们他已经完成了学业，现在正在奥德河畔的法兰克福那边参与作战行动。我们也希望能听到更多关于他近况的消息。

我们收到了艾克哈特连军士长的问候。在此我们祝愿他一切顺利，并希望很快能在《国防军通讯》上看到他的消息。

感谢格罗斯上尉的信件。关于你提出来的问题我们已经回复了一封详细的邮件。祝愿你一切顺利，取得更大的成绩。

附 录

邮编22402　　　　　　　　　　苏联，1943年12月10日

亲爱的战友们！

　　在还有几天就要庆祝圣诞节之际，我们要感谢那些因为受伤或者疾病而要先离开我们的战友。希望你们在国内的医院里或者预备役营里也能在圣诞树下共度佳节。这时候你们肯定也会想起我们这些老战友，不知道我们是多么地想和你们一起分享快乐，并分担忧伤。

　　因此我们想通过这封邮件给你们分享一些目前营里的新闻。

　　我们不需要谈论太多战斗的话题，因为你们也是亲历者。总之就是哪里有麻烦，哪里就有我们，所向披靡，总共击毁了175辆坦克和超过200门火炮。最多的一天击毁了19辆T-34，另一天击毁了17辆。

　　遗憾的是我们也有一些令人遗憾的损失：

　　阵亡者：哈姆里希总军士长、沙里克下士、威利德上等兵和深受大家喜爱的小贝克曼上等兵。

　　受伤者：普鲁姆上士、舒马赫下士、拉本内克上等兵和马龙上等兵。

　　在近3月也有以下几个值得一提的晋升：

　　晋升为上士：普鲁姆下士、摩尔库特下士和海涅下士。

　　晋升为下士：霍希代理下士、科诺贝尔多夫代理下士、科勒代理下士、洛浦代理下士、迪里上等兵和克洛斯科上等兵。

　　当海尔曼上尉被调离，崔索夫少尉由于负伤返国疗养后，本连就进入了低潮期。所以当崔索夫少尉回来重新指挥本连后，大家欣喜非常，希望这可以继续下去。

　　我们连的保姆是出名的汉瑟连军士长，他在康复后立刻接手了这个位置，目前本连运转良好。

　　我们准备搞一个小型的圣诞庆祝会，具体还要看局势发展情况来决定。

　　必须记住你们永远属于这个团队，我们非常想念你们在的日子。希望你们可以和家人，父母或者兄弟姐妹一起共度佳节。我们祝愿那些还在医院疗伤的战友们早日康复，早点回到连里。

　　我们祝福你们圣诞节和元旦一切顺利。

汉瑟　　　　　　　　　　　　　　　　　　　　　　　　崔索夫

连军士长　　　　　　　　　　　　　　　　　　　　　少尉　连长

503营2连 于战场，1944年圣诞节

亲爱的战友们！

你们应该知道你们还是本营的一份子，因此我们在这里介绍一下1944年1月开始后发生的事情。

尽管遇到数次危机，但是本营还是取得了相当显著的成绩。本营2次被《国防军通讯》通报表扬，我们非常自豪2连的成绩被单独提了出来。我们受此鼓舞会继续尽全力去夺取最后的胜利。

今年3月我们被迫从葛日马罗撤退。那是一段难熬的日子，几名战友阵亡、失踪或者被俘。在几周的时间里，我们和罗马尼亚人、匈牙利人和斯洛伐克人一起撤退到利沃夫重新集结。冯·埃希-施特赖贝上尉在那里接手了2连的指挥。在短期停留后，我们在5月搭乘火车回到奥尔德鲁夫进行换装。在那期间，本连2/3的成员享受了一个21天的假期。很快我们得到了新的坦克、车辆和装备，接下来又准备被运往新的未知战场。直到到了法国以后，我们才知道目的地。那时士气比较高。不过很快发现高兴得太早了，迎接我们的是真的硬仗。在抵抗入侵的战场上要求每个人都做好牺牲的准备，同盟国空军发挥的威力超越了任何之前的想象。由于作战地区的地形限制，本方的坦克优势很难发挥，因此战果也比较有限。8月我们开始经过比利时和荷兰撤回德国，遗憾的是在这过程中我们损失了许多精明强干的战友。

由于缺乏场地，我们转移到了帕德博恩进行换装。我们对那期间的休整感到十分满意。之前没来得及休假的其他1/3战友也趁机享受了假期。新的虎Ⅱ很快提供给我们准备下一阶段的作战。

今年10月部队前往匈牙利。10月15日就积极参与了在布达佩斯的政变行动。由于在匈牙利的优异表现，很多战友都获得了功勋章。当时2连被分为相隔300公里的几部分。跟随部队一起行动的维修排有简单的修理装备，如果大修的话要送到后方的Ⅱ号和Ⅲ号修理场。补给部队尽管在这一阶段面临困难重重，但还是提供了令人满意的保障水平（特别是搞到了令人回味的匈牙利美酒）。

下面会把本连获得的荣誉以及损失汇报给大家。

本连消灭的敌军：305辆坦克、234门反坦克炮、42门重炮、1架飞机和最少750件各式轻武器。

颁发的奖章数量为：63枚二级铁十字勋章、7枚一级铁十字勋章、36枚二

附　录

级坦克出击勋章、2枚一级坦克出击勋章。因为我们在东线的一些档案遗失了，很多晋升只能在今年年头任命。一共有32名战友被晋升为代理下士，24名被晋升为下士，7名被晋升为上士以及6名被晋升为军士长。圣诞节已经来了，我们还不知道大家是否可以在一起庆祝节日。

我们以2连的名义祝愿大家节日快乐，在即将到来的1945年里事事顺利。

我们希望你们在康复后可以早日归队，尤其希望在1945年可以夺取最后的胜利，也希望伟大祖国可以在经历了对手恐怖的袭击后，能从废墟中重新站立起来，更加繁荣。我们祝愿英明并受爱戴的元首和统帅阿道夫·希特勒身体健康。

衷心祝福圣诞和新年快乐。

503营2连全体将士。

汉瑟　　　　　　　　　　　　　　　　　　　　　冯·埃希-施特赖贝
连军士长　　　　　　　　　　　　　　　　　　　上尉　连长

1940年的圣诞节时，还没人可以想到二战带来的损失会那么惨重。画面最右边的是戈特霍德·伍德里希。

致敬读者

《503重装甲营战史》1990年德文版面市，2000年英文版面市，2013年法文版面市，2014年中文版面市。

《503重装甲营战史》中文版自2014年出版以来多次加印，颇受读者认可及肯定。至2019年，编辑部与该书译者仍能时常收到读者信函，反馈并交流阅读感想。在此，我们向读者表示衷心的感谢。

德国国防军第503重装甲营成立于1942年5月4日，1945年投降，是德国历史上第一个虎式坦克营。在第二次世界大战中，它的作战时间最长，击毁坦克数量最多，战功显赫。

本书为该营老兵的回忆整理，上千幅历史照片弥足珍贵。透过本书，我们能窥见第二次世界大战中的虎式坦克全貌，以及精彩的坦克决战场景。本书具有两个十分显著的特点：一是情节真实，该书通过参战官兵战时日记及战后回忆，客观真实地还原了精彩的坦克战；二是史料价值丰富，该书对德国虎Ⅰ坦克、虎Ⅱ坦克做了较全的结构介绍与战例分析，通过实战记录和数据对比总结了德国、苏联、英国坦克的性能差，对喜爱坦克的读者帮助颇丰。

2020年，是世界反法西斯战争胜利75周年。我们将《503重装甲营战史》作修订并再次加印，出版了《503重装甲营战史》纪念版，以答谢读者长久以来对我们的持续支持与关注。